[印度] 帕萨 · 达斯古普塔 著　叶硕 谭静 译

牛津通识读本 ·

大众经济学

Economics

A Very Short Introduction

译林出版社

图书在版编目（CIP）数据

大众经济学／（印）达斯古普塔著；叶硕，谭静译．—南京：译林出版社，2013.1（2023.10重印）
（牛津通识读本）
书名原文：Economics: A Very Short Introduction
ISBN 978-7-5447-2969-7

Ⅰ.①大… Ⅱ.①达… ②叶… ③谭… Ⅲ.①经济学－通俗读物 Ⅳ.①F0-49

中国版本图书馆 CIP 数据核字（2012）第 133553 号

著作权合同登记号　图字：10-2014-197 号

大众经济学［印度］帕萨·达斯古普塔／著　叶　硕　谭　静／译

特约编辑　陆　赟
责任编辑　於　梅
责任印制　董　虎

原文出版　Oxford University Press, 2007
出版发行　译林出版社
地　　址　南京市湖南路 1 号 A 楼
邮　　箱　yilin@yilin.com
网　　址　www.yilin.com
市场热线　025-86633278
排　　版　南京展望文化发展有限公司
印　　刷　江苏凤凰通达印刷有限公司
开　　本　890 毫米 × 1260 毫米　1/32
印　　张　11.625
插　　页　4
版　　次　2013 年 1 月第 1 版
印　　次　2023 年 10 月第 15 次印刷
书　　号　ISBN 978-7-5447-2969-7
定　　价　39.00 元

序言

林毅夫

改革开放以来，随着市场经济体制的确立，了解掌握现代市场经济运行的规律越来越成为我国社会各界关注的课题。学习理解当代经济学一时蔚然成风，我所主持的北京大学中国经济研究中心开设的经济学本科双学位，每年招收的新生达到800名，占北大校本部本科每年招收学生数的近三分之一，中国经济学界的新一代人正不断茁壮成长。

自亚当·斯密1776年发表《国富论》，现代经济学从哲学中独立成为一门自成体系的社会科学以来，国际经济学界名家辈出，研究者众，现在每年发表在顶级的《美国经济评论》上的论文多达2000页，各种一流学刊上发表的论文合计超过千篇；而且，流派繁多，学说纷呈，不同理论观点不断涌现。尤其，从上世纪50年代以后，大量的数学、统计和计量方法被引进经济学理论模型的构建和验证中，一般缺少扎实数学训练的读者已经不可能直接跟踪现代经济学的理论发展。

多年来我一直有一个强烈的愿望，想写一本像艾思奇的《大众哲学》那样通俗易懂的小册子，不用艰涩的语言、复杂的数学，而是以生动的笔调、浅显的例子，来介绍现代经济学的一个个基本命题，让读者了解现代经济学的基本体系和分析方法，以帮助读者了解自己身边的经济现象，进而得到启发。待到下笔才觉得对现代经济学的庞大体系的介绍难以做到简而不繁、疏而不漏，就是对自己熟知领域的介绍，也很难做到通俗易懂，加上这些年来庶务缠身，每次拿起笔来都以放下而告终，至今仍留遗憾。因此，当我看到帕萨·达斯古普塔教授这本小书时，雀跃和崇敬之情油然而生。

帕萨·达斯古普塔教授是我多年的学界朋友，第一次和他见面是1991年10月，我应邀到英国温莎堡，参加国际经济学会组织的一个会议，讨论1977年诺贝尔经济学奖获得者詹姆斯·米德1989年的新著《阿嘎索托比亚：合伙经济学》（*Agathotopia: The Economics of Partnership*[①]）。米德试图于此书中寻找一条有异于传统资本主义和共产主义的第三种道路，1972年诺贝尔经济学奖获得者肯尼斯·阿罗评论这本书是"理想主义、悲天悯人和坚实分析的结合"。在那次会议上我评论了达斯古普塔教授发表的论文《贫困、资源和生育率：家庭作为一个繁殖的合伙体》。后来，他的论文和我的评论一起被收录在1993年出版的会议论文集《资本主义的替代：合伙经济学》（*Alternatives to Capitalism: The Economics of Partnership*）当中。从那以后我们经常在一些国际学术活动中见面，交情也越来越深。

帕萨·达斯古普塔教授出生于达卡（现为孟加拉国首都，二战前属于英国印度殖民地），在印度德里大学受完大学本科教育后，到英国剑桥大学深造，于1968年获得经济学博士学位，现为剑桥大学弗兰克·拉姆齐讲座教授，圣约翰学院院士。

达斯古普塔教授是誉满国际的顶级经济学家，以在福利经

---

① Agathotopia意为"美好但非完美"，而Utopia则意为"完美但不可行"。——序言作者注

济学、发展经济学、技术变迁、人口、资源和环境经济学以及博弈论等领域做出的杰出贡献而获得了许多荣誉，包括英国科学院院士，第三世界科学院院士，以及美国科学院、美国人文和科学学院、瑞典皇家科学院、梵蒂冈社会科学院的外籍院士，曾任英国皇家经济学会和欧洲经济学会的会长。2002年被英国女王授予爵士爵位，同年获颁瑞典的沃尔沃环境奖，2004年获颁国际生态经济学会的肯尼斯·E. 鲍丁纪念奖，2007年获颁美国农业经济学会的约翰·肯尼斯·加尔布雷斯奖。最难得的是他于2004年获选为英国皇家学会的会员，该学会是世界上最古老、最有影响的学术团体，科学史上的巨人如牛顿、达尔文、爱因斯坦等均为其会员。该学会每年由现任会员推荐选举产生44位新会员，现共有会员一千三百多位，过去入选会员均来自科学和数学领域，达斯古普塔教授是在该学会350年的历史中第一位破例入选的经济学家。他未来很有可能以其在环境和资源经济学所做出的贡献而获得诺贝尔经济学奖。

帕萨·达斯古普塔教授1942年出生于印度经济学世家，其父阿弥亚·达斯古普塔为英国伦敦经济学院的博士，从1926年起一直在印度教授经济学，被尊为印度现代经济学之父、印度经济学家中的经济学家，其入门弟子包括1998年获得诺贝尔经济学奖的阿马蒂亚·森。帕萨·达斯古普塔教授的岳父则为1977年诺贝尔经济学奖获得者詹姆斯·米德。然而，帕萨·达斯古普塔在印度德里大学读的是理论物理，初到英国剑桥大学读的是数学，直到1965年才转为攻读经济学。当时，1996年获得诺贝尔经济学奖的詹姆斯·莫里斯刚在剑桥大学拿到经济学博士学位，留系担任讲师，由于莫里斯也是数学背景出身，于是达斯古普塔就请他担任导师，用了三年的时间，完成了三篇论文，于

1968年获得博士学位。

达斯古普塔教授和其他许多在国际上扬名的印度经济学家一样，以深厚的数学功底而成为杰出的理论经济学家，但是，他的经济学研究不是为了数学而数学，而是为了深入了解人类社会发展和人性本身，1989到1992年他在美国斯坦福大学任教时，同时担任了经济系和哲学系的教授，并且，兼任斯坦福大学社会伦理项目的主任。

1995年牛津大学出版社推出一套简短介绍每个学科领域的丛书，作者都是学界公认的大师。1999年达斯古普塔教授接到出版社邀请后，碰到了和我想写一本《大众经济学》时一样的困境，结果用了整整七年的时间才完稿。现在摆在读者面前的这本书，从描述一位生活于非洲的小女孩和一位生活于美国的同龄小女孩所处社会中的个人行为准则、家庭、社区、生产组织、市场、政府等各种制度安排的差异着手，来介绍自亚当·斯密以来，经济学家们不断探索一个主要问题——一个国家是贫是富的决定因素——所取得的各项研究成果。从书中的介绍可以知道，一般人关注的资本、自然资源等仅仅是决定一个国家贫富的表层原因，根本的决定因素则在于一个国家的制度安排是否能够最大程度地调动每个人在工作、学习、积累、创新等方面的积极性。

这本小书是在他1993年出版的一本巨著《贫富论》(*An Inquiry into Well-Being and Destitution*)的基础上，加上十多年来经济学界新的理论进展和他自己对斯密问题新的理解、新的体会而写成。和这本小书不同，《贫富论》厚达661页，单单参考书目就有80页。达斯古普塔教授将《贫富论》献给其父，在前言中他写到该书是对其父早年所提问题的回复，他想以该书所讨论的内容告诉他父亲，“看，这是我认为我知道是重要的，这是我现在相信的，这些是我的价值，这是我思考问题的方法”。他的父亲阅读了前面几个章节，给了他一些正面的反馈，令他深感遗憾的是在1992年其父离世时，《贫富论》尚未能完稿。

2005年9月达斯古普塔教授应邀到北大中国经济研究中心来做严复纪念讲座，我那时得知他正在写作这本书，2006年我收到了他寄来的英文稿，一口气读下来，喜爱至极。他以文学家般的雅致和数学家般的准确语言，通俗易懂地向读者介绍了经济学界对斯密问题研究的成果，这正是我多年来想写而未能写的一本书！我当即建议将此书翻译成中文出版，并答应为之作序。现在这本书的中文译本即将出版，祝愿这本书的读者阅读之后能够对经济学家如何以理性的视角来观察世界和分析问题有所了解，并且，希望读者能够认识到决定一个国家贫富的主要因素在于制度，资本、自然资源的多寡仅仅是贫富的表象。

2008年1月16日于

朗润园

Foreword

Justin Yifu Lin

Following economic reform and liberalization, the establishment of a market economy in China has created much interest in understanding and mastering the principles of the operations of a modern market economy, and the study of modern economics has become very popular in China. For example, the China Center for Economic Research (CCER) at Peking University, of which I am the director, offers an undergraduate double degree in economics which admits 800 new students every year—a number equal to nearly one-third of all new undergraduate enrollment at Peking University. A new generation of Chinese economists is emerging.

Since Adam Smith published *An Inquiry into the Nature and Causes of the Wealth of Nations* in 1776, sparking the development of economics as an independent social science separate from philosophy, numerous famous economists have sprung up and a large number of researchers have devoted their lives to economic research. Currently, the *American Economic Review* publishes as many as 2000 pages per year, with other 1000 plus articles appearing annually in various first-tier academic journals. In addition, various schools and theories are appearing and different theoretical perspectives are emerging. In particular, since the 1950s, mathematics, statistics and econometrics have become common techniques in theoretical modeling and empirical testing in economic research. As a result, general readers without solid mathematical training are unable to directly track the development of modern economics.

For many years I have wanted to write a concise book similar to Ai Siqi's

Popular Philosophy to introduce the elementary propositions in modern economics in a lively style and through accessible examples, rather than complicated jargon and intricate mathematics, allowing readers to understand the basic ideas and analytic methods of modern economics. Further, the book would help readers understand the economic phenomena around them in their everyday lives. But, when I began to write, I found that this was much more easily said than done. Even writing a simple and understandable introduction for my own field—economic development—proved difficult. Given the added distraction of my administrative duties, I was never able to get very far, despite several attempts. Thus, when I first found Professor Partha Dasgupta's book, I immediately recognized the significance of his work.

Professor Partha Dasgupta has been my academic friend for years. We first met in October 1991. I had been invited to the International Economic Association Conference at Windsor, England, discussing the 1977 Nobel Laureate James Meade's new book *Agathotopia: The Economics of Partnership* (Agathotopia means 'good but not perfect', while Utopia means 'perfect but infeasible'). Meade had sought a 'third way' in his book, a road different from traditional capitalism or communism. In the words of Kenneth Arrow, the Nobel Prize laureate in 1972, it was a book that combines 'idealism and compassion with hard-headed analysis.' During the conference, I commented on Professor Partha Dasgupta's paper entitled 'Poverty, Resources and Fertility: The Household as a Reproductive Partnership'. Afterwards, both his paper and my comment were included in a volume entitled *Alternatives to Capitalism: The Economics of Partnership*, published by the International Economic Association in 1993. Since then we have seen each other in international academic activities, and our friendship has grown stronger.

Professor Partha Dasgupta was born in Dhaka (capital of Bangladesh now and at that time in India) and attended Cambridge after completing his undergraduate education at the University of Delhi in India. Professor Dasgupta received his PhD in Economics in 1968, and currently he is the Frank Ramsey Professor of Economics at the University of Cambridge and

Fellow of St. John's College, Cambridge.

Professor Dasgupta is an internationally renowned economist, and he has received many honors for his contributions to welfare economics; development economics; technological change; population, environmental and resource economics and game theory. Professor Dasgupta is a Fellow of the British Academy, Fellow of the Third World Academy of Sciences, Member of the Pontifical Academy of Social Sciences, Foreign Associate of the US National Academy of Sciences, Foreign Honorary Member of the American Academy of Arts and Sciences, Foreign Member of the Royal Swedish Academy of Sciences, and he is a Past President of the Royal Economic Society and the European Economic Association. Professor Dasgupta was named Knight Bachelor by Queen Elizabeth II in 2002, won the 2002 Volvo Environment Prize and the 2004 Kenneth E. Boulding Memorial Award of the International Society for Ecological Economics, and received the John Kenneth Galbraith Award of the American Agricultural Economics Association in 2007. In a rare honor, in 2004 he was elected to the Royal Society, the oldest and most influential academy in the world. Fellows of the Royal Society include giants in the scientific history such as Isaac Newton, Charles Darwin, and Albert Einstein. Every year the Fellows elect 44 new Fellows, and there are now 1,300 in total. In the past the Fellows were from scientific and mathematical fields, and Professor Dasgupta is the first economist in the 350 years of the Royal Society's history to be elected a Fellow. He is very likely to win the Nobel Prize in Economics for his remarkable contributions to environmental and resource economics.

Professor Dasgupta was born into an Indian family of economists in 1942. His father Amiya Dasgupta, who received his PhD at the London School of Economics in England, taught economics in India from 1926, and was respected as the father of modern economics and the 'economists' economist' in India. He had numerous students, including Amartya Sen, the winner of the 1998 Nobel Prize. Professor Dasgupta's father-in-law was the 1977 Nobel Prize laureate James Meade. However, Professor Dasgupta studied theoretical physics at the University of Delhi, and mathematics when he first arrived at Cambridge. He did not switch to economics until 1965. At that time, the 1996 Nobel Prize winner Professor James Mirrlees received his PhD in Economics at the University of Cambridge and held the position of Lecturer at the department of economics. Professor Dasgupta asked Professor Mirrlees to be his supervisor, partly due to their common background in mathematics. Within three years, Professor Dasgupta completed three papers and received his PhD in 1968.

Like many other internationally renowned Indian economists, Professor Dasgupta's reputation as a theoretical economist rests on his strong mathematical training. However, his economic research is not purely theoretical, but explores the development of human society and human nature. Teaching at Stanford University from 1989 to 1992 he was jointly appointed as professor of economics and philosophy, and he also served as the Director of the Program in Ethics.

In 1995, the Oxford University Press launched a series of books, each giving a very short introduction to a particular field, and authors are well-known masters in academia. When Professor Dasgupta accepted the Press's invitation in 1999, he faced the same difficulty as I did in writing a *Popular Economics*. It took him a full seven years to finish writing the book. Through comparing the lives of two children, one living in Africa and the other in the United States, the book illuminates the economic influences of trust, households, communities, production organization, markets and government, and presents the achievements of economists from Adam Smith to the present day in the context of a key issue: what are the factors which determine whether a nation is rich or poor. From this examination, we learn that capital and natural resources, which are of public concern, are merely proximate causes in determining a nation's wealth. The fundamental factor is whether institutional arrangements are able to maximally motivate individuals to actively engage in working, learning, accumulation and innovation.

This book followed his masterpiece *An Inquiry into Well-Being and Destitution*, published in 1993, and added new theoretical developments in economics and his own newly updated understanding of Smith's Question. However, *An Inquiry into Well-Being and Destitution* runs to 661 pages, with a reference section of 80 pages. Professor Dasgupta dedicated *An Inquiry into Well-Being and Destitution* to his father, and wrote in the preface that the book was his response to the question his father initiated many years ago. The book attempts to convey to his father 'This is what I think I know to be important, this is what I now believe, these are my values, this is how I think.' His father read several early chapters, and gave him some positive feedback. However, much to his regret *An Inquiry into Well-Being and Destitution* was not finished when his father died in 1992.

I learnt that Professor Dasgupta was working on this book when he gave the Yan Fu Memorial Lecture at CCER in September 2005. I received an English draft in 2006 and immediately recognized its merit. He introduces the achievements economists have made in regard to Smith's Question in a concise and accessible way, using language with both a litterateur's elegance and a mathematician's accuracy. This is exactly what I wanted to write, but was unable to. I immediately suggested translating the book into Chinese, and promised to write a foreword for the Chinese edition. As the Chinese edition goes to press, I hope it will help readers understand how economists observe the world and analyze problems from a rational perspective, and realize that a primary factor in determining the wealth of a nation are its institutions, while the amount of capital and natural resources, rich or poor, are merely the reflection of a nation's wealth.

January 16, 2008
At Langrun Garden

献给艾莎、沙米克和祖贝达，以父亲的爱

目 录

前言 I

引言 1

1 宏观经济史 14

2 信任 29

3 社区 65

4 市场 74

5 作为制度的 Science 和 Technology 93

6 家庭和企业 104

7 可持续的经济发展 122

8 社会福祉和民主政府 144

后记 164

索引 167

英文原文 181

前言

为经济学写一本简介是一件既容易又困难的事情。说它容易，是因为从某种程度上讲，我们人人都可称得上是经济学家。例如，我们用不着别人来教给我们什么是价格——我们每天都要面对它。专家们或许需要解释，银行为什么要为储蓄存款提供利息，“风险厌恶”为什么是一个令人捉摸不透的概念，我们衡量财富的方法为什么在很大程度上偏离了衡量财富这件事的原本意义，但是所有这些其实我们都并不陌生。因为经济学与我们密切相关，当我们觉得事情不对头的时候，也会对于怎么把事情弄好持有自己的观点。我们会强烈坚持自己的观点，因为我们的道德观念会决定我们的政治立场，而我们的政治立场将影响我们的经济学。我们并不会在思考经济学问题的时候怀有疑虑。因此即便当我们试图揭示经济世界的形成途径的时候，我们研究经济学的原因也是一块“绊脚石”。但由于经济学在很大程度上和这些途径**有关**(它是一门尽可能以证据为基础的社会科学)，丝毫不该令人感到惊奇的是，人们在经济问题上产生的分歧，最终常常是与他们对“事实”的理解有关，而与他们持有的“价值观”无关。因此为经济学写一本简介是一件很难的事情。

起初，当我为撰写这本书草拟计划时，我脑子里想的都是要为读者们展示一幅经济学的“概观”，就像顶尖的经济学期刊和教科书那样。但是，即使经济学的分析和实证核心在近几十年来已经变得越来越稳固，我面对那些教科书上给出的供讨论的话题（贫困地区的农村生活根本未被提到，而这是大约 25 亿人的经济生活），以及那些在顶尖经济学期刊上被作为重点的题目（大自然很少作为一个积极的参与者出现），却丝毫没有感到轻松。我同时完全理解了这件事情——牛津大学出版社要求我为经济学写出一本**非常简短的**介绍，而有的经济学教科书篇幅在 1000 页以上！我头脑中冒出一个念头：我应该放弃我原先的计划，转而描述我们经济学家为了理解我们周围这个社会性的世界而采用的**逻辑推理方法**，再将这种逻辑推理方法运用到我们人类当今所面临的一些最为紧要的问题中去。直到最近我才意识到，我只有将这部著作围绕我两位虚构的孙辈——贝基和德丝塔——来展开，才能够完成这一任务。贝基和德丝塔的生活有天壤之别，但由于她们都是**我的**孙辈，我相信我能够理解她们的生活。更加重要的是，是经济学帮助我理解她们的。

这里提出的观点已经在我的著作《贫富论》（牛津：克拉伦登出版社，1993）中形成并得到探索。在那本书的写作过程中，我意识到，经济学在不断地驱动着我的道德观念，而反过来我的道德观念又激活了我的政治立场。由于这是一种不寻常的因果链条，因此之前的那部著作要更加有技术性，更加“沉重”。自从它出版以来，理论和实证上的进步促使我目前更确定地坚持我在书中提出的观点。与那时相比，我对事物的理解更深，这包括**为什么**我对很多事情还不理解。目前这部著作是我对前一部的自然拓展。

在这部专著的写作过程中，我从和以下诸位的通信和讨论中获益匪浅：肯尼斯·阿罗、格雷琛·德利、卡罗尔·达斯古普塔、保罗·埃尔利希、佩特拉·哲拉茨、劳伦斯·古尔德、提摩西·高尔斯、拉希德·哈桑、斯莉亚·艾尔、普拉米拉·克里施南、西蒙·莱温、卡尔－戈兰·马勒、埃里克·马斯金、普拉纳布·穆克帕德、凯文·芒福德、理查德·诺兰、塞拉·奥格尔维、克尔斯滕·奥尔森、阿拉克南达·帕特尔、萨布仁都·帕塔耐克、威廉·彼得森、哈米德·萨布里安、丹·施拉格、普里亚·施亚宋达、杰夫·文森特、马丁·维尔，以及嘉文·赖特。这一版本反映了下列人士对前一稿的意见：肯尼斯·阿罗、卡罗尔·达斯古普塔、杰弗瑞·哈科特、迈克·肖、罗伯特·索洛，以及希尔瓦娜·托马斯利。苏·皮尔金顿在这本书准备出版的过程中，从无数方面对我提供了帮助。我对他们所有人表示感谢。

圣约翰学院

剑桥

2006 年 8 月

引言

贝基的世界

10 岁的贝基与她的父母和哥哥萨姆住在位于美国中西部的一个郊区小镇上。贝基的父亲在一家以财产法为主营业务的事务所工作。根据事务所的利润情况，他的年收入会略有浮动，但很少会低于 145,000 美元（$145,000）。贝基的父母在上大学的时候相互认识了。她的母亲在出版行业工作了几年，但当萨姆出生以后，她决定将精力集中于照顾家庭之上。目前，贝基和萨姆都已上学，因此她在当地的教育机构做起了义工。这一家人住在一幢两层的房子里。这幢房子共有四间卧室，楼上有两个洗澡间，楼下有一个卫生间、一间会客室兼饭厅、一间很现代化的厨房，地下室则被用作家庭活动室。屋后有一大片空地——后院，一家人在那里开展娱乐活动。

尽管他们的房产还处于部分被抵押的状态，但贝基的父母手里还持有股票、债券，并在一家国有银行的本地支行有一个储蓄账户。贝基的父亲和他就职的事务所都在往他的养老金账户里存钱。并且，他每月会向他参与的一个银行计划付款，而这个计划将来会支付贝基和萨姆的大学学费。这个家庭还参加了财产和人身保险。贝基的父母经常提到，因为联邦税率很高，他们必须节省开支。他们也正是这样做的。但是，他们拥有两辆小轿车，孩子们每年暑假都去野营，每当野营结束，一家人还会一起去度假。贝基的父母还说，贝基这一代人会比他们更有前途。贝基希望能够爱护自然环境，因此坚持骑自行车去上学。她的理想是当一名医生。

图 1　贝基的家

德丝塔的世界

10 岁的德丝塔与她的父母和 5 个兄弟姐妹在亚热带气候下的埃塞俄比亚西南部的一个村庄中生活。一家人住在两间茅草屋顶的泥屋里。德丝塔的父亲在政府分给他的半公顷土地上种了玉米和埃塞俄比亚画眉草（埃塞俄比亚特有的一种粮食作

图 2 贝基骑自行车去上学

物)。德丝塔的哥哥帮他父亲种地,还协助他照管家里的牲畜,包括一头母牛、一只山羊和几只鸡。数量较少的画眉草被卖掉,用以换取现金收入,而数量较多的玉米则被作为一家人的主要食粮。德丝塔的母亲在他们屋旁的一小片土地上种了卷心菜、洋葱和假香蕉(一种全年都能种植的块根作物,也是一种粮食作物)。为了补贴家庭收入,她还用玉米来酿造一种当地人喝的饮料。除此以外,她还要做饭、打扫、照看婴儿,因此每天通常要工作14 个小时。即使工作这么长的时间,她一个人也没法完成这么多任务。(因为原料都是生的,光做饭一项就要花去 5 个小时。)因此德丝塔和她的姐姐要帮她们的母亲完成这些家务琐事,还要照看弟弟妹妹们。虽然一个弟弟上了当地的学校,但德丝塔和她姐姐从来没上过学。她的父母不识字也不会写字,但却会简单的算术。

图 3 德丝塔的家

德丝塔的家里既没有通电,也没有通自来水。他们居住地周围的水源、牧场和林场都是公有财产,归德丝塔村子里的人们共同享用,但村民们不允许村外的人利用它们。每天,德丝塔的妈妈会和女儿们去挑水,捡拾柴火,从本地公产上采摘浆果和草药。德丝塔的妈妈经常抱怨说,采集每天的必需品所花的时间和精力是一年比一年多了。

附近并没有任何能够提供信贷和保险服务的金融机构。因为葬礼的花费很高,于是德丝塔的父亲在很早以前就参加了一个社区保险计划,每月向这个计划中存钱。当德丝塔的父亲购买他们现在拥有的这头奶牛时,他动用了家里的所有现金积蓄，还向亲戚们借了一笔钱，并保证在有能力的时候一定偿还。反过来，当亲戚们有困难的时候也会向他借钱，如果他有能力的话，也会把钱借给他们。德丝塔的父亲说，他和他的亲戚所实践的这种互惠形式是他们文化的一部分。他还说，他的儿子们

图 4　德丝塔在劳动

也是他的财产，因为当他和德丝塔的妈妈年老的时候，儿子们会照顾他们。

经济统计学家们估计，调整埃塞俄比亚和美国之间的生活成本差异之后，德丝塔一家的年收入大概为 5500 美元，其中有 1100 美元可看作是他们从本地公产中所获得的。但是，因为每年降雨量都有所变化，德丝塔一家的收入有很大的波动。在收成不好的年景里，家里储存的粮食还没到下一个收获季节，就早已被消耗殆尽。粮食极度匮乏，使得他们体质变差，小孩子们尤其如此。只有在收获季节过后，他们的体重和体力才能恢复。周期性的饥饿和疾病使得德丝塔和她的兄弟姐妹都有些发育迟缓。这些年以来，德丝塔的父母已有两个孩子分别感染了疟疾和痢疾，在婴儿阶段就夭折了。除此之外，德丝塔的母亲还有过几次流产。

德丝塔知道，她 5 年后就会结婚（很可能嫁给一个像她父亲那样的农民），然后和她丈夫一起，生活在邻近的一个村庄中。她预计，她今后的生活会和她母亲的生活十分相似。

经济学家的讨论议题

世界各地人们的生活有巨大的差异，这已经是个老生常谈的话题了。在我们这个能够游历世界的年代，这甚至成为了一种再平凡不过的现象。我们早已预料到并恐怕早已坦然接受了这个事实：贝基和德丝塔将会面对迥然不同的未来。然而，如果我们猜想，这两个女孩在本质上十分相似，也不应被认为是过于轻率：她们都对玩耍、美食、闲聊这样的事情乐此不疲；她们与家庭成员关系密切；当她们心情不好的时候，都会向自己的母亲倾诉；她们都喜欢漂亮的穿戴；她们也都有可能情绪低落、充满烦恼，或是笑逐颜开。

她们的父母也十分相似：就各自生活的世界而言，他们称得上是知识丰富；他们关心自己的家庭，能够因地制宜地解决不断出现的问题，譬如创造收入，将资源在家庭成员之间做出合理分配，还要不时地应对突发的紧急情况。因此，要想探寻造成他们生活状况存在巨大差异的根本原因，一种切实可行的入手方法就是，先要注意到这两个家庭正面对着截然不同的机遇和障碍。从某种意义上讲，德丝塔的家庭在能够达到的状态和能够从事的事情上，要比贝基的家庭受到更多的限制。

人们的生活之所以是现在这样，是因为受到了一些进程的影响。而经济学在很大程度上正是要力图揭示这些进程；这门学科还要试图去找出那些影响这些进程的因素，以此来改善那些在能做能为方面正在受到严重限制的人们的前途。前一种行为包括寻找解释，后一种则偏重于开出政策良方。经济学家们还会就今后的经济生活状况会变成什么样子做出预测。但如果要认真对待这些预测的话，就必须首先理解那些塑造人们生活状态的进程，这正是寻找解释的努力要优先于做出预测的努力的原因。

寻找解释与开出良方的环境背景可能是一家一户、一个村镇、一个区域、一个国家，甚至有可能是整个世界——人口和地区的综合程度仅仅反映了我们在研究这个社会性的世界时所选择的细节。设想一下，如果我们希望了解在一个社区之中，食物在家庭成员之间进行分配的基础，那么家庭收入无疑将会起到一定作用；但如果想要了解食物是依据年龄、性别抑或是地位来分配的话，我们还需要更深入地研究这些家庭。当我们找到了答案，我们还应当问一下自己，为什么这些因素会起作用，什么样的政策良方(如果有的话)会被接受。与之对照,再来设想一下,我们想要知道比起 50 年前,整个世界是否更加富有。因为这个问题与世界平均水平相关,所以我们可以理直气壮地抹平家庭内部和家庭之间的差异。

取平均值在跨时段研究中也是必须的。研究目标和收集信息的成本会影响取均值的单位时间选择。例如,印度的人口普查统计每 10 年进行一次。更频繁的人口普查将会更加昂贵,而且并不会得到额外的重要的信息。相反,如果我们需要研究季节间的房产销售量的话,即使是年度的统计数据也不能很好地回答这个问题。作为一个不错的折中方案,月度房产销售统计数据兼顾了细节和收集细节所需的成本。

现代经济学——我指的是,目前在顶尖大学中教授并实践的这种经济学——倾向于自下而上的研究问题的方式:从个人开始,到家庭、村镇、地区、州郡、国家,直到整个世界。数以百万计的个人决策会从不同程度上影响人们所面对的可能发生的情况;理论、常识和事实都告诉我们,我们都在做的事情,其结果会有无数种可能性。这些结果中的一部分是我们所希望的,但很大一部分又是我们所不希望的。然而,这里又会出现一种反馈信息,因为这些结果反过来会决定人们接下来能做些什么,会选择做些什么。当贝基一家驾驶汽车和使用电力时,或是当德丝塔一家制造混合肥和烧柴做饭时,他们都会使地球上的碳氧化物排放量有所增加。这种增加量当然可以忽略不计,但如果这种增加量以百万计, 就会成为一个相当可观的数量,招致世界各地的人们都有可能经历的各种结果。反馈信息有可能是“正的”,因此总增加量会大于各部分之和。引人注目的是,我们并未期望的那些结果中可能会包括必然存在的情形,例如在某些市场价格下产品的需求基本等于其供给。

我已经对贝基和德丝塔的生活做出了简单的描述。**要真正理解**她们的生活，还涉及很多其他的内容；这需要做出分析，而分析通常要求进一步的描述。为了进行分析，我们**首先**需要确定这两个女孩的家庭在不确定的偶然性下所面对的物质前景——现在的，还有未来的。**其次**，我们需要揭示它们所做出的选择的特点，以及数以百万计的像贝基家和德丝塔家那样的家庭所做出的种种选择是通过何种方式来决定它们所面对的前景的。**再次**，相关地，我们还需要揭示这些家庭是通过何种方式继承了它们目前的情形的。

以上这些，可以说是无理的，甚至是有些令人望而生畏的要求。而且，我们头脑中很可能回荡着这样一种想法：既然万事万物都有对万事万物产生影响的可能性，我们如何来弄清这个社会性的世界？如果我们被这个忧虑压倒，我们就不会取得任何进展。我所熟悉的每一个学科，都是通过给这个世界画“漫画”来弄清世界的本质的。现代经济学家则通过建立**模型**来完成这个任务。这些模型被“剥掉”了对外部现象的表述。当我用“剥掉”这个词时，我的的确确是要表达“剥掉”的意思。在我们经济学家中，着重强调一两个有因果关系的因素，而将其他因素排除在外的情形并不罕见，这样做是希望这能使我们理解现实的各种方面是如何运作并相互作用的。经济学家约翰·梅纳德·凯恩斯是这样描述我们这个学科的：“经济学是这样一门科学：它把按照模型进行思考与选择和当今世界相关的模型结合起来。”

当经济学家对能够量化的对象（消耗的卡路里数、工作的小时数、生产钢铁的吨数、铺设电缆的英里数、被破坏的赤道雨林的平方公里数)进行研究的时候,所用的模型几乎都是用数学方法建立起来的。这些模型其实可以用文字来叙述,但在表述一个模型的结构时,数学却是一种效率极高的方法,更为有趣之处则在于用它来发现一个模型的深层含义。应用数学家和物理学家在很久以前就知道这一点了,但经济学家们开始大胆地采用这种研究技巧,则仅是在20世纪下半叶的时候。相关的学科,如生态学,也是如此。可以通过模型对少数几个有因果关系的因素进行着重考察,成功建立模型的艺术可以使得人们领会更多的东西。我用了“艺术”这个词,是因为建立一个好的模型是无章可循的。一个模型所面对的最严峻的考验,就是它是否能从一个现象的多个解释中,辨别出最好的那一个。那些通过了实证测试的解释被接受下来——至少能够保留一会儿——直到有进一步的证据来推翻它们。这时,经济学家们就要重新回到他们的绘图板前,建立更好的(并不一定是更复杂的)模型。后面的事情就依此类推了。

我在这里简要描述的这个方法论,能够让经济学家们做出一种预测,这种预测并不是对未来的预测,而是要去预测:尚未从当前世界中收集到的那些数据能够告诉我们什么。这可是件很冒险的事情,但如果想让一个模型具有启发性的话,那么它就不应当仅仅做些“事后诸葛亮”式的解释工作了。

经济学家研究经济史的方法,和历史学家研究社会政治史的方法一直相差无几,这种情况直到最近才有所改变。通过指出他们所认为的事件发生的关键驱动力,经济学家们试图揭示为何事件能够在某个特定的地点,以特有的方式发生。这里的重点在于所研究的事件的独特性。这种研究模式中的一个经典题目是去探究为何第一次工业革命发生在18世纪,而它又为何发生在英国。我们可以看出，这个问题的提出是基于三个前提假设之上的：**的确有**第一次工业革命存在，它发生在 18 世纪，它又发生在英国。这三个前提假设当然都曾受到质疑，但就是在通过历史研究而认同这些前提假设的人们当中，仍然有大量的遗留工作没有完成。结果是，围绕着这些问题而写出的文献就成了经济史中最伟大的成就之一了。

直到近些年，经济学家们才在对过去的研究中加入了统计学的方法。这种新的研究方法将重点放在决定事件之序列的一般性上，与经济学理论紧密联系。它采纳了这种观点：一种理论理应揭示在经济路径上的不同地点和时间中所共有的特征。诚然，没有两个经济体是完全一样的，但现代经济学家们所研究的是人类实践的共同性，而并不是它的差异性。比如，你想要找出德丝塔和贝基所处的两个世界的同时代特征，这些特征能够解释为何前者的生活水平远远低于后者。一组经济学模型告诉你，这些特征由变量 X、Y 和 Z 来表示。你去查阅关于 X、Y 和 Z 的世界统计数据，样本量假定为 149 个国家。这些国家的统计数字各不相同，但你可以将这些变量本身看作是样本内各个国家所共有的解释因素。换句话说，你将这 149 个国家看作相同的经济体，而将每个国家独有的特征当作该国的特质来看待。当然，你不能随心所欲地将这些特质按你的喜好整合在模型中。统计学理论——在当前背景下称作**计量经济学**——将会限制你整合它们的方式。

以你的样本中这 149 个国家的统计数据为基础，你现在就可以做出测试，看看你是否应该有充分的理由相信 X、Y 和 Z 就是决定生活水平的因素。假设测试的结果告诉你，你有理由相信这一点，那么对数据的进一步分析会使你更加确定，样本中生活水平的变化有多少是由 X 的变化决定，多少是由 Y 的变化决定，多少是由 Z 的变化决定。这些比例会就决定生活水平的各因素的相对重要性，给你一个感性认识。假如 80%的生活水平的变化可以由变量 X 的变化解释，而剩下的 20%则由 Y 和 Z 的变化解释，那么你可以理直气壮地做出尝试性的结论：X 是最主要的解释变量。

将统计学应用于经济数据的过程中，会出现不计其数的问题。例如，问题之一可能是你的经济学模型显示，决定生活水平的因素可能有 67 个之多(不仅仅是 X、Y 和 Z 了)。然而，你的样本中只有 149 个国家。任何一位统计学家都会告诉你，要弄清67 个因素所起到的作用，149 这个数字实在是太小了。还有其他问题在困扰着计量经济学家们。但在你抛弃统计学，回到叙述性的实证论述之前，请问一问自己，人们有什么理由会觉得一位学者的史实性叙述优于另一位的。你甚至还会吃不准，是不是这位学者的文学天赋影响了你对她作品的欣赏。现在有人会来打消你的顾虑，告诉你就连史实性叙述的作者心目中，都会有一个模型存在。他会告诉你，这个作者的模型影响了她对作品中所罗列的证据的选择：她是在对大量证据的筛选之后，才选择了这些证据的。你反过来会问，你应该如何判定她概念中的模型就一定优于别人的。这个问题又将我们带回到检验社会现象的可选模型上。在下一章中，我们会发现史实性叙述在现代经济学中仍然发挥着重要的作用，但它是与建模和计量经济学检验共同起作用的。

作为计量经济学检验基础的一些默认的前提假设，是难以评价优劣的(如何将国家独有的特质整合到模型中只是其中之一罢了)。因此，经济统计学家们对问题的理解，常常最多只是处于“半透明”状态。数个相互对立的模型同时存在，每个都有自己的捍卫者，这也不是一件稀罕事。模型的建立、数据的可用性、史实性叙述、计量经济学方法的进步，彼此间互相加强补充。正如经济学家罗伯特·索洛所表述的，“事实要求解释，而解释反过来要求新的事实”。

在这本专论中，我首先想要给诸位一点感性认识——我们经济学家是如何对决定贝基和德丝塔生活的经济道路进行揭示的。我将通过讲述前面所提到的我们所关心的三个问题，来完成这个任务。接下来我会解释，为什么我们会需要经济政策，我们又是如何来确定最好的经济政策。无疑，在这个过程中我们会建立模型，但我将主要用文字语言来描述它们。我还将提到实证调查的结果，这些结果来自人类学、人口学、生态学、地理学、政治科学、社会学，当然还包括经济学本身。但我们将透过**经济学**的“透镜”，来研究这个社会性的世界。我们所采纳的关于生存状况的观点，突出了——无论是在当前还是跨时期的——稀缺资源的配置问题。我的想法是，带诸位转上一圈，看看我们究竟能够对身边这个社会性的世界做出多么深刻的理解。

第一章

宏观经济史

我曾经说过，如果我们想要理解贝基和德丝塔的生存状态，那么必做的一件事就是要去揭示，她们的家族是通过何种途径继承了现有的状况。这也正是经济史的核心内容。在研究历史的过程中，如果足够大胆，我们就可以把眼光放远一些，上溯到11,000年前，人们在新月沃土北部（大概在现在的土耳其东南）开始农耕的时代，试着来解释一下：为什么许许多多在贝基所处世界的形成过程中曾经起到日积月累的促进作用的创新和实践，并未在德丝塔的世界中出现，或者并未能充分影响德丝塔的世界。

学者们也已经试图这样做了。例如，地理学家贾尔德·戴蒙德曾经指出，相比其他地区的居民，生活在欧亚超级大陆的人们坐拥两个得天独厚的优势：首先，与非洲和美洲不同，欧亚大陆处在以东西向为轴的温带，没有无法逾越的高山和沙漠来阻碍人类和动物种群的迁徙，以及植物种子和思想的传播；其次，欧亚大陆得天独厚，有大量可以驯养的动物种群，使得这里的人们可以从事一些单靠他们自己无法进行的活动。在不同的时期，在欧亚大陆的不同地区，经济的增长和衰退此起彼伏，有时是印度，有时是中国，有时是波斯，有时是伊斯兰世界，有时是欧洲的某个地区，而后又是别的什么地方。总之，超级大陆的规模和发展趋势意味着，过去的11,000年里，人类文明的成就就像金融市场里股票的业绩一样：某些地区的衰落必然伴随着其他地区的崛起，此消彼长。到了16世纪，善于航海的西欧国家和美洲大陆之间的技术差距已经相当大，以至于仅仅凭借着火枪、铁器和欧洲病菌，一小队欧洲入侵者就轻而易举地占领了美洲新大陆。贝基的世界所取得的巨大成功，实质上是不到500年前所发生的社会变革的结果。

以GDP为量杆

为了像我们现在这样讨论成功和失败，我们还需要一个衡量尺度。目前使用最广泛的一个工具指标是**人均国内生产总值**（人均GDP）。经济学家们发明了这个概念，同时也强调了它的一些局限性，但是，无论如何，这个概念已经在公众意识里根深蒂固了。如果有人声称“经济增长啦”，我们不需要问“是什么增长了”就知道他是在说，**实际**人均GDP增长了，就是指用通货膨胀或通货紧缩数据修正过的人均GDP增长了。

一个国家的GDP是指一个特定时期（通常指一年）内它的国内居民生产的所有最终产品的价值总和。它被用来衡量一个经济整体的总产出。当一件商品被生产出来并出售时，用于购买它的钱也同样充实了卖者的腰包。所以，GDP也可以用每个人的收入加总来计算，包括工资、薪酬、利息、利润以及政府的财政收入。也可以说，GDP和国民收入是同一枚硬币的正反面。

虽然GDP经常被用来衡量财富，但实际上它并不能做到这一点。GDP是一个流量（比如说，美元/年），而财富则是一个存量(某一个时期内得到的美元数)。由于GDP的概念最初是基于市场经济的前提建立的,它所说的价值也是产品的市场价格。但是通过巧妙地构建一个名义价格(称为“影子价格”,参见第七至第八章)的概念,经济学家把GDP的概念也应用于德丝塔所处的经济世界,那里的经济活动是在非市场化的制度中进行的。通过给德丝塔所在村子里的村民的产品赋予价值,经济统计学家得出这样的结论:相当于她家庭收入五分之一价值的产品直接来自她所在地区的自然资源。这个数字是我在描述德丝塔的世界时使用过的。

经过调整,剔除了世界各地生活成本的差异之后,现在全球的人均收入大概是8000美元/年。但是在人类大部分的历史时期里,人们的贫困程度可以用“水深火热”来形容。著名的经济统计学家安格斯·麦迪逊曾经根据支离破碎的现存史料进行过估计,在纪元之初,世界人均年收入如果以现在的价格表示,大约为515美元。如果麦迪逊的估计能够八九不离十的话,那就意味着2000年前的人们,平均每人每天也就能支配1个多美元,这个数字位于世界银行认为的极度贫困线以下。麦迪逊还指出2000年前的收入分配是非常平均的:几乎所有地方的所有人都一贫如洗。他提供的数据还告诉我们:公元1000年左右,世界的平均收入和地区收入分配的状况还是与1000年前的纪元初基本类似。地区间的贫富差距变得明显是在19世纪初才出现的:那时候西欧的人均收入是非洲的3倍,但世界的人均收入以今天的价格标准计算仍然是755美元/年,说明在过去的1800年里,总增长率还不到50%,折合成年增长率还不到0.02%。用当代的标准来看,这个数字简直是低极了:在过去的40年里,人均年收入增长率大约是2%。(一个有用的公式可以帮助我们理解:如果一个数字单位——比如说是实际人均 GDP——以每年 g% 的速度增长或减少,那么这个单位大概每 70/g 年会增加一倍或减少一半。举个例子,如果以每年 2% 的速度增长,那么人均 GDP 每 35 年就能翻一番;而如果以每年 0.5%的速度下降,那么每 140 年,人均 GDP 就会减少一半。)

大范围的地区性贫富收入差距是最近不到 200 年间的事情。美国和非洲平均收入的比例从 19 世纪初的 3 倍已经扩大到今天的超过 20 倍，大约分别是 38,000 美元 / 年和 1850 美元 / 年。美国的实际人均 GDP 在 200 年里增长了 30 倍,意味着那里的人均年收入增长率大约达到了 1.7% 。与此同时,令人难过的是,今天埃塞俄比亚的人均收入和 200 年前的几乎一样(现在的数字是每年 700 美元多一点),这一事实也恰恰反映在贝基和德丝塔的家庭成员平均收入的巨大差异上。

如果你按现在的人均 GDP 给国家排个队，你会发现它们分成两组:一个贫穷(德丝塔的世界),另一个富裕(贝基的世界)。的确有一些中间收入的国家零星分布在两极之间(中国、巴西、委内瑞拉和阿根廷是比较典型的例子),但为数众多的一大批国家(在非洲的撒哈拉沙漠以南地区、印度次大陆、东南亚、美拉尼西亚和中美洲)总共拥有 23 亿人口,但人均年产值才 2100 美元;而另一个小得多的群体(欧洲、北美、澳大利亚和日本),总人口还不到 10 亿,却享受着人均 30,000 美元的年收入(表 1)。世界明显地两极分化了。而且,除了印度还有一些可能性之外,贫穷世界的国家要想在可预见的未来赶上富裕世界的国家,希望十分渺茫。在过去的 40 年里,富裕国家的实际年人均 GDP 增长率达到 2.4%,而贫穷国家只有 1.8%(表 1)。更糟的是,在贫穷地区,撒哈拉沙漠以南的实际人均 GDP 在过去

40 年里还有小幅的下降。

和贫穷国家形成鲜明对比的是，农业产出在富裕国家的国民收入里只占一小部分。贫穷世界里农业产出大约占到 GDP 的 25%，而在富裕国家还不到 5%。富裕国家不足 10%的人口生活在农村地区。而贫穷国家 70%以上的人口住在乡下（表 1）。这一事实不禁让人联想到，贫穷国家的人们主要是靠天吃饭，这也就是所谓的“自然经济”。生态环境成了贫穷世界最直接关心的问题，而对富裕国家而言却不是这样。

最近，联合国开发计划署（UNDP）已经在着手拓展生活标准的衡量基础。它通过构建一个数量的指数，综合了人均 GDP、出生时的预期寿命和成人识字率三个方面。UNDP 已经将这个指数命名为人类发展指数（HDI）。又一次，除了少数例外，HDI 在贫穷国家很低，而在富裕国家很高（表 1）。

贝基和德丝塔间的差异背后最有可能的原因

是什么原因造成了生活在贝基世界里的人比生活在德丝塔世界里的人富裕那么多？下面是一些不言自明的特征。

富裕国家的人们拥有更先进的工作设备（电钻比铁镐更加强大，拖拉机比起犁来具有明显优势，现代医学比传统疗法更加有效）。所以产生了这样的说法：在贝基的世界里，物质资本（更准确地说，**制造**资本）的积累对人们能享受高质量的生活做出了至关重要的贡献。这可能就是我为了解释经济学理论和应用经济学在今天如何结合时，而在引言里提到过的“因素X”。

也有人已经注意到了，富裕国家的人受到了更好的教育，他们能够去应用知识来生产产品，而这对于那些高文盲率国家的人们来说，是可望而不可即的。一个衡量教育的粗略指标是成人(15 岁及以上人口)的识字比率。现在这个指标在富裕国家已经超过 95%,而在贫穷国家只有 58%(表 1)。性别不平等的问题在贫穷国家也比在富裕国家要严重得多。贫穷国家成年妇女识字率是 48%,而在富裕世界中,相应的比率和成年男子识字率相差无几,也在 95%以上(表 1)。

表 1 富裕国家和贫穷国家

	富裕国家	贫穷国家
人口(10 亿)	1.0	2.3
人均 GDP	30,000 美元	2100 美元
人类发展指数	高	低
年人口增长率(%):1966—2004	0.8	2.4
年人均 GDP 增长率(%):1966—2004	2.4	1.8
总生育率(TFR)	1.8	3.7
成人识字率(%) (妇女识字率[%])	>95 (>95)	58 (48)
政府腐败指数	低	高
出生时的预期寿命(年)	78	58
5 岁以下死亡数(每 1000 人)	7	120
农村人口(占总人口的百分比)	10	70
农业产出在 GDP 中的比例(%)	5	25

来源:《世界发展指标》(世界银行,2005 年)

和教育密切相关的则是健康状况。现在，在富裕国家中，出生时的预期寿命是78岁，而在贫穷国家里仅为58岁。每年在贫穷国家，每1000名5岁以下的儿童里，大约有120名会死亡；而在富裕国家，相应的数字仅为7名(表1)。

与此相关，干净的水源和良好的卫生条件也是富裕国家死亡率大幅降低的原因之一。贫穷国家里四分之一的人口正在饱受营养不良的困扰，而在富裕国家相应的数字几乎可以忽略不计。营养不良和体弱多病又继续恶性循环，食物匮乏和死亡率同时增加。有证据表明，童年早期的营养不良将影响人们认知能力的提高。综上所述，相对于贫穷国家而言，富裕国家里的人们有能力承担更高质量的工作，并工作更长时间。教育水平和健康状况一起构成了**人力资本**。经济学家西奥多·舒尔茨和加里·贝克在其具有先驱意义的文献中揭示出，人力资本的积累已经成为现代贝基世界的人们享有高质量生活背后的重要因素。这个可以作为我在引言中提到的“因素Y”。

然而，许多经济学家把新理念的产生看作经济增长背后的根本因素。他们提出，富裕国家之所以变得富裕，是因为那里的人们不仅仅将新理念用于新产品(印刷机、蒸汽机、电力、化学产品、电子计算机)的生产，而且也在成功地运用这些理念，以更低廉的成本生产传统产品(运输、采矿)。显然，教育和科学技术的进步结合在一起，形成了一种经济动力。仅仅靠初级和中级教育是不可能推动社会发展到今天的水平的。一个高等教育水平偏低的国家，无法拥有能够胜任高端先进技术工作的人力。时至今日，未曾受过高等教育的人，同样也没有能力去取得科学和技术上的进步。这些理念，可以作为我在引言中所提到的“因素Z”。

与此相关的是一个本不该存在如此多争论的话题:人口增长。即使仅凭直觉,我们也知道,如果人口增长很快,那么为了保持生活水平,资本的增长率也要很高才行。如果两个国家积累物质和人力资本的愿望相同,而且人口的增长并不能使得积累资本的成本降低,那么人口增长较为缓慢的那个国家将被认为在长期内享有更高的生活水平。自从 20 世纪 60 年代中期以来,当代贫穷世界中的人口年均增长率高达 2.4%,而富裕世界中相对应的数字只有大约 0.8%(表 1)。这是一个巨大的差异。人口统计学者目前一致认为,在其他条件保持不变的前提下,人口增长较快的国家在近年内正在经历着实际人均 GDP 的缓慢增长。稍后,在这本书中我们会注意到,在今天的贫穷国家中,人口的高增长还给其生态带来了巨大的压力,给农村居民带来了进一步的问题。

一个国家的人口增长,不仅仅受到人口净繁衍的影响,还受到净入境移民和年龄分布的影响。为了单独分析人口的净繁衍,通常的做法是采用**生育率**(更准确地说是**总生育率**,TFR)这一指标,这是一位妇女在一生中预期的存活育儿总数。假设每对父母都期望有一定数目的成活子女,那么,一旦 5 岁以下儿童的死亡率降低,生育率也理应随之降低。但令人口学家困惑不解的是,贫穷世界中生育率的下降为何会比他们所预期的要慢。目前所知的西北欧(特别是英国和法国)第一次生育率的下降,发生在 17 世纪。当时这一数字从 7 下降到 4(第六章)。目前富裕世界的生育率在 1.8(低于 2.1——位于 2.1 时,人口数量会长期趋于稳定),而在贫穷世界中这个数字是 3.7(表 1)。尽管儿童死亡率有显著下降,但在非洲撒哈拉沙漠以南地区,生育率仍然位于 6 至 8 之间。我们理应问一问是否有一种对抗力量存在,使得这一地区的生育率居高不下。我们理应问一问,随之而来的人口增长,是否已经成为其近 40 年来经济状况恶劣的一个因素。在第六章中,我们将更加详细地探究这个问题,但高生育率对妇女状况的一个潜在的影响已经不言自明了。

在非洲撒哈拉沙漠以南地区,延长哺乳期是一个用来控制受孕的传统方法。在喀拉哈里沙漠生活的“昆山”游牧部落中,幼儿的哺乳期会持续到 4 岁才结束。即使我们忽略这些极端情形,一次成功的生育也要包括两年的孕期和哺乳期。这就意味着,在女性出生时的预期寿命是 45 岁,而生育率是 8 的这样一个社会中,女孩们可以预料到自己要把生育期(例如,15 至 45 岁)的一多半都花在怀孕和抚育婴儿上面。在这种情况下,像德丝塔的母亲一样的妇女们除了以种地为生以外,根本无法去从事其他的雇佣劳动了。

没有一位经济学家曾经声称,在经济增长背后,只有一种驱动力。所有人似乎都一致认为,制造资本和人力资本的积累与新兴科学技术理念的生产、流通和应用互相配合,每个因素都对其他因素的贡献做出了积极贡献。在当代世界中,在其他条件相同的情况下,对制造资本产品的积累会使实际 GDP 获得提高。这会让各个社会拨出更多的收入用于人们的教育和健康事业,从而使生育率和儿童死亡率进一步降低。在其他条件相同的情况下,教育会使 GDP 进一步增长,而较低的生育率和儿童死亡率通常会使人口增长放缓。总的来说,这些将会使社会能够拨出更多的收入来创造新兴的理念。这将提高制造资本的生产率,生产率的提高反过来将进一步促进制造资本的积累,这是一个通往繁荣的良性循环。它的反面,自然就是通往贫困的恶性循环了。当今，贫穷世界和富裕世界的两极分化，正是这两种变动的具体表现。经济学家们用**良性**循环和**恶性**循环来描述两极分化（我们中的一些人将恶性循环说成是**贫困陷阱**）；数学家们则说，贫穷和富裕这两个世界在两个不同的**吸引域**里面。

找出在经济增长中起作用的各种因素之间的相对重要性，是一件大有可能的事情。无疑，在不同的地点和不同的时代，各种因素之间的相对重要性是不一样的。但就在50年以前，罗伯特·索洛提出了该如何对这个问题进行调查研究：他设计了一种方法，将一国经济的实际GDP中有记录的变化分解为可测量的来源。与我在引言中所描述的关于国家**间**统计数据的实证分析形成对比，这里的想法则是要在某一国的范围内和一定的时间范围内，去测度X、Y、Z的**变化**，并在同样的时间范围内估计这些变化在实际GDP的增长中所起作用之间的相对重要性。假设在一段时间之内某国家的实际GDP有所增长，索洛和他的后来者演示了如何将这种增长归因于劳动力参与的增加（人口的增长，从事有酬劳动的女性就业的增加）、人力技术和制造资本的积累、机器设备质量的改进，等等。现在假设，当我们把这些生产因素所带来的贡献进行加总时，我们发现，这个总和达不到GDP的增长量。这样的话，我们就有理由把这种差异解释为，在这个经济体中资本的总生产率提高了。我们这样说的意思是，即使这些生产要素（例如机器设备和技术）的数量保持不变，现在也可以比过去有更多的产出。这是一种正式的方法，它承认生产产品的效率有了总体上的提高。经济学家们以**全要素生产率**来衡量这种提高。

后面的这部分增长是从何而来的呢？当人们获得知识并加

以利用的时候，或者当人们更好地利用已有知识的时候，它就产生了。这正是为何经济学家经常把全要素生产率的增长称为**技术进步**的原因。但经济中还存在其他变化，这些变化也能够对全要素生产率产生影响，例如制度运行方面的改进。全要素生产率的增长也许并不能很好地说明某个观点，但它却很好地反映了 GDP 增长中未被解释的那一部分。在经济学文献中，这个概念也就被沿用至今。

自从第二次世界大战以来，富裕世界中的全要素生产率有了明显的增长。例如，有人估计，1970 年到 2000 年之间，英国全要素生产率的平均年增长率达到了 0.7%。经济学家们还估计，与此形成对比的是，非洲撒哈拉沙漠以南地区的一些国家，其全要素生产率在这段时间内稍微有所**下降**。

这些数字意味着什么呢？先来说说英国的例子。该国的实际 GDP 以每年 2.4%的速度增长，这意味着，这种增长中有大约 29%（也就是 0.7/2.4）可以归因于全要素生产率的增长。以 2.4%的增长率，2000 年的实际 GDP 比 1970 年的实际 GDP 翻了一番。这种增长中，几乎有三分之一可以归因于全要素生产率的增长。与此形成对比，非洲撒哈拉沙漠以南地区的一些经济体，其全要素生产率在同一时期却下降了，它们在使用机器设备、技术、工时等生产要素时，效率变得更加低下。很难相信，这些国家中的人竟然在系统性地“忘记”他们曾经懂得的技术知识。因此，全要素生产率的下降一定是当地制度日趋恶化的结果，而内战和治理不当则加剧了这一恶化过程。

这些统计数据引起了困惑。当今的贫穷国家大多位于热带，而富裕国家大多位于温带。无疑，热带地区是很多疾病繁衍的温床，但它同时也拥有巨大数量的自然资源（木材、矿产，还有适合种植香料、纤维、咖啡和茶叶的环境)。在过去的几个世纪中,目前的富裕国家正是在进口这些资源和产品,用来为工厂和工场提供动力,并使得国民的一日三餐令人愉悦。它们不断积累机器设备、人力资本,并创造了科学技术知识。为什么贫穷世界并没有好好利用它的资源禀赋,以同样的方式丰富自己的生活呢?

殖民,是一个可能的答案。历史学家们已经指出,从 16 世纪开始,欧洲列强们就已经开始从殖民地掠取自然资源,包括廉价的(实际就是奴隶)劳动力,但却将这些收益投资于国内。当然,人们应该问问为什么欧洲人最终成功地将热带地区变成了殖民地,为什么殖民化的方向不是反过来的。前面讲过,贾尔德·戴蒙德曾经给出过一个答案:前殖民地中的很多最著名地区目前都已经政治上独立好几十年了。在这些年中,富裕国家的实际人均收入一再增长。然而,除了南亚和东南亚的几个特例以外,绝大多数前殖民地国家,不是一如既往地贫穷,就是比以前更加贫穷了。为什么?

制度

经济历史学家们,如罗伯特·福格尔、大卫·兰德斯以及道格拉斯·诺斯,都认为富裕国家目前之所以富裕是因为多少世纪以来,它们设计出了使人们能够改善其生活物质状况的制度。这是一个较深刻的解释。它认为:富裕国家的人们之所以采用更为先进的技术工作,更加健康,寿命更长,受到过更好的教育,想出更多能促进生产力的点子,是**因为**能让他们安身立命的社会中的制度允许甚至鼓励这种全经济体范围内的要素积累,包括机器设备、运输设施、卫生、技术、理念以及理念所带来的成果。这种生产资本的积累只是经济繁荣最直接的原因，而真正的原因正是制度的进步。

现在可以将这一概念再揭开一层，来看看当今富裕国家的“先辈们”是为何又是如何改革他们的制度，使得促进繁荣的这些直接原因得以激增。你甚至可以问，究竟是制度起了作用，还是统治者们开明的政策导致了这种激增。然而，这些政策并不是凭空出现，而是在制度的范围内经过商讨和审议出炉的。一项被设计出来的政策也不会真的给国家带来繁荣，除非制度本身有能力去执行它。

这些进退两难的局面对于今日的贫穷国家来说，具有无比重要的意义。它们应该采用什么样的制度？应当鼓励它们的政府遵循什么样的政策？着手上马超大规模的项目（钢铁厂、石化厂、土地改革、公共卫生计划、免费教育）并没有什么意义，除非这个国家的制度本身具有限制腐败和浪费的制衡手段。这就将我们带回到刚才提到的问题：那些促进了今日富裕国家经济发展的制度，是如何被建立起来，并且得到普及的呢？尽管这个问题已经引起了世界上最出色的经济史学家的广泛关注，但它仍然悬而未决。在下一章中，我将向大家展示，为何从根本上来说，找到一个令人满意的回答事实上是很困难的（我想，这本身就是更深入的理解吧）。考虑到这些困难，在我们试图理解为何贝基的世界和德丝塔的世界的生活水准如此不同时，最保险的方法就是，把制度看作那个解释要素。

《牛津英语大词典》将**制度**一词定义为“一个民族的政治生活或社会生活中已经确立的法律、风俗、用法、惯例、组织，或其他的要素”。我们将遵从这个定义的指引，但又会将其重新解释，以此来强调制度在经济生活中的作用。对于制度一词，我认为它不算严格的定义是,能够管理集体行动的一些**安排**。这些安排不仅仅包括法律上的实体，如贝基父亲就职的事务所,还包括了德丝塔父亲所参加的社区保险计划;它们包括贝基一家购买商品和服务的市场，还包括德丝塔一家所属的乡村网络；它们包括贝基世界中的核心家庭,还包括德丝塔世界中那种充满权利义务的、广泛的血缘亲族系统;它们还包括了两个世界共有的主导实体,**政府**。

从某种意义上说,制度是由管理集体行动的准则和权力结构所决定的;但从另一种意义上说,制度也是由其本身和外界之间的关系决定的。为全体职员所制定的规章(谁应该完成什么任务,谁对谁有管辖权力,等等),并不仅仅对公司的成员起作用,它同样会对外部人士起作用。例如,富裕国家都有关于工厂工作环境的法律。而且,环境保护规章也限制了工厂对污染物的排放。在每个社会,各个层面都被不同的准则所覆盖。有些准则在其他的准则之下生效,很多准则都有法律效力,而其余的那些,最多不过是一些默认的协议而已。

一种制度的有效性,取决于管理它的准则,以及成员是否能遵守它。每个国家行政事务的行为准则都包括诚实,但在实践中,政府和政府之间有巨大的差异。社会科学家们为公共官员中的腐败现象建立了指数。其中的一个指数就以私营公司根据其实践,对人们为了办成事情而需要向官员们行贿的理解为基础。该指数(见表 1)以 1(高度腐败)至 10(高度清廉)来衡量,大多数贫穷国家(非洲国家和东欧国家位于最差之列)都低于 3.5,而大多数富裕国家(斯堪的纳维亚半岛的国家位于最佳之列)都高于 7。过去曾有人提出,公共官员收取贿赂有助于提高国民收入,因为这为经济交易起到了润滑作用。在贫穷国家中是这样的：如果你不“出血”的话，就无法办成事情。但腐败并不总是一种不可避免的罪恶。在一些贫穷国家中，腐败现象并不明显。行贿使生产成本提高，因此产出会变少。受害的则是国民们，因为他们需要支付的价格要高出许多。

经济学家们推测，政府的腐败与人们所面对的法律实施上的延迟有关。这种观点是说，延迟是引起行贿行为的一种方式，而行贿可以缩减法律上的手续。一份合同得到强制执行的时间，富裕世界中平均需要280天，在贫穷世界中则需要415天。腐败现象也可能与政府的低效相关。注册一个企业，在贫穷世界中平均需要66天，而在富裕世界中仅需27天。在贫穷世界中，登记财产平均需要100天，而在富裕世界中这个数字是50天。一些经济学家认为，贫穷国家的政府官员们“制造”了长长的队伍（这就是政府的低效率），如果申请者想要“排队加塞”，就可能会向政府官员们行贿（这就是腐败现象了）。

如何将政府腐败、低效率，以及对法治的漠视化为我们一直在这里研究的宏观经济数据呢？它们在全要素生产率中都有体现。其他条件不变，一个拥有腐败或低效的政府的国家，一个对法治不尊重的国家，其全要素生产率会低于一个政府较少受到这种缺点困扰的国家。一些学者将这些看不见摸不着但却可以量化的要素，称为**社会基础设施**，还有一些学者称其为**社会资本**。

制度属于主导实体。人们**是在**制度中相互发生作用的。一个更加浅显的概念是人们之间的**约定**。约定的可能性导致了经济生活的本质问题。我们下面就来研究它。

第二章

信任

设想一下，有一群人发现了一个对彼此都有利的行动方案。在最高层面上，这有可能是：一国国民看到了接受宪法给他们国家带来的好处。在地方层面上，这个任务则有可能是在下列事项中成本共担，利益共享：维护一种公有资源（灌溉系统、牧地、沿海渔场），修建一项可以共同使用的固定资产（穿过分水岭的排水渠），在政治活动中协作（公众参与、游说议会），在商品的购买和交接无法同时进行的情况下做生意（信贷、保险、雇佣劳动），步入婚姻殿堂，建立一个循环储蓄和信贷互助协会（社区保险计划），发起一项互惠性安排（当你需要的时候，我帮助你，这意味着当日后我需要的时候，你也要帮助我），沿用一种惯例（互相寄发圣诞卡片），创建一种合作关系来为市场生产产品，进行一项即时交易（在柜台购物），等等等等。还有一些互利的行动方案，彼此之间彬彬有礼就是其中一例。这些行动方案从各种充满公民意识的行为模式——诸如不乱破坏公共空间和更加遵纪守法——到对他人权利的尊重。

接下来再设想一下，这些人达成协议，以某种形式成本共担，利益共享。在最高层面上，这种协议可以是国民之间达成的、共同遵守他们的宪法的一项社会契约。它也可能是要求彼此之间彬彬有礼的一种默许的协议，例如尊重他人的话语权、生存权，等等。这里我们将考虑就商品和服务交易所达成的协议。有些情况下，这种协议是建立在一方为另一方所制定的、“接受或放弃”式的格式合同基础上的（就像贝基的母亲接受她请来的管道公司所设定的那些条款时那样）。在其他情况下，还可能涉及讨价还价的过程（就像德丝塔的母亲在当地集市上购买房间装饰品时的情形，这种集市和中东地区的“巴扎”没有太大区别）。在这本书的后面（第四章），我们将研究贝基一家所光顾的市场中，价格的一个理想化的版本，在这个市场中，买方和卖方同样面对“接受或放弃”式的出价。但我们并不会去研究，当讨价还价存在的情况下，价格协议是如何在贝基或德丝塔的世界中达成的；我们也不会去探讨谈判过程中可能援引的公平原则。这些问题的研究将会把我们引入议价理论——博弈论中一个优美而高难度的分支。作为替代，我们将提出一个与贝基和德丝塔的世界更为相关的问题：**在何种情况下，达成协议的各方将会彼此信任对方能够遵守诺言？**

如果想让自己说的话被别人相信，你的话就必须是可信的，因此仅有口头承诺是远远不够的。（注意到，我们会提醒别人——还有自己——不要去“盲目地”信任别人。）如果各方想要彼此信任对方能够遵守诺言，就应当将事情做出如下的安排：（1）在达成一致行动方案的过程中的各个阶段，如果其他各方都准备遵守承诺，则每一方遵守承诺也是符合其自身利益的；（2）在达成一致行动方案的过程中的各个阶段，每一方都应当相信，其他各方都会遵守承诺。如果这两个条件都达到了，就会形成一个关于“该协议将会被遵守”的信任体系，而且该体系是自我强化的。

请注意,条件(2)是无法单独成立的。这种信任应当被证明是合理的。而条件(1)则提供了这一合理性证明。它为大家都应该从原则上相信该协议将会被遵守提供了一个基础。一个包含多方的行动方案如果满足了条件（1），就可以被称为**纳什均衡**——这是为了纪念数学家约翰·纳什,《美丽心灵》这部影片的原型,他证明了这并不是一个虚无缥缈的空洞概念。(纳什证明了,该条件在现实情况中可以被满足。)然而,我这样阐述条件(1)并不是因为纳什的缘故,而是因为约翰·哈桑尼、托马斯·谢林及莱因哈德·泽尔滕这三位社会学家，是他们改进了纳什均衡的概念,使得它能够应用在纳什自己阐述的条件不能满足的情况下。

请注意,条件(1)同样是无法单独成立的。有可能会出现这种情况:如果每个人都认为,其他所有人都会以机会主义方式行事,那么为了各自的利益,每个人都会以机会主义方式行事。在这种情况下,不合作也是一种纳什均衡,这意味着一个关于"该协议不会被遵守"的、自我强化的信任体系形成了。说得略微非正式一些,纳什均衡就是各方的一套行动方案(**行动策略**,如果用经济学的术语来说),其中,在其他各方均能遵循自己的行动方案的前提下,没有任何一方有理由偏离其行动方案。作为一个普遍原则，社会中存在的纳什均衡的数量会多于一个。有些能够达到预期的结果,有些则不能。每个社会所面对的根本问题是去建立这样的制度:在该制度下,条件(1)和条件(2)能够适用于保护和促进其成员利益的约定。当我们研究经济学对于国家的理想角色的看法时(第八章),关于这些利益,我们还有很多要补充说明。

如果把条件(1)和条件(2)结合在一起,则需要各方之间大量的协调行为。为了探寻能够预期达到哪一个纳什均衡(如果真的可以预期有纳什均衡能够被达到的话)，经济学家们对**非**纳什均衡中人们的行为进行了研究。这是要用模型表示出人们对下列内容形成信念的方式:这个世界是如何运转的,人们的行为方式是怎样的,以及人们是如何在自己观察的基础上来修正自己的信念的。这是要跟踪这些信念的形成模式所带来的结果,以此来检验,该模型是否随着时间的流逝而趋近于纳什均衡,或是否以其他方式运行而不趋于均衡。

这项富有挑战性的研究计划已经得出了一个一般性的结论。假设在某个地区的经济环境中存在不止一个纳什均衡,那么哪一个均衡将被预期达到——如果这个经济体最终将趋于均衡的话——则取决于人们在过去的某一时点所持有的信念。这还取决于人们从过去的这一刻开始,是如何在自己观察的基础上,修正自己的信念的。但这却是用另一种方法来表达历史是在起作用的。我前面提到的那种叙述式的实证经济学,在这里就变得不可或缺了。模型的建立、对与模型相关的数据所进行的统计学检验,以及史实性叙述,必须协同性地发挥作用,我们才能够更好地理解我们的社会性的世界。不幸的是,对于非均衡行为的研究会将这篇专述拖得很长。因此我只是不时地提及这方面的内容。幸运的是,我们将会发现,对均衡行为的研究会给我们带来莫大的好处。

在本章开篇,我们看到了相互的信任是合作的基础。考虑到我们已经了解了纳什均衡的多元性,就让我们来问问,什么类型的制度能够对合作关系起到支持作用。要回答这个问题,就要将人们互相做出可信赖承诺的背景区分开。

相互之间的感情

考虑这样一种情形：人们彼此之间怀有关爱之心，而且人们互相关爱的事实也广为人知。家庭是以感情为基础的制度中一个最为明显的例子。违背对关爱自己的人所许下的诺言，会使我们感到伤心。因此我们都试图尽量不这样做。然而在有的时候，就连家庭成员们也会受到诱惑而做出不当的行为。由于住在一起的人们可以彼此紧密注视，不当行为被捉到的风险是很高的。这就对家庭成员的不当行为起到了抑制作用，即使这种诱惑非常之大。

家庭并不能成为需要各种技能人才的企业。因此，家庭之间就需要找到相互交易的方法。在家庭之间，信任的问题又重新出现。这使得我们去寻找其他的、人们可以彼此信任对方能够守约的现实背景。

亲社会倾向

有这样一种情况：人们都是值得信任的，或者当别人对他们好的时候，他们也会给予回报。进化心理学家们认为，我们都习惯性地拥有知恩图报的性格倾向。发展心理学家们发现，亲社会倾向可以通过集体生活、角色建模、教育和接受奖惩而形成（无论是今世还是来世）。

我们无须从这两种观点中选择一种，它们并不是互相排斥的。我们具有的诸如羞耻、内疚、恐惧、爱慕、愤怒、得意、互惠、善意、嫉妒等感情，以及我们的公平感和正义感都是在选择压力下产生的。文化有助于形成偏好和期望，以及我们关于何为公平的概念。这些反过来又会影响行为，而每个社会中行为都是互不相同的。但文化的坐标却可以使我们能够指认出产生羞耻、内疚、恐惧、爱慕、愤怒、得意、互惠、善意和嫉妒的情形。它们并不会取代这些感情在人类天性中的中心地位。我在这里试图探寻的想法是，作为成人，我们并不仅仅对诸如还清我们的债务、付出代价来帮助别人、还一个人情这样的行为有倾向性，我们也会通过惩罚那些故意伤害我们的人来减轻自己的痛苦，对那些违背协议的人敬而远之，对那些和违背协议的人混在一起的人蹙眉不悦，等等。通过内化行为准则，一个人将这些行为准则加入其行为的动力之中。简而言之，他有了一种遵守规范的倾向，无论该规范是个人的还是社会的。当他确实违背规范的时候，羞耻感和内疚感通常都会出现，但如果常常这样，这种行为就会被他认为是合理的。许下一个承诺对于这个人来说是一种义务，而别人也承认这一点，这对于他来说是至关重要的。

人们在不同程度上都是可以信赖的。当我们克制自己不要去触犯法律的时候，这并不一定是因为惧怕被捉到。问题在于，虽然亲社会倾向对于人性来说并不陌生，但没有一个社会能够仅仅依赖它而存在。人们究竟该如何分辨可以信赖一个人到何种程度？如果背叛自己的良心所获得的利益足够巨大，我们中绝大多数人都会去背叛良心。大多数人心里都有个价格，但很难说清，谁的价格是多少。

每个社会都曾试图建立这样的制度：在此制度下，人们有足够的激励互相交易。这些激励虽然在细节上有所区别，但它们有一点是相同的：**那些无故违背协议的人要受到惩罚**。让我们来看看，这一点是如何实现的。

法律和规范

这里有两种方法。一种是依靠外部的强制执行者,另一种则是依靠共同的强制执行。每种方法都会产生一种特殊类型的制度。根据要从事的事业性质的不同,人们会采用二者之一。方法一的正式说法为**法治**,而方法二则为**社会规范**。富裕世界的人们主要依靠前者,而贫穷世界的人们在很大程度上依靠后者。接下来,我们将研究这个论点:富裕世界的人们现在之所以富裕,正是**因为**他们在多少个世纪以来能够在很大程度上依靠前者。

我将借助一个关于双边协议的数字案例,来解释这两种强制的执行方式。这些数字能够让我们很容易就豁然开朗。这个例子本身以“包买主制”的生产方式为基础,这一制度在 17 至 18 世纪的欧洲和今日贫穷国家的手工业中极为普遍。这种制度称得上是一种主雇制,但为了我们的说明目的,这里可以将其看作一种合作关系。

假设有一个人 A,他拥有一些流动资本(例如,原材料),对他来说价值 4000 美元。A 与 B 熟识,B 具备利用这些流动资本来生产市场价值为 8000 美元的商品的技术,A 则不具备这种技术。然而,A 有市场准入权利,而 B 却没有。于是 A 提议,将他的资本预支给 B,并约定,当 B 生产出这些商品时,他就会把它们卖掉,并与 B 共享收益。如果 B 不愿这样为 A 工作,她将用她的时间,来为自己的家庭生产对于她来说价值 2000 美元的商品。为了让 B 接受他的建议,A 提出了一个被他的传统视为神圣的收益分享规则:所得的这 8000 美元,首先全部用来补偿双方的成本——A 得到 4000 美元(A 从对其流动资本最优的使用方式中获得的数量，这被经济学家们称为流动资本的**机会成本**），B 得到 2000 美元（这是 B 的时间和精力的机会成本），而剩余的 2000 美元将在二人之间平均分配。A 得到 5000 美元，而 B 得到 3000 美元。每个人都会从这种安排中获得 1000 美元的收益。

B 认为这个提议非常公平合理，但她担心一件事情：为什么她应该相信 A 不会违背在协议中的承诺，将所有的 8000 美元据为己有呢？

外部的强制执行

这里有一种可行的方法，能够使 B 相信 A：该协议能够为一个业已确立的政权组织所强制执行。在很多社会中，部落的酋长、村落或宗族的长者，以及军阀们会强制执行协议，并对争议做出裁决。在这里我们设想一下，这个外部强制执行者是国家政权，而该协议是拟好的法律合同。我们将这个在不会违反法律的国民们中默认的“社会契约”加进该清单中。但是，如果这些契约意在提供一种切实可行的行事方法，则那些违约行为应该是**可认定的**；否则的话，当外部强制执行者被要求进行裁定时就会无从下手。当然，像贝基父亲一样的律师会过着很富裕的生活，这是因为这种认定是一个很困难的过程。一个粗略的估计表明，在美国，每年在法律行业（律师、法官、调查员）、保险从业人员（损失理算师、保险代理人）以及执法部门（警察）上的支出高达 2450 亿美元，这相当于美国 GDP 的 2%左右；而且我这里还没有将人们对可能发生的诉讼、入室抢劫和盗窃而采取的防范措施包括进去。

我们把在违约行为的认定中所发生的问题搁置一边（不过

可以参考第四至第五章)，来注意一下，如果相比起 A 所面对的诱惑，国家政权对违反契约做出的惩罚要更加严厉，那么 A 就会受到威慑而不敢这样做。如果 B 深知这种威慑力，那么她也会相信 A 不会背信弃义。在贝基的世界中，管理市场交易的法规是在合同法中体现的。像金融机构那样，贝基父亲的事务所是一个法人实体，他可以通过它来积累自己的养老金，为贝基和萨姆的教育进行储蓄，等等。他和他的事务所有一份雇佣合同。他在储蓄和养老金制度上所达成的协议是法律合同。甚至当某个家庭成员去杂货店购买的过程(无论是用现金还是用卡付账)也涉及法律问题，法律能够为双方提供保护(在钱是伪钞或信用卡无效的情况下，保护杂货店老板；在产品被证明是次品时，保护买主)。人们在需要时出出进进的、规范的市场之所以能够正常运转，正是因为那里有一个复杂的法律框架来强制执行这种被称为“购买”和“销售”的协议。此外，正是因为贝基的家庭、杂货店老板和信用卡公司都有信心地认为，政府有能力和意愿来强制执行合同，他们才能够在一起进行交易。

既然强制执行合同要涉及资源，这种信心又以何为基础呢?毕竟，眼下的这个世界已经证明，各种各样的政权都是存在的。一种答案是：在一个正在运行的民主政权中，政府会为其名誉担忧。一个自由的、无孔不入的新闻媒体有助于使政府变得审慎起来，并相信政府的无能和腐败会意味着其统治的结束、下一届大选的来临。请注意这如何涉及一个系统，此系统将彼此对能力和意愿的信任联结在一起。贝基的国家中，数以百万计的家庭都相信(或多或少地)他们的政府能够强制执行这些协议，因为他们知道，政府的领袖们清楚，不有效强制执行协议的话，将意味着被赶下台。对于他们来说，一个协议的双方都相信另一方不会违约(再一次,或多或少地),因为他们都知道,对方同样知道可以信任政府会强制执行协议。如此等等。那些违反合同者会受到惩罚的威胁(一笔罚款、一次入狱、被解雇,等等),信任以此来维持,这里的合同可能是法律合同(贝基父亲的雇佣合同),也可能是社会合同(选举人和贝基所在世界的政府所达成的维持法律和秩序的契约)。我们生活在信任的世界中,这些信任是自发结合在一起的(我们前面所说的条件[2])。

我刚才所讲到的仅仅是一个论题的纲要。整个论题和另一个十分相似,后者则证明了,社会规范同样提供强制执行协议的途径。所以我们就来详细地说说它。

共同的强制执行

尽管德丝塔的国家也有合同法，但她的家庭却不能指望它。最近的法庭都遥不可及,附近也没有律师。因为交通运输费用十分昂贵,她的村子就像一块与世隔绝的飞地。这里的经济生活超出了正式的法律体系所控制的范围。然而,德丝塔的父母依然在与别人进行交易。为葬礼进行储蓄就相当于说“我接受社区保险计划的条款和条件”。因为他们居住的地方并没有正规的信贷市场,村民们以一种互惠的方式来达到平衡消费的目的。最近的一项调查发现,在尼日利亚的一组村落样本中,几乎所有的信贷交易都是在亲戚之间,或是在同村的家庭之间进行的。没有书面合同,还贷的日期和金额也并未在协议中明确。社会准则被默认地遵守了。这些贷款中只有不到 10%没有清欠完毕。

为什么这些村民会彼此信任？他们这样做,是因为协议是被共同强制执行的:来自社区成员们的、“要严厉制裁那些协议违反者”的威胁，将会对每个人起到震慑作用，这样他们就不会违反协议了。这是在贫穷世界中进行交易的共同基础。例如，在尼日利亚科夫亚地区的农民当中，农田是私有化的，但一旦庄稼被收割完毕，人们可以获准在这里自由地放牧。像德丝塔的家庭一样，科夫亚地区的家庭也在致力于生存农业，因此劳动者并不会被给付工资。然而，与德丝塔的家庭不同的是，科夫亚人制定了在私田上的集体劳动制度。虽然其中的一部分是以 8 至 10 人的小组形式组织起来的，但也存在全社区性的集体劳动。一个没有正当理由而无法提供所需劳动定额的家庭，将会被要求缴纳罚款（这里的罚款是成罐的啤酒）。如果罚款没有缴清，这个有过失的家庭就会受到禁止参加集体劳动甚至被驱逐的惩罚。在另一个不同的环境下，巴西北部的沿海村庄中也有用来保护渔业的规章制度。违反规章的行为将会受到不同程度的制裁，包括受到孤立、渔具被破坏等等。

共同的强制执行是如何使协议得以维持的呢？我们大可以说是因为机会主义者会被加以制裁，但为什么这种威胁值得相信呢？如果制裁是社会行为规范的一个方面，它就是值得相信的。为了看看这是为什么，我们来假设一下：在当前，所有各方都**能够观察到**每一方究竟是否恪守协议。毫无疑问，这是一个非常有力的假设，但就“可认定性”来说，这是一个很有用的起点。一旦我们从这里得出结论，我们便能够推知在这个假设连不严格成立都算不上的情况下，这些社区是如何对其制度做出调整的。任何曾经造访过贫穷国家的村庄的人都会知道，在这里，隐私根本算不上一种基本权利。在我所走访过的热带村落中，农舍是以这样一种方式建造和聚集起来的：人们想要阻止别人观察到自己在做什么，那一定很困难。

说到社会规范时，我们指的是一种为人所接受的行为规则。行为规则一般是这样说的："如果你做 Y 事，我就会去做 X 事"；"如果 Q 事发生，我就会去做 P 事"等等。一种行为规则要**成为**社会规范，就需要在所有其他人都依据它行事的前提下，依据它行事会符合每个人的利益。也就是说，这种行为规则符合纳什均衡的条件。为了看看社会规范是如何起作用的，让我们回到我们的数字案例，来研究一下在**长期关系**基础上的合作是否能够在 A（现在我们将其称为雇主）和 B（现在我们将其称为雇工）之间保持下去。

想象一下，在 A 和 B 之间发生交易的机会被预期正在不断上升，例如，逐年上升。假设 B 在生产她的产品上花费的时间不超过一年。用 t 来表示时间。那么 t 的值就是 0,1,2，……依此类推，直到无穷。0 代表当前年份，1 代表下一年份，2 则代表再下一年份，依此类推，直到无穷。虽然在未来年份中，通过合作所获得的收益对于 A 和 B 双方来说都很重要，但这些通常会低于当前收益的重要性。毕竟，一方在未来不复存在，以致合作无法继续的可能性永远存在；事情的情况也可能发生变化，例如 A 不再拥有对其资本流动的控制。为了将这个想法公式化，我们引入一个正数 r，用它来衡量每一方对未来合作收益的贴现率。（我们将在本案例中了解到，B 的贴现率是多少是无关紧要的。但为了阐述上的方便，我在这里假设双方对未来成本和收益的贴现率都是 r。）这种假设是说，在对当前年份（t=0）进行计算时，每方都会用一个除数 $(1+r)^t$（这一项代表 $(1+r)$ 自乘 t 次）来除他 / 她在未来年份 t 中所获得的收益。因此，如果 r 是一个正数，则对于所有未来年份 t 而言，$(1+r)^t$ 大于 1；而且，由于在当前年份做出计算时，第 t 年所获得的收益要被 $(1+r)^t$ 除，因此在目前看来,这些收益的重要性每年会以固定百分比 r“缩水”。r 的值越小,在未来年份合作所获收益的重要性就越大。我们现在就来证明，在 r 值很小的前提下，双方将会在大体上成功地达成长期合作关系——每年 A 给 B 4000 美元，将 B 所生产的产品以 8000 美元的价格出售后,再付给 B 3000 美元。关于长期合作关系的正式理论是由数学家罗伯特·奥曼和劳埃德· 夏普利所提出,再由朱·弗登伯格、埃里克·马斯金、艾瑞尔·鲁宾斯坦等经济学家所发展的。我在这里所展示的是该理论如何起作用的一个例证。

来考虑一下 A 有可能采取的以下行为准则:(i) 以将 4000 美元预支给 B 为开端;(ii)如果 B 在当年生产出了产品,就将产品出售;(iii)根据协议,分享成果;(iv) 只要双方都不违反协议,就每年一直这样进行下去;但是 (v) 如果出现任一方首次违反协议,就永久性地中止合作关系。类似地,考虑一下 B 有可能采取的以下行为准则:只要双方都不违反协议,就诚心诚意地为 A 工作;但一旦任一方首次违反协议,就永远不再为他工作。

这两种行为准则体现了一种共同的精神：以合作为开始，并且在没有任一方背信食言的前提下继续保持合作,但只要有任一方首次违反协议,就将永久性地停止合作。在这里,停止合作就是制裁的方式。博弈论学家将这种最无情的准则称为“冷酷策略”,或简称**冷酷**。我们接下来将证明,在 r 的值不是很大的前提下,冷酷策略能够维持这种长期合作关系。

首先来考虑一下 B。假设 A 采取了冷酷策略,而 B 也相信他的确这样做了。在第 0 年的年初,他将自己的资产转给 B。B 的最佳行动方案很明显:遵守协议。这是因为,假设她违反了协议,那么她将失去 1000 美元(用她的 3000 美元的收益分享减去她通过在家自产产品能挣到的 2000 美元），而且在未来的任何年份中得不到任何收入（回忆一下，A 采取了冷酷策略）。这意味着，如果 A 已经采取了冷酷策略的话，那么无论 B 的贴现率是多大，她除了采取冷酷策略外别无它途。

而更有难度的推理却在 A 这一边：假设 B 采取了冷酷策略，而 A 也相信她的确这样做了。如果他将流动资本预支给她，她就会在第 0 年诚心诚意地为他工作。现在 A 不知道该怎么做好了。如果他违反协议，他会获得 4000 美元的利润（用 8000 美元减去他可以通过其资本挣到的 4000 美元——即使他并没有与 B 展开合作）。但既然他已经相信 B 采取了冷酷策略，他也必须相信，B 将以不再为他工作的方式来回击他。因此，抵消了 1 年内的收入 4000 美元之后，净损失是 1000 美元（这是他所放弃的本该来自合作关系中的利润）。这一损失在第 0 年度计算的话，是（$1000/(1+r)+1000/(1+r)^2+1000/(1+r)^3+\cdots$）美元，可以证明它的值是 1000/r 美元。如果 1000/r 美元大于 4000 美元，那么要是违反协议的话，就不符合 A 的利益了；这意味着，他除了自己也采取冷酷策略以外，没有什么更好的选择。但是，当且仅当 r 小于 1/4 或 25%（每年）时，1000/r 美元都会大于 4000 美元。这样一来，我们就证明了：当 r 小于 25%时，如果另一方采取冷酷策略，那么对于每一方来说，采取冷酷策略都是最有利的。但如果双方同时采取冷酷策略，每一方都不会首次违反协议，这就暗示这个协议会一直被遵守下去。这样一来，我们就证明了：冷酷策略可以作为一种社会规范，来维持雇主（A）和雇工（B）之间的长期合作关系。

经济学家们在社会交易中发现了冷酷策略存在的证据，但似乎在大多数情况下，它还是会在人们能够接触正规市场的前提下起作用。然而,在德丝塔的世界中,冷酷策略就不是那么显而易见了。制裁是分级进行的,在首次违约的时候会受到轻微的惩罚;如果再犯,则会受到较为严厉的惩罚;屡犯不改者则会受到更严厉的惩罚;依此类推。我们如何解释这种现象呢?

在正规市场和长期合作关系共同存在的情况下,冷酷策略将会被预期生效。冷酷策略包括永久制裁,而这是用来防止人们在短期内机会不时出现时,采取机会主义行为的一个必需的手段。但是,如果除了长期合作关系以外没有太多替代选择(正如在德丝塔的村庄中那样),那么社区合作式的安排对于所有人来说都有很高的价值。如果人们对未来合作收益的贴现率很低,采取冷酷策略就是一种不必要的行动了。出于这个原因,实际上采取的规范中包含了很多严厉程度低于冷酷策略的制裁。一次轻微的违约行为,可以被理解为是违约者的过失,也可以被理解为"试水行为"(看看是否有别人在关注)。这正是为何分级制裁制度经常可见的原因。

接下来则是我们的一般性发现:如果人们对未来合作的收益足够看重的话,社会行为规范就可以起到维持合作关系的作用。可以预料,具体的条款和条件将随着时间和地点的变化而有所不同;它们的共同之处在于,这种合作关系是共同强制执行的,而不是外部强制执行的。

然而,这里却有一条坏消息:即使人们对未来合作的收益相当看重,他们仍然有可能最终未能实现合作。如果想知道原因,就来设想一下每一方都相信所有其他各方都会违背协议的情况。这样一来,立即违背协议就成了最符合各方利益的选择——这意味着不会有合作出现。即使在我们的数字案例中r小于 25%,相当于不合作的行为仍然是一个纳什均衡:A 不会将价值 4000 美元的原材料预付给 B，因为他知道 B 不会为他工作；B 也会拒绝合作，因为担心 A 不会按照承诺与她收益共享；假设 A 的确不打算在她生产出这些产品之后，与她共享 8000 美元的收益，那么这样的担心是很合理的；如此等等。未能达成合作的原因有可能仅仅是出于这一对略显不幸的、自我强化的信任，别无其他。毫无疑问，是这种共同的怀疑搅黄了合作，但这种怀疑从本质上讲是一致的。简单说来，即使存在能够让人们合作的合适的制度，人们也不一定就会这样做。他们是否合作，所依赖的除了相互信任，别无其他。我在多年前就知道了这个结论，但仍旧发现，这是社会生活中的一个令人惊讶而忐忑的事实。

如果 r 大于 25%的话，双方还会形成合作关系吗？答案是“否”。因为冷酷策略是彻头彻尾地非宽恕性的，没有其他一种规则会对一次轻微的违约行为加以更严厉的制裁。如果 B 采取冷酷策略，那么 A 所面对的违约诱惑要比在 B 采取其他行为规则的情况下小得多。这就是说，当 r 超过 25%时，没有一种行为规则能够维持这种合作关系。对冷酷策略的研究用处很大，因为它在很多案例中（比如现在这个案例）都使得我们能够确定可能达成合作的最大的 r 值。

现在我们手里有了一样工具可以用来解释一个社区是如何从合作转向不合作的。生态压力——例如，由于人口增长和长期干旱所引起的——往往导致人们为了土地和自然资源而争得不可开交（第七章）。政治上的不稳定——内战是它的极端情形——也会使 A 和 B 共同担心 A 的资本资源会被损毁或充公。此时，A 会将在与 B 合作中所获得的未来收益的贴现率提高。类似地，如果这两个人担心，他们的政府正在为了加强其自身的权威性而偏向于消灭社区合作制度，那么r值也会变大。无论是出于何种原因，如果r超过了25%，这种合作关系将分崩离析。数学家们将这个转变点称为**分歧点**。社会学家们称之为**引爆点**。只有当人们有理由来重视未来合作所带来的收益时，社会规范才会生效。

当前的很多例子都证明了这一点。人们观察到在非洲撒哈拉沙漠以南的一些动乱地区，当地的制度正在趋于崩溃。曾经的公社管理制度一度保护着萨赫勒地区的森林免遭不可持续的利用，但这一制度已经被急于在农村人口中树立威信的政府破坏掉了。萨赫勒地区的官员们在林业学方面并没有什么专长，也没有足够的力量来监督谁从森林里面拿走了什么。这些官员们很多都腐化堕落了。乡村社区无法完成从公社治理到法律治理的转变：前者已经遭到破坏，而后者并没有真正发挥作用。这两者的缺失对于将其生活构建在森林和林地周围的人们来说，有着巨大的负面影响。

不祥的是，国家政权能够通过微妙的途径，把一种共同信任的状态转变为一种共同失信的状态。我们关于A和B之间的合作关系的模型业已证明了：当r值低于25%时，合作与不合作都是一种均衡结果。因此，这个例子告诉我们，一个社会完全可能仅仅是因为信任上的改变而从合作转向不合作。这种转变可能与任何可观察到的情形变化毫无关系，行为上的全部变化有可能都是在人们的头脑中被触发的。这种转变可能是突然地、毫无预料地发生的，这正是它不仅无法预料，而且会导致惊讶和失望的原因。原本早晨起床时还是朋友的人们，到了中午可能就会彼此交战。当然，在实际中，还是能够发现蛛丝马迹。流言蜚语和虚假宣传使得人们的信任发生了转变，它们将原本人们互相信任的社会变成了一个与此相反的社会。

相反的转变也可能发生，但它所花的时间就要长一些了。重建一个曾被内战蹂躏的社区，就涉及信任的建立。相比起合作，不合作所需要的各方面的协调要少一些。不合作，经常意味着退出合作。为了重新合作，人们不仅必须相信彼此都会合作，而且必须在一种所有人都理解的社会规范上进行协调。这正是为什么毁掉一个社会比建立一个社会要容易得多。

怎样才能把合作的增加或减少，用宏观经济数据表示出来呢？我们的数字案例抓住了其中显著的一点。合作的增加，会使得更加有效率的资源配置方式得以出现，从而提高收入水平：在合作的前提下，A 的流动资本能够被更好地加以利用，B 的劳动力也是如此。现在来考虑一下两个在各方面完全一样的社区，唯一的不同在于：在一个社区中，人们最终在互相信任的某一点达到均衡；而在另一个社区中，人们最终在互不信任的某一点达到均衡。这两个经济体的区别将会被体现在它们的全要素生产率上：人们互相信任的社区的全要素生产率较高，而人们互不信任的那一个的则较低。其他条件相同时，前一个经济体中的人们享受着更高的收入，因此有能力把更多的收入分配到资产累积上去。因此这里的 GDP 增长率要更高。从这些统计数据来看，互相信任可以被解释为经济增长的一个动力。

社区和市场

现在正在相互影响的人们，当初是怎样联系在一起的呢？在德丝塔的村庄，这个答案非常简单：他们大多数从出生时开始就彼此相识了。在社会规范的基础上，保持长期关系的人们——简而言之，就是**社区**——需要至少是间接地通过自己的熟人来彼此相识。以德丝塔的父亲为例，他认识他所属的社区保险计划中的大部分成员。这一家人也认识与他们共享当地公产的人们。社区是**基于个人**和**排他性之上的**。成员有各自的名字、个性和种种特点。外部人的话语没有内部人的有效。

相比之下，由合同法强制执行的交易具有的突出特点是：它们可以在彼此并不相识的人之间发生。在贝基的世界中，人们是可以自由流动的，这一行为模式与他们可以与素不相识的人进行交易，并不是毫无关系的。贝基常常不认识镇上购物中心百货商店里的售货员们，他们也不认识她。当贝基的父母从银行贷款时，他们所得到的资金来自并不认识的储户。事实上，每天有数以百万桩的交易，发生在并不相识以后也永远不会相识的人们之间。这种交易仅仅发生一次，与那些建立在长期关系基础上的交易完全不同。**市场**，就是提供这种机会的基本制度。与社区形成对比的是：市场是**非个人的**，**非排他的**。别忘了这句耳熟能详的俗语："我的钱和你的一样好用。"

产权

一件物品的产权，是关于其用途的权利、限制和特权。这个题目是经济学的核心，因为它与人们以一种而非另一种方式使用商品和服务的激励密切相关。一件物品的产权如果界定不明确，通常会带来不好的消息，因为那样将没有人能够完全地攫取本应从中获得的收益；换另一种方式来说，将所有情况综合考虑，没有人会有将这件物品加以最有效利用的激励。简而言之，我们将假设一件物品的所有权包括：(i)以物主选择的方式来使用它的权利；(ii)用其来交换其他物品(通过将其出售或出租)，或将其作为赠品赠与他人的权利。

提到产权，我们并不应该仅仅着眼于**私有**财产。在德丝塔的村庄中，有一些东西是**共同**拥有的。德丝塔的社区在历史上就对它们拥有权利。这些东西被称为“共有财产资源”（CPRs），也简单称为“本地公产”。共有财产资源经常指自然资源（牧场、水塘、林地、海边的渔场、红树林沼泽地等）。但生产出来的商品也可以成为共有财产资源。例如，我们知道，贫穷国家小分水岭地区的村民们搭建起的集水装置，兼有灌溉水库及养鱼的用处。这些水库是以集体努力搭建和维护的，被村民们视为共有财产资源。共有财产资源在公共管理的情况下，并非是对所有人开放的，而是仅仅面向那些从历史上就对其拥有权利的人。因为涉及它们的交易通常不以市场价格进行，它们的命运可能

图 5 孩子在从本地公产中捡柴火

并未在国家经济账目中留下记录(第七章)。

然而,关于对共有财产资源的用途进行管理的制度,这里还有一条坏消息。对共有财产资源产品的权利,常常是以私人土地所有制为基础的:富裕的家庭享受着更多的本地公产所带来的收益。在印度,对共有财产资源中更有生产价值的部分的准入权常常仅由某些家庭世袭。妇女有时也被排除在外,例如被排除在公共林地之外,这种情况也见于记录。社区也有可能会像市场一样无情。

共有财产资源应当与**开放获得**的资源区分开来。后者的范畴包括了那些属于所有人的商品,这意味着它们并不属于任何人。除了“大自然的事实”的那个案例(第五章)以外,某人生产了一些产品而允许别人无偿使用它们,这并不常见。这就是为什么开放获得的商品通常都是无约束的自然资源,例如大气层和公共海域。

甚至当所有权并不存在争议时,也可能会有财产管理不善的局面出现。举例来说,如果它的拥有者们无法达成合作(一种未管理的共有财产资源),如果财产的管理者们依赖不道德的行为(用可疑的会计处理来夸大公司的利润),或者如果公司的管理层做出了不符合股东利益的决策,前述的情况就会出现。只要社区成员未来合作收益的贴现率不是太高的话,就可以通过社会行为规范来确立关于共有财产资源使用的集体协议的可信度。那么,为什么人们通常无法在对开放获得的资源的使用上达成协议呢?答案在于,这种合作涉及了太多的有不同需求和意愿的人们。而且,如果发现了更廉价的方式来提取自然资源,如果经济增长伴随着越来越多必须找到合适排放空间的废弃材料,那么在开放获得的前提下提取率就会增加。这些因素就解释了,为什么公海中的渔场和作为碳氧化物排放“下水道”的大气层目前处于极大的压力之下。开放获得的资源被过度利用,因为没有人需要为其使用权付出代价。

一件商品的所有权是属于个人还是集体,是否是“开放获得”的,在部分程度上取决于该商品的自身属性。流动性强的资源是很难私有化的,但阻止其中的一些变成开放获得的资源还是有可能的。人们知道,社区会将河水共享。海岸边的渔场也经常属于共有财产资源。协议是靠外部的强制执行者,还是共同的强制执行来维持的,这就要看事情发生的背景了。

这些都并非偶然:德丝塔家庭的收入多达20%来自本地公产,而贝基家周围的共有财产资源为这些家庭提供的最多不过是野炊用地而已。历史研究告诉我们,随着经济的增长,共有财产资源的重要性在下降。下降的原因是,商品和服务的相对稀缺性随着经济增长在发生变化。相比起制造资本和人力资本,土地的规模是相对固定的。而且,科学技术的进步使得越来越多的对土地更加有效的利用方式成为可能。有些人想要为了某一种目的来开发土地,而其他人则是为了另外的目的。当社区在以土地为基础的共有财产资源的使用上越来越难以达成协议的时候,私有化的动力就产生了。

商品和服务:分类

当两件物品碰巧有所差异时,最好将它们区分开。通常,商品和服务是通过其物理和化学属性来彼此区分的(例如,饮用水和小麦是不同的)。一般来说,人们都会承认:商品和服务同样应当通过其所在地域来彼此区分,正如那句略带轻蔑语气的“某人正在往纽卡斯尔运煤”中所暗示的那样。这样一来,撒哈拉地区的饮用水就是与阿拉斯加的饮用水完全不同的一种商品了。经济学家埃里克·林达尔在很多年以前就证明了，为了真正了解借贷、储蓄、贷出和投资（第六章）的意义，我们理应将商品和服务通过其出现的日期来彼此区分。既然今天的饮用水与明天的饮用水是不同的商品，我们就应当承认其中的区别。从林达尔的叙述中可以推得的结论是，一件耐用商品应当被看作是它被预期能够在长期内提供的服务的流量。

经济学家肯尼斯·阿罗证明了，商品应当更加细致地彼此区分。他提出，为了真正理解保险和股票市场，我们也应将商品和服务按照其出现的不确定情况来进行区分。从林达尔的叙述中可以推得的结论是，明天天冷情况下的饮用水和明天天热情况下的饮用水是不同的商品。

计划未来，就要求我们为了将来的日子在商品和服务上做好准备。当贝基世界中的一个交易者买入小麦期货（这是指，他现在花钱买了一蒲式耳小麦，而这一蒲式耳小麦将在，比如说，6 星期之内交割），他就买入了某一种品质（颗粒大小、水分含量，等等）的小麦，而无论发生什么情况，小麦都要在 6 星期之内交割。而将玉米储存在家里的德丝塔的父母，则在力图保证一家人在直到下一个收获季节临近之前，无论如何都能够有玉米吃。根据林达尔的分类方法，那个交易者和德丝塔的父母都在购买“时间商品”。但不可避免地，未来是不确定的。通过每年缴纳房屋财产保险金，贝基的父母为他们的房屋购买了一份下一年的替代品——**当且仅当**他们的房屋被毁掉时。（如果到本年年末，他们的房屋完好无损，他们就得不到任何赔偿。）他们所购买的商品是：一幢在下一年用以替代目前房屋的房屋——当且仅当他们的房屋被毁掉时。用阿罗的术语来说，他们正在购买一种“应急商品”。

私人品、公共品与外部性

经济学家们所说的**私人品**是指：一件商品，对它的使用是竞争性的和排他性的。食物，就是一种非常典型的私人品。如果某个人从固定数量的食物中多吃掉了一单位的食物，那么所有其他人加起来，就要少享用一单位的食物（这就是“竞争性”）；而且，只要一个人拥有食物的权利得到保护，他或她就能够将别人排除在外，不允许他们来享用（这就是“排他性”）。我们正在享用或使用的商品，从这个意义上来讲，是私人品。与之形成强烈对比的**公共品**则是指：一件商品，对它的使用是**非**竞争性的和**非**排他性的。立刻映入头脑中的是国家防御。如果一个国家有了保护自身不受攻击的装备，它并不仅仅保护业已居住在这里的人们，也同时会保护来这里居住的任何一个人，而不用多花一分钱（这就是“非竞争性”）。此外，它也不可能将来这里居住的任何人排除在这种保护之外（这就是“非排他性”）。同样存在“劣等”的公共品，从造纸厂中排放的污水就是一个很好的例子。

公共品与开放获得的资源截然相反。与被过度使用的开放获得的资源形成对比，如果人们为所欲为的话，公共品将是供给不足的。经济学家肯特·威克塞尔和保罗·萨缪尔森将这种供给不足的原因归结为，人们所固有的、在别人碰巧所做出的准备中**搭便车**的激励。问题的关键在于，一件公共品一旦被提供，那么它就成了一件能够开放获得的商品。但是，私人提供这件商品的激励却没有将这种收益考虑在内。威克塞尔和萨缪尔森主张，这一问题只有通过集体行动才能得到解决。这种行动有两种方式：(i)公共提供，(ii)公共补贴下的私人提供。当一件公共品的地理范围受到限制时（小分水岭地区所覆盖的森林、当地的排水系统），这里的“公共”就可以指社区或当地的政府。在两者中任何一种情况下，我们都涉及了当地的政治领域。在德丝塔的世界中，当地的公共品通常由社区来提供；而在贝基的世界中，这是当地政府的责任。而市场在这两个世界中都没有起带头作用。当公共品限于一个国家的界限之内时（例如国家防御），集体行动就意味着国家政权的介入，这就是国家政治。当公共品是非限制性的时候（影响气候的全球循环系统），集体行动就意味着世界社区的介入，这就是国际政治。

公共品的私人提供问题带来了一种效应的极端形式，这种效应的极端形式被称为**外部性**。提到外部性时，我们指的是某个决策对并不属于该决策任何一方的人们的影响。在一些情况下，这些影响是有益的（它们被称为**正的**外部性）；而在其他情况下，这些影响是破坏性的（**负的**外部性）。初等教育和公共卫生措施都会带来正的外部性。如果我变得能识字，那么我受益了；对于其他业已能识字的人来说也是这样，因为他们现在可以用非口头方式与我交流了。类似地，如果我接受了预防某种疾病的注射，那么我受益了；对于其他那些容易受这种疾病感染的人来说也是这样，因为他们再也不会受到被我传染的威胁。现在想象一下，如果教育和接种疫苗都被制度化为私人品，那么每个家庭都会对其投资不足，因为没有人会考虑到这些将带给别人的益处。

与此相反，高速公路上的拥堵和城市上空弥漫的硫氧化物则包含了负的外部性。如果你在高速公路上开车，大概你是会受益的；但你同时也加重了道路的拥挤程度，导致其他人在高速公路上受罪。类似地，当你的车子排放出硫氧化物，生活在同一天空下的其他人也会遭受损失。每一个这样的案例都涉及搭便车问题，这一问题如今多被政治评论家们提及。搭便车和外部性密切相关的提法由来已久。经济学家 A.C. 庇古在 20 世纪 20 年代就注意到了这个问题，他积极倡导运用税收和补贴来降低负的外部性的私人供给和增加正的外部性的私人供给。

货币

提到生存农业时，经济学家们着眼的是自给自足的农业家庭。德丝塔的家庭并不完全是这样，但也与之很接近了。贝基的家庭则非常不同。她父母的收入被用来获得家庭消费的商品和服务。这通过一家人在市场上交易来实现。如果你想分项列出贝基一家每年所进行的交易数目，那么绝大部分——包括的大多是小件商品，例如杂货——都是即期消费。贝基的世界中，每一笔支付都是用以美元表示的货币来完成的。“货币”这个词部分指是的纸币和硬币，纸币和硬币本身并不拥有任何内在价值。那么，为什么人们要持有它们？为什么我们首先需要一种交易媒介？

让我们来虚构一个世界，在那里所有人都被认为是完全可以信赖的；人们在计算、记忆和识别别人的过程中不会产生任何成本；任何一笔交易——无论是此时此地的，是穿梭时空的，还是含有不确定偶然因素的——都可以毫无成本地完成。在这样的世界中，人们是可以仅仅在口头的基础上进行交易的。这里并不需要货币。

我们并不生活在这样的世界中。为了知道在我们生活的世界中，货币为什么是一种交易不可或缺的媒介，先来想象一下：

A 拥有小麦,B 拥有大米,C 则拥有玉米。让我们也假定一下,A 偏好大米,B 偏好玉米,而 C 偏好小麦。这时,商品的双边交换(更常见的称呼是"物物交换")是不可能的,因为经济学家们所称的"双向需求偶合"并未出现。A 想要 B 的大米,但无法与 B 进行物物交换,因为 B 并不偏好 A 的小麦;依此类推。这个例子十分刻板,但它提出的问题却是非常普遍的。使用货币作为一种交易媒介,使得人们即使在"双向需求偶合"并不存在的情况下,也能够彼此交易。"金钱"在贝基和德丝塔的世界中都是一种法定货币,这是因为她们国家的政府宣称它是法定货币,并用其权威性作为这一宣言的后盾。保罗·萨缪尔森构建了一个模型——与我们刚才研究过的那个(关于 A 和 B 建立合作关系的)颇有几分相似之处——来表明:虽然货币并不具有内在价值,但人们持有货币,是因为他们希望能够在并不拥有用以物物交换的商品和服务的前提下,就可以购买到商品和服务。因此,货币不仅仅是一个交易媒介,而且是一种价值的储存方式。如果不是生活在货币经济中,贝基一家人就无法生存。基本自给自足的德丝塔一家,也不过仅仅能够生存而已。但是,我们在因果关系并不存在的情况下,就应当避免把事情的原因归结于此。如果贝基一家生活在没有市场的地方,他们也会设法自给自足。如果她的父亲试图依靠当律师的技能生存,那么一家人就会变得穷困潦倒。当然,即使是德丝塔的父母也会需要货币,从村子周围的为数不多的几个市场去购买商品。他们通过出售德丝塔母亲酿造的酒和她父亲种植的埃塞俄比亚画眉草,获得了一些货币。

政府发行的纸币和硬币,并不是贝基世界中仅有的货币种类。商业交易中常常会用到一家银行开给另一家银行的支票。

既然支票账户的余额也能够当作交易的媒介，那么它也是货币。当签署一份合同的时候，相关各方怀有对美元未来价值的某种信念，这里我说的信念指的是，对一美元在未来所能购买的一揽子商品和服务的信任。这种信任是部分基于他们对美国政府能够将美元价值控制好的信赖——更准确地说，是**信心**——之上的。当然，这种信任也是以各种其他因素为基础的，但重要的一点仍然在于，货币的价值能够保持，正是因为人们相信它能够保持。类似地，如果出于任何原因，人们担心它的价值无法保持，那么它的价值一定不会得到保持。货币崩溃，如1922—1923年发生在德国魏玛政权下的那次，正是信心的灭失如何自我强化的一个实例。银行挤兑具有相同的特征，股票市场的泡沫和崩盘也是如此。有多种多样的社会均衡存在，每一种背后都有一套自我强化的信念存在。货币政策最重要的目的之一就是使货币保值。

货币使得交易匿名化成为可能。这些匿名的交易在瞬间就能完成，正如贝基在镇上购物中心的百货商店里购买CD光盘并以现金付账那样。每一天，数以百万计的交易在素未谋面今后也不会谋面的人们之间发生。在贝基的世界中，通过建立对货币这一交易媒介的信心，信任的问题在很大程度上得到了解决。

因为平整的道路、电力设施和自来水都不存在，因此市场无法渗透到德丝塔的村庄中。与此相反，贝基居住的郊区小镇植根于一个巨大的世界经济体中。贝基的父亲能够以做律师为专长，正是因为他确信，他的收入可以用来购买超级市场中的食品、水龙头中流出的自来水、煮饭炉和电暖器中散发出的热量。与多样化的生产活动相比，专业化使得人们能够生产总量更多的产品。亚当·斯密曾做过著名的论断:劳动分工要受到市场程度的限制。在前面,我们曾提到德丝塔一家人并未进行专业化生产,但在原始状态下生产出了大量的日常必需品。而且,在社会规范的基础上,这一家同其他人所进行的很多交易都是出于个人的需要,因此是十分有限的。作为经济活动的基础,市场和社区之间存在无数的差别,因为在法律和社会规范之间就存在无数的差别。

文化

我们一直在研究的这些模型抓住了很多我们耳熟能详的情形的要点——在某些情形下,合作是需要制度(协议的实施安排,它指出了应该由谁来监控谁,谁该去向谁负责,等等)介入的;而在另一些情形下,即使这些制度早已存在,最终出现的结果也可能就是不合作。我们知道,某些制度在一些地方会运转顺利,但在其他地方就并非如此了。一个国家有可能采取一种开明的制度,但它的国民们是否能够真正接受它,又是完全不同的另一回事了。人们在很多事情中间所做出的选择取决于他们彼此之间的信任。我这里详述的理论并不对这些信任做出解释;它只是去识别这些信任中哪些是自我强化的。经济学家们将这些自我强化的信任称为**理性信任**。这里的"理性"并没有什么哲学上的深层含义:理性信任,就是那些自我强化的信任,仅此而已。这些模型已经告诉我们,在大多数的日常情况下,理性信任并非独一无二的。有些能够带来对我们人类的福祉起到保护和促进作用的结果,有些则对其起到阻碍作用。究竟是什么导致了某一种理性信任而非另一种理性信任的出现?这有可能是文化吗?

社会学家马克斯·韦伯在他著名的关于文化对经济发展的影响的著作中，将一个社区的文化而并不仅仅是信仰看作这个社区共同拥有的价值观和性格倾向。像韦伯那样涵盖广泛的研究是难以进行归纳总结的，但貌似韦伯自己在其关于清教徒道德规范及资本主义精神的著作中，所偏好的因果关系是：由宗教信仰开始，通过个人的实践和政治文化来影响制度，由此对经济上的结果产生影响。

近几十年来，用文化来对经济表现的好坏做出解释，在社会科学家中并不算流行，但是它的确有复苏的迹象。例如，经济学家们从世界价值观调查项目中构建了一种社会信任度的测量方法。该调查项目在20世纪80年代初期和90年代初期曾经在40个国家各随机挑选出1000个人做调查，问他们一般是否会认为大多数人是值得信赖的，或他们是否在与人打交道的过程中尽可能地小心谨慎。如果回答"大多数人值得信赖"，那么作答人就会被计数。信任就是通过这个人数的百分比来度量的(这两个调查中做出这样回答的百分比基本相同)。调查者们通过对比，剔除了被调查国家中人均GDP的差异。这些数据揭示了，信任和司法效率、税收遵从、官僚机构质量、公民参与、婴儿成活率、教育方面的成就、大公司业绩以及人均GDP的增长，是呈同方向变化的。用统计学的行话来说，它们是正(而且显著)相关的。意料之中的是，数据同样揭示了信任和政府腐败共同变化，但方向相反。这两个变量是负(而且显著)相关的。

我们可以从世界价值观调查中得出结论：信任，除了对经济增长有益以外，还对其他几个良性现象有益。但以上调查却并没有指明每个被调查国家中的信任程度为何如此的原因。它也不**可能**指出这些原因。这就摆出了一个问题。因为信任并非凭空产生，所以它的存在迫切需要解释。这意味着，并不应该用信任的存在来解释其他事物的存在。这些统计学发现告诉我们的是：一个经济体的显在特征，比如人们彼此之间的信任度，与经济发展紧密联系。除此之外，它们再也不能告诉我们什么别的了。统计学家们曾经反复提醒我们中的某一部分人，相关性和因果关系并不相同。这句提醒，是社会评论家们经常忘记的。

观察到信任和经济进步之间的正相关关系是非常有用的，因为我们在这里一直讲述的理论已经对这种正相关关系做出了预言。如果这种相关性是**负的**，那我们恐怕要目瞪口呆了。那样我们将会对这些发现提出质疑，回到我们的绘图板上，要么将调查重新来过，要么就得试图找出数据中所隐含的、能够对它做出解释的变量。

以上这一切都和我在这里一直探索的关于制度的一系列想法一致。长期合作关系常常是下列两者的**替代品**：对政府官员能够提供公共服务的信任与对正规市场能够充分发挥作用的信心。也许，当其他能够起到相似作用的制度变得不可靠时，人们就会建立长期合作关系了。

除了关于信任的话题以外，世界价值观调查还涵盖了一系列的典型特征和行为，包括节俭、存钱存物、决心、服从以及宗教信仰。这项调查要求人们指出其中最重要的一项。根据他们的反馈，政治学家们构建了一个用来反映个人的成就动力的文化指数。在其他因素不变的情况下，他们发现，经济增长的变动和这个个人动力指数变动的方向一致——它们之间是显著正相关的关系。

同样，我们也不应当将这一发现解释为因果关系。一个人自我推进的动力很可能在于他对努力工作最终能够得到回报的可能性的预期。父母们不会将自己的个人志向灌输给孩子，除非当他们清醒地认识到，这种志向不会为社会秩序所阻挠。妇女们决不会做出格的事情，如果她们（理性地）惧怕因为其鲁莽而遭致的报复行为。甚至一种态度也会成为被决定的因素，而非决定因素。当它是前者时，文化（例如节俭）和经济发展之间那种观察得到的统计上的关联，就应当仅仅被解释为一种联系而已，别无其他。我用“文化”这个词来指代人们彼此之间怀有的信任的区别。从这个角度上看，文化是一种用来协调的工具。

对于别人和自己的制度所持有的态度，是一个社会的文化的重要方面。目前我们所研究的模型的重点在于后者。在接下来的部分，我们将通过对社会性影响行为的研究，来关注前者。

社会性影响行为

德丝塔所在世界的生育率（TFR），高达贝基所在世界的两倍多（表 1）。如此巨大的差异，是什么造成的呢？

在第六章中，我们会探究诸如此类的因素：父母在抚养小孩的过程中的成本与收益，家庭在获得现代生育技术和健康保障方面的相对难易程度。这里我们将社会性影响行为作为一个可能的因素来重点说明。遵从性是其中的一个例子。提到遵从性，我指的是模仿性行为或群体行为。在其他条件相同的前提下，倘若家庭所归属的群体中的平均家庭人口数量越多，则每个家庭最期望的人口数量就越多的话，那么生育行为就是**遵从性的**。

在图 6 中，我画出了一条假想的曲线 AB，它反映了家庭的平均期望生育率（Y）对该社区的生育率（X）的依赖程度。它是向上倾斜的,因此反映出了遵从性的行为。我所画出的曲线AB与45度线在X的3个取值位置(2、4、7)相交。这个假想的社区将在每一个交叉点上达到生育均衡:只要该社区的生育率为7,那么家庭所期望的平均生育率也是7,但如果X是2的话,家庭的平均期望值也将是2。因此,遵从行为可以用来解释多重生育均衡存在的原因。这意味着,这些彼此隔绝的社区,虽然在其他条件上几乎一模一样,其行为却有可能完全不同。在我们的例子中,可能出现的是:一些社区的生育率是2,但另一些社区的却可能是7。(生育率为4时也达到了生育均衡,但它并不稳定,这意味着,如果某个社区的生育率与4稍有偏差的话,它会向更远离4的方向偏移。)

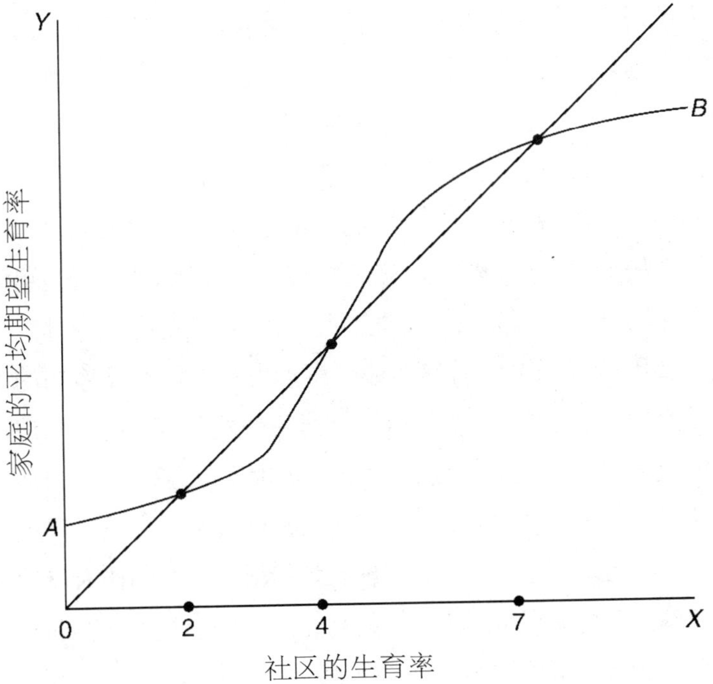

图6 家庭的平均期望生育率和社区的生育率之间的关系

人们往往会与多个群体产生认同。我们的饮食习惯常常是从父母那里获得，我们的工作习惯被我们同行业的人们影响，我们的休闲习惯则受到同一阶层人们的左右，而我们的生育目标则取决于我们的宗教信仰或民族背景。我们有可能是出于在乎我们的地位，才采取遵从的行为，而我们的行为恰恰显示了我们愿意成为群体中的一员。无论这种遵从行为的基础是什么，鼓励高生育率的习俗的确存在，没有家庭愿意单方面地破坏这种习俗。这些习惯做法也许在过去是有理由的。当时死亡率很高，农村人口密度很低，外来入侵导致群体灭亡的威胁严重，而人口流动又受到限制。但是，即使当这些习俗最原本的目的已经消失，它们也可能会继续存在，特别是当人们需要观望别人的所作所为才能够对自己的行为做出决策的时候。

如果各个家庭对自己的行为做出决策时所参照的群体发生了变化，遵从性的行为就会随时间而变化。即使是在同一个群体中，也有那些尝试冒险、采取不合群行为的家庭。它们是传统的颠覆者，常常起到带头作用。人口学家们注意到，受过教育的妇女们经常带头倡导减小家庭规模。中产阶级的行为也可以是变化的导火索。另一个可能更强的途径，则是报纸、广播、电视以及因特网通过传播其他地区生活方式的信息而施加的压力。换句话说，媒体可以使得遵从行为的基础越来越由本地社区向更大范围的人群变化：所参照的群体扩大了。如果与地理位置较远的人群表现出越来越强的遵从性，甚至会被错误地当成是个人主义的抬头。我们现在开始接触到一个叫作**人口转变**的理论。我们说的人口转变指的是，在一个相对短暂的期间内，生育率由高位向相对低位迅速下降。近些年来，人口转变的迹象甚至在非洲撒哈拉沙漠以南的部分地区出现，那里的生育率由7到8之间降低至4到5之间。但在这个大洲,有部分地区的生育率仍然保持在接近8的位置。

苏珊·科茨·沃特金斯在她关于西欧地区1870年到1960年这一时期人口变化的研究中发现:在婚内生育率在西欧大部分地区大规模下降之前的1870年,各个国家之间的人口行为是大不相同的。各省(郡、县)之间的生育率也有相当大的差别,即使省内的差别很小。每个国家中都有地域性的聚集群体存在,这说明了当地社区对行为影响的重要程度。但到了1960年,国家内的区别就没有1870年时那么大了。沃特金斯将这种行为上的分歧归结于,这90年中全国性政府所能影响的地理范围扩大了。全国性统一的推广可能是生育模式扩散的媒介。

时尚和狂热则是更为昙花一现的群体行为的表现形式。设想一下,所有人都能够在两种行为P和Q之间做出选择。假设每个人的内在偏好都是P,但这群人同时也喜欢遵从。将此用模型来表示就是:假设,如果选择Q的人预期所占比例小于65%,那么每个人都会选择P而非Q;但如果选择Q的人预期所占比例超过65%,那么每个人都会选择Q而非P。65%这个比例就是所谓的**临界规模**。(数学家们会将这个临界规模称为**分界线**。)再一次,简单的群体行为将会使得所有人都采用Q,尽管也可能出现所有人选择P的结果。有一种动态模型和我刚刚为了描述人口行为转变而讲的这种情形十分相似,它说明了时尚和狂热能够在事先没有太多迹象的情况下消失。

竞争性("就要比你强")也可以导致社会性影响行为。德丝塔世界的人们参加的被请求说出"比起过去,你是否更加幸福"的调查再次证明了,对于赤贫者来说收入是非常重要的:随着收入的上升,平均幸福感也在增加。但类似的调查发现,对于那些不仅拥有基本生活必需品，还有大量别的东西的人们来说，收入并不会使他们的幸福感增加。在贝基的世界中，那些相对贫穷的人们的幸福感自然要低些；但即使在这些样本所覆盖的时间段中出现经济增长，他们宣称的幸福感的分布也几乎保持不变。

一种可能的解释是，当收入水平相当高的时候，一个人的幸福感，是由他的收入在其参考群体的平均收入中所占的**相对**位置所影响的。当这样的一种竞争激励存在时，接下来发生的将是“老鼠赛跑”式的事业竞争，这导致了资源的浪费。这种多重均衡是有关收入增长率的多重均衡。在每个均衡中，人们在平均水平上变得更加富有，并消费更多的产品，但却并没有感觉到更加幸福。

第三章
社区

纵观历史长河，人们一直在设计各种巧妙的合作方式。其中的一种方式是，使一个约定中的利益和负担不仅取决于该约定中所发生的事情，而且还取决于其他约定中所发生的事情。在德丝塔的村子里，一批极为相似的家庭共同享有本地公产，彼此借钱给对方，参加社区保险计划，在困难的时候彼此帮助。这里的有趣之处并不在于同样的一群人建立一些长期合作关系（他们还能跟谁建立长期合作关系呢），而是在于这些合作关系是彼此捆绑在一起的。

捆绑的约定

为了看看这种捆绑是如何起作用的，先来假设一下，我们前一章所研究的主雇制中，A（雇主）用贴现率来为与B（雇工）未来合作的收益进行估值，而这个贴现率超过了每年25%（或1/4）。我们知道，因为缺乏信任的缘故，这两个人不可能形成合作关系。但现在来假设，除了他每年拥有的价值4000美元的流动资本以外，他还拥有另一种流动资本，对于他来说价值3000美元。B并不拥有使用这种资本的技能，但另一个人C却可以。这一次，C在将A的资本生产成可以在市场上出售的产品中所需要的时间,对于她来说价值 1000 美元。像 B 一样,C 也没有在市场出售产品的准入权。该产品在市场上出售后可以获得 6000 美元,而 A 的立场则是要促成这一合作。A 在考虑,用一个提议来拉拢 C,与之形成合作关系:这 6000 美元将先被用来补偿二人,剩余部分则在二人之间平分。每个人将每年享受到 1000 美元的收益。r 取什么值的时候,他们之间的合作关系才是有可能的呢?

由于在合作的潜在动机方面,C 与在上一个案例中的 B 相似,我们就不需要把它们再研究一遍了。但我们却一定要梳理一下 A 的逻辑,因为数字起了作用。那么我们从第 0 年开始。假设 C 采取了冷酷策略。如果 A 把他的资本预付给她,但在她把产品生产出来后违反协议,他在当年将获得 3000 美元(6000 美元减去 3000 美元)。对比之下,从第 1 年开始,他每年都会损失 1000 美元。第 1 年的损失,按照第 0 年的标准计算的话,是 1000/r 美元;如果 1000/r 小于 3000,则 A 会选择违约。反过来,如果 1000/r 大于 3000,A 的最佳选择就是自己也采取冷酷策略。由于当且仅当 r 小于 1/3(大约是 33%)时,1000/r 将大于 3000。因此,如果 A 的年贴现率小于 1/3 的话,那么这两个人将会达成长期合作关系。来假定 r 小于 1/3。那么 A 将会与 C 达成长期合作关系, 与 B 则不然 (回忆一下,r 大于 1/4,1/3 大于 1/4)。

我们现在就能够证明,如果这三个人将这两组约定捆绑起来,那么 A 就可以与 B 达成长期合作关系。这个动议是:同时创建这两组合作关系,但前提是,如果任何一方在任何一年中采取机会主义行为,**两组**合作关系将同时被终结。为了使这个案例更加规范,令 B(或 C)采纳的行动方案就成了这个样子:

以与 A 和 C(或 B)的合作为开端,并且只要**没有人**违反协议就继续合作,但一旦有任何人初次违反协议,就与各方停止合作。相似地,令 A 采纳的行动方案则变为:以与 B 和 C 的合作为开端,并且只要**没有人**违反协议就继续合作,但一旦有任何人初次违反协议,就与各方停止合作。合作的各方再一次采取了冷酷策略,但冷酷策略的冷酷程度在这里又增加了一分。

我们很容易证明:如果 A 和 C 采取了冷酷策略,B 也会采取冷酷策略;如果 A 和 B 采取了冷酷策略,C 也会采取冷酷策略。这里最有趣的一件事是:在 B 和 C 采取冷酷策略的前提下,来确定 A 采取合作的激励。因为,如果他对任何一个人采取机会主义行为,两个雇工都将停止与他的合作。A 只要违约,就意味着同时违反了两个合作协议。剩下的事情就是来计算 A 在第 0 年同时违反两个协议后,发生的收益和损失了。如果他这样做了,他立刻得到 7000 美元(4000 美元来自与 B 的合作关系,3000 美元来自与 C 的合作关系)。与之形成对比的则是他不得不放弃的在所有未来合作中获得的收益的价值。这个损失是(1000+1000)/r 美元。从这里可以推出,当 7000 小于 2000/r 时,也就是说,如果 r 小于 2/7 时,A 的最优选择就是采取冷酷策略;因为 2/7 大于 1/4(它位于 1/3 和 1/4 之间),A 和 B 赖以合作的条件就没有那么苛刻。假设 r 小于 2/7(每年),但大于 1/4(每年)。将这两个合作关系捆绑起来,它们都将成立;而如果将它们分开,则只有 A 和 C 之间的合作关系可以成立。这里凭直觉就能看出:比起与 C 的合作关系,A 在与 B 的合作关系中所面对的违约诱惑更大。这也是为什么 A 与 B 达成合作的情况,比与 C 达成合作的情况更为有限(1/4 小于 1/3)。将这两个合作关系捆绑之后,在与 B 的合作关系中,A 的违约诱惑减少了(2/7 大于 1/4)。

在将这两个合作关系进行捆绑的过程中,C 并不会受到损失,但也同样不会获益。获益的只有 A 和 B。因此,B 有充足的理由与 C 表示团结——她现在已经将 C 当成了一个职业上的亲密的伙伴。B 甚至会主动提出给 C 一些补偿,这样就可以在将这两个合作关系进行捆绑的问题上，给她一个正面的激励。作为报答,C 也答应她将与 B 保持一致——一旦 A 对她采取不公正行为的话。当然,A 并不会这样做，这是因为他足够机灵，早已知道如果他这样做的话,C 也将中止他们之间的合作关系。

当有意愿相互交易的人们被距离所阻隔时,就需要对合作进行进一步的完善了。12 至 13 世纪的意大利的社区职责系统为人们获得信贷和保险提供了帮助。一方的违约是以一种集体方式认定的:受到伤害的一方所属的群体,要对违约一方所属的群体实施制裁。在这种制度安排下,各社区(而非个人)需要一种诚实的信誉。以这样的方式将合作关系捆绑起来,就为同群体的成员之间的互相监督创造了激励。这种制度减少了人们在互相监督中产生的成本。

人们之间的利益不同,则他们之间的捆绑式合作关系的缺点就在于,需要进一步的协调工作。在我们的数字案例中,如果 B 除了她自己的技能之外,还拥有 C 的技能,并且她有时间为 A 打两份工的话,A 就会将两份合作关系协议都提供给 B,并做出将**此两者**捆绑的提议。这种合作关系将仅仅涉及 A 和 B,因此需要的协调工作较少。

人际网络

个人交易和非个人交易之间的区别并没有那么明显。即使是在一个复杂的市场中(现代银行业),信誉也会起作用(为借贷者确定信用级别)。但是这种区别的确是真实的。在贝基的世界中,遇到陌生人常常是很偶然的事情,但人们为了有新的熟人,则是要耗费资源的。为什么?一个原因是,新的熟人可能处在可以提供**信息**的位置上。

我们可以把人际网络看作是一套将人们彼此联系起来的交流渠道系统。人际网络包括了像核心家庭或血缘亲族这样紧密联系的单位,也包括像这样范围广泛的志愿者组织,例如大赦国际。我们一生下来就隶属于某些人际网络,还会加入新的人际网络。人际关系,无论是否长期,都是人际网络中必然存在的特征。

在人际网络这个概念中,"人际关系"乃是最核心的一条。它涉及信任问题,这种信任无须诉诸协议的外部强制执行者。学者们认为,贝基世界中的公众参与和德丝塔世界中的公社行为,都对合作的倾向有推动作用。这一观点是,信任能够带来进一步的信任,并且这会给公民和集体活动与参与这种活动的倾向之间的关系,带来一种正向的反馈。然而,这种正向的反馈会被进一步参与的成本(时间)所减弱——这种成本通常随着参与的增加而提高。经济学家阿尔伯特·赫希曼观察到,信任是一种**道德商品**,这是因为,如果使用它就会增进,如果不用它就会退化;这意味着,我们并不需要像对待黄油和面包这类"赖以为生的商品"一样,来"节约"信任。信任和技能都拥有这个特征:人练习某种技能愈多,他就愈加熟练。

弱关系

关系可以是强的，也可以是弱的。人们有可能被这句话误导，认为弱关系是没有价值的。其实，它可能具有很高的价值。当贝基的父亲在上一个职位工作的时候，他听到传言，他目前所工作的事务所正在招聘一位拥有他这样的职业能力的人。有很多实证证据说明，弱关系非常有用，因为它们能够将人们与更多各种各样的人联系在一起。在贝基的世界中，人们之间靠弱关系联系的约定，并不是被捆绑的。贝基的父亲与家长教师联谊会之间并没有什么关系，而贝基的母亲却是它的一位积极成员。类似地，贝基的母亲也和她父亲所属的律师协会没有任何关系。而且，家长教师联谊会和律师协会在他们的社交生活中，并没有起到什么作用。

强关系

在德丝塔的世界中，强关系居于主要地位，这是因为它们大多涉及被捆绑的关于长期合作关系的约定。因为这种安排限制了人们能够与之交易的人群的范围，所以它并未给物质进步提供什么机会。在第六章中我们将确认，在当代世界，血缘亲族中的强关系（通过限制家庭所能获得的保险的覆盖面，维持投资的低收益率和鼓励生育）将会对经济进步起到阻碍作用。但如果运用得当，强关系可以在外部世界搜寻经济机会时起到协助作用。来考虑一下移居的问题。乡村社区中的一位有进取心的成员移居到了城市里，在他求职的时候，得到了那些在家乡和他有着强关系（紧密关系）的人的支持。他的后继者不乏其人，因为包含工作前景的信息被传到了家乡。移居的工人们甚至将整个村庄的人际关系都推荐给他们的老板们。老板们反过来也会愿意接受员工的亲戚,因为这样做可以降低由雇用不认识的人所带来的成本。这可以用来解释,为什么贫穷国家城市里的工厂雇用了不成比例数量的、来自同一个村庄的工人。市场和社区都能够以这些方式运转,从而互惠互利。

为什么德丝塔世界中的人际网络沿着种族或血缘亲族关系运行?为什么它们是多功能的,是密集的,与贝基世界中那些专业化的职业网络——例如经济学学者或精神治疗医师的网络——全然不同呢? 我们前面做过的分析给出了答案。因为成员资格是由出身来确定的,进入种族或血缘亲族的人际网络是不可能的,退出同样是不可能的。而且,这种成员资格是很容易辨认的。村落内部的邻近性,使每个人都能够熟知彼此的特点和性格。因此,那里的人们就不会受到保险行业中一个名为**逆向选择**的问题的困扰了。在保险领域,保险公司会面对逆向选择问题,那就是无法区分高风险人群和低风险人群,而且前者能够取代后者。村落内部的邻近性也使得人们能够彼此观察,看到别人在做些什么。因此,那里的人们也不会受到保险行业中一个名为**道德风险**的问题的困扰。在保险领域,在保户们没有对那些已经投保的恶劣结果做出预防的情况下,保险公司就会面对道德风险问题。捆绑式的长期合作关系将人际网络变得多元又密集。而与之形成对比的是,人们可以自由地进入或退出职业人际网络,这样就使这种人际网络具有了明确而有限的目标。这里的成员资格并不对人们在生活中的其他方面加以限制,例如在哪里买东西,在哪里用餐,把孩子们送到哪个学校念书。

我们并不应该感到惊讶,在德丝塔的世界中,人们留给自

图7 为画眉草脱粒(埃塞俄比亚)

己子女们的人际网络常常就是种族或血缘亲族的人际网络，因为在乡下除了这些人，还有谁和谁能够建立联系呢？然而，尽管退出自己所属的种族或血缘亲族实际是不可能的，子女们的确可以选择不去**动用**他们所继承下来的人际网络。那么为什么，甚至在贝基的世界中，人们还都在保持着那么多继承下来的人际网络？他们这样做的原因是，一旦人际关系得以确立，人们是无法零成本地使其改变方向的。这样的投资是专门针对人际关系的。而且，因为信任能够带来进一步的信任，保持某种人际关系的成本会随着对这种人际关系的重复使用而下降（注意，我们经常想当然地依靠我们的密友和亲戚）。如果一个人已经继承了丰富的人际关系网络，那么创造新的人际关系所带来的收益就会很低，换一种方式来说，不去动用继承来的人际网络，成本是非常高的。除非外部的机会好得出奇，人们是不会停止利用继承来的人际关系的。这就解释了，为何我们将如此之多的从家族和血缘亲族那里继承来的人际关系继续保持下来，为何行为规范一代一代地流传下来。我们可谓是刚一降生就被“锁”住了。

第四章

市场

正如社区之间彼此不同那样，市场之间也是彼此不同的。市场出现的形式如此多种多样，因此我们来确定它们的理想形式，并来检验实际的市场与理想市场如何不同，为什么会不同，都是非常有意义的。

理想市场

经济学家把市场从其理想状态的偏离称为“市场失灵”。每一种市场失灵都给社会一个理由去探索其他制度——如家庭、社区、政府——是怎样能够改善事态的。这种观点在其他方面也能够成立。对理想市场的理解，使我们能够找出线索，来解释市场在家庭、社区、政府运转不灵的情况下是如何改善事态的。当然，所有这些都是以理想市场是个好事物为前提假设的。我们的任务之一就是去探寻：它们从什么意义上来讲是“好事物”。

单一市场

将一种商品分离出来，对它的理想市场进行详述，以此作为对市场正式研究的开端，是很有帮助的。让我们将这种商品用 X 来表示。为了更加具体,我们还假设 X 是一种非耐用的消费品,用于当期消费。由于我们是在对理想市场进行研究,我假设 X 是一种私人品，这意味着并没有外部性与它的消费和生产相联系。为了方便起见,我也会用 X 来指代它的数量。

想象一下,存在很多家企业有潜力能够提供商品 X,也有很多家庭是商品 X 的潜在消费者。这些企业是由家庭所有的。提到商品 X 的一个**市场**,我们指的是商品 X 的一个交易场所。企业将它们的商品 X 拿到市场上出售，而家庭也会到市场上去购买商品 X。由于商品和服务的各个市场是互相联系的(如果咖啡的价格上升,对茶叶的需求也会预期上升),我们只有在(i)用于生产商品 X 的资源比起用于生产其他商品和服务的资源要小得多,以及(ii)用来购买商品 X 的支出只占一个家庭预算的一小部分时,才有理由将商品 X 拿出来单独研究其市场。我们这里同时做出以上两个假设,并继续假设,所有其他商品和服务的交易都是在它们自己的市场上进行的。假设(i) 和假设(ii)意味着所有其他商品和服务的价格都基本不受商品 X 的市场上所发生的情况的影响。由此看来,我们可以将该经济体中其余的商品和服务以它们本身的价格进行估价，并将其加总,来创建一个用于对商品 X 进行定价的综合指数。我们将这个指数称为**财富**,以美元(当然还可以是别的)来表示。在经济学的语言中,财富是我们的**计价单位**。商品 X 的购买和出售是以商品 X 的市场中所报的价格进行的。

毫无疑问,你已经注意到我在这里运用的推理有循环论证之嫌。在对商品 X 的市场进行分析之前,先假设商品 X 的生产和消费在整个经济体的资源和每个家庭的预算之中分别仅仅占据一小部分——我们如何来证明这一做法是有理有据的呢? 不过，到目前为止，你也许已经应该对经济学中的循环论证（第二章）有所适应了吧。我们前面所做的讨论已经证明了，这是一种强大的分析手段。这里我们由假设(i) 和(ii)开始。如果我们现在要在实证上揭示，这两个假设在商品 X 的市场的一个均衡点（接下来会给出定义）附近成立的话，那么这个分析的基础就已经被证明是正确的了。

在一个理想市场中，家庭和企业都是价格的接受者。我们可以来想象，一位拍卖师喊出商品 X 的价格，而企业和家庭则在这个价格的基础上分别做出各自的决策。每个家庭购买商品 X 和每个企业销售商品 X 的数量，都被假定和商品 X 的质量一样，是可认定的。付款过程是由外部机构（政府）来加以强制执行的。人们既不会偷走商品 X，也不会在商品 X 的付款问题上赖账。如果他们试图做任何一样，他们就会被强制执行者捉住并受到惩罚（第二章）。

假设商品 X 的价格是 P。当提到某个家庭对商品 X 的**需求**时，我们指的是在价格 P 下，它所愿意购买的该商品的数量。如果一个家庭购买每一单位商品 X 的意愿随着它所购买的该商品单位数量的增加而降低，那么它会一直需求商品 X，直到它愿意为一个边际单位的商品 X 付出等于 P 的价格为止。（如果它需求更多，这个家庭就要为需求的最后一单位商品付出比它愿意支付的价格更高的价格，这意味着该家庭会减少需求；反之，如果它需求更少，这个家庭就要为需求的最后一单位商品付出比它愿意支付的价格更低的价格，这意味着该家庭会需求更多。）由于商品 X 是一种私人品，在价格 P 下对商品 X 的**市场需求**就是在价格 P 下各个家庭需求的加总。我们刚才已经说过，如果 P"太高"，那么市场需求就会"很低"；如果它"太

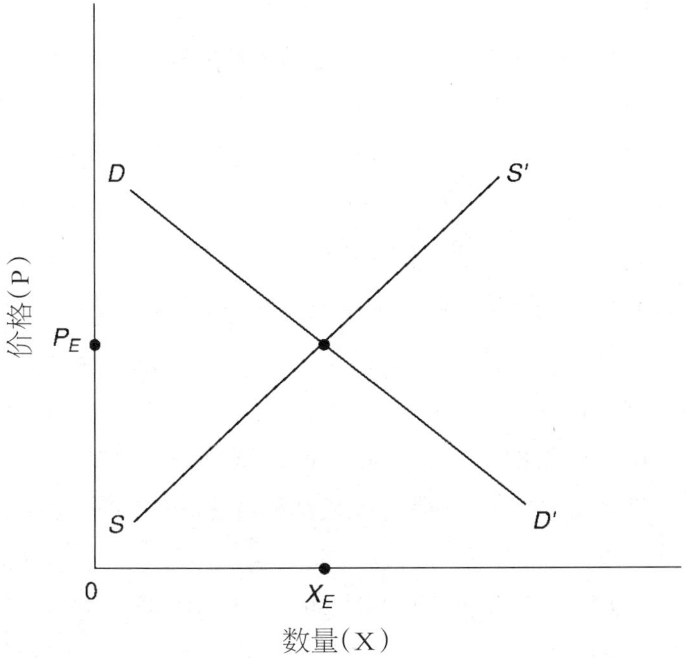

图 8 需求和供给曲线

低”,那么市场需求就会“很高”。这个特点使得市场需求曲线是向下倾斜的,根据假设画成图 8 中的 DD’。对商品 X 的市场需求以横轴测量,而价格 P 则以纵轴测量。

可能出现的情况是,各家企业拥有生产 X 的不同技术。我们假设,所有的技术在生产上都会显示报酬递减。我的意思是,随着生产数量的增加,每生产一额外单位的商品 X,成本就会提高(这一成本是根据生产商品 X 所必需的投入物的流行价格计算出来的)。由于企业是家庭所有的,因此每家企业的目标就是在商品 X 的市场上,使企业的利润最大化。提到在价格 P 下,某企业对商品 X 的**供给**,我们指的是,该企业愿意在价格 P

下销售的数量。一个企业将会一直生产，直到生产最后一单位商品时所发生的成本——它的**边际生产成本**——等于 P。(如果该企业生产更多的话，它将会在最后生产的一个单位上遭受损失，这意味着它应当减少生产；反之，如果它生产得较少，则可以通过增加一点生产来提高利润。)简言之，每个企业都会计划生产到当它的边际成本等于 P 的那一点为止。在价格 P 下，商品 X 的**市场供给**是经济体中所有企业愿意提供的商品 X 的数量。我们刚才已经提到，如果 P"太高"，那么市场供给就会"很高"；如果它"太低"，那么市场供给就会"很低"。这个特点使得市场供给曲线是向上倾斜的，根据假设画成图 8 中的 SS'。对商品 X 的市场供给以横轴测量，而价格 P 则以纵轴测量。

图 8 是经济学家阿尔弗雷德·马歇尔的创造，它将大概是经济学全部范畴中最著名的两条曲线结合在了一起：需求曲线和供给曲线。这两条曲线在唯一的一点相交(X_E 单位的商品，位于价格 P_E)，这一点是商品 X 的市场中的**均衡点**。它之所以是均衡点，是因为在 P_E 这一点，市场需求等于市场供给，这意味着商品 X 的市场已经达到出清状态。经济学家们经常把"竞争性的"这个形容词加在"均衡"这个词前面，这是因为，由于我们研究的这个市场涉及很多企业，它们都是价格的接受者。这正是为什么我们说，P_E 支持了商品 X 的市场中的**竞争均衡**。

请注意，竞争均衡的概念与我们前面所研究的社区中的均衡概念，是何其相似。在 P_E 点，那些愿意在商品 X 的市场中作为积极参与者——无论是供给者还是购买者——的人们发现，他们的意愿可以得到实现。那些在这一价格下，选择不去进入该市场的人们发现，他们不入市的选择是正确的：市场在P_E 价格下出清,没有给任何人留下讨价还价的余地。就这些家庭和企业而言,P_E 使一系列先前的预期得以实现。同时请注意,这些家庭和企业只需要很少的信息,就可以有效地加入到商品 X 的市场。每个家庭只需要了解在价格 P 下，它自己的“心愿”(它情愿为该商品付出的价格)就可以了。它并不需要了解其他家庭,也无须了解企业所面对的成本状况。相似地,每家企业只需了解它所拥有的技术、它在生产中为投入所付出的价格,以及商品 X 的价格。它并不需要了解各个家庭的支付意愿,也不需要了解竞争企业的技术。均衡价格 P_E 对商品 X 以及生产 X 所必需的资源的配置起到了协调作用。P_E 是商品 X 的市场的一个必然存在的特征。

我刚刚描述的这个市场，从什么意义上而言是“理想的”呢？它之所以是理想的,是因为均衡供给和均衡需求是由规划者(或管理者)选择的,该规划者的目标是,通过使所有家庭共同的财富最大化来扩大它们的利益,而他正是靠命令每个企业生产多少商品 X,每个家庭消费多少商品 X,来达到这一目的的。这个论证需要一点耐心,但还是值得反复演练的。让我们先来假设,该管理者提出的是这样一个计划:这里两个企业(1 和 2）的边际生产成本不同，假定企业 1 的边际成本超过了企业 2。管理计划中一个细小的变化就能够使得总财富增加:减少企业 1 一个单位的产出,同时增加企业 2 一个单位的产出。总产出将会保持不变,但它将被更加廉价地生产出来,这样就增加了家庭的总财富。因此,管理者的最优计划——我们把它称作**有效**计划——将会包括，受令来生产商品 X 的所有企业的边际生产成本都要相等。

下面转向家庭,让我们假设管理者所提出的是这样一个计划:两个家庭(1 和 2)为购买一边际单位的 X 而进行支付的意愿是不相同的。想象一下,家庭 1 为消费一边际单位的 X 而进行支付的意愿大于家庭 2。管理者计划中一个细小的变化就能够使得总财富增加:减少家庭 2 一个单位的消费,而增加家庭 1 一个单位的消费。这次重新分配,并不会涉及额外的资源,但各家庭的总财富将会增加,因为家庭的支付意愿是以其财富来衡量的。因此,我们已经证明了,这项有效计划将会包括,所有家庭为 X 而进行支付的边际意愿是相等的。一个相似的论断将会证明,该有效计划也有这样的属性:每个家庭的边际支付意愿与每家企业的边际生产成本相等。但是,这个管理者愿意确信,所生产的总数量和所消费的总数量相等。(如果总生产超过总消费,那么财富就会被浪费;如果总生产低于总消费,那么这个计划者的所有目的都不会达到。)很容易确认,的确存在一个独特的计划满足上面所有的需求。

下面让边际生产成本和边际支付意愿都等于 P。该管理者就有可能通过将 X 的价格设定为 P,并要求各个家庭和企业以 P 为基础实行交易的方法,来实施这项有效计划,这个 P 当然就是图 8 中的 P_E。这样,这个证明就完成了。

我刚才在这里所描述的虽然高度抽象,但却是 20 世纪 30 年代发生在经济学家们之间的一场意义深远的大讨论的基础:究竟是让市场自由调节,还是采用中央计划。中央计划制度的拥护者——如奥斯卡·兰格和阿巴·勒纳——提出:一个明智的计划者应当协助实现市场的一切优点,同时避免现实市场的缺陷,例如不完全竞争。**市场社会主义**这一术语,就是与兰格和勒纳的观点有密切关系的。另一方面,市场的拥护者——如弗里德里希·冯·哈耶克——则提出,所获得**结果**的相等性并不能说明两个系统为了达到预期的目的所需要的**信息**量的相等性。冯·哈耶克观察到，在市场社会主义中，中央计划者的觉悟无异于神。如果一个中央计划者要使有效率的结果得以实现，他或她就要了解每个家庭的需求曲线和每个企业的供给曲线。这可是相当大的信息量。这个计划者如何才能得到它们？也许要通过有礼貌地向家庭和企业派发调查问卷的方式。但回答者为什么要就他们自己以及自己的情况，对你说实话呢？即使设计出了天衣无缝的方法来获取这些信息，这些信息的校正和传播还是有成本的。而市场在信息的使用方面，还是非常“节省”的。

然而也有人会提出，计划者的任务并不是要去模仿市场，而是要去选择政策工具(例如税收和补贴)，这些政策工具比起一个全知全觉的人，所需要的信息量要少得多。计划者们即使仅仅依靠有限的信息，也可以创造出比毫无调控的市场更好的经济形势(第八章)。

相互依赖的市场

马歇尔著名的需求和供给曲线，在一个很重要的方面，是起了误导作用的。图8可能使人想到，在一个理想市场中，商品X的均衡价格是唯一的。我们也证实了它确实是唯一的，但我们已经假设了经济体中所有其他商品和服务的价格都是既定的。如果这些价格变得不同，那么商品X的需求和供给曲线也会变得不同，这就反过来意味着，均衡价格也将变得不同。但是，所有这些其他的价格都是取决于各自的市场的。由于市场之间是彼此依赖的，我们应当将它们放在一起研究，而不是一个一个分开来研究。

我们继续假设，交易是可认定的，就像被生产、销售和购买的商品的质量那样。换言之，理想市场不会受到逆向选择和道德风险之类的问题的困扰。而且，市场**目前**对**每一种**商品都是开放的，包括基本生产要素、半成品，以及最终的消费品。大多数商品将成为未来商品，这意味着有关它们的购买或出售的合同会在**期货**市场上签订。期货市场的合同包括，在今天购买和销售它们而在指定的未来日期交割的协议。为了未来而进行储蓄和投资以及向未来借贷，都要在这些市场中发生。很多商品将会成为应急商品。关于出售它们和购买它们的合同，将在**应急**市场中签订。应急市场中的合同包括，在今天购买和销售它们而在指定的未来日期交割的协议——当且仅当某些紧急情况出现。保险的销售和购买，将会在应急市场中发生。未来发生的事件具有不确定性，但是人们能够在应急市场中以指定的价格购买或者出售商品和服务，该价格与每一种可能性紧密相联。由于支付是需要现在立刻进行的，没有人会对其预算抱有不确定性，也没有企业会对其利润抱有不确定性。

在一个世界中，每一个看得见的商品都有一个市场。对这样的世界进行研究，究竟有什么意义呢？这里有三个原因。首先，对它的研究使得我们能够认识到，在这个世界上，经济生活中的某些特征是由于市场缺失引起的（例如：破产，和绩效有关的报酬，对于你所能购买的保险和信用加以的限制——即使你有足够的资源来购买更多，以及失业——见下文）。第二，我们可以来量度，社会究竟会从市场缺失中遭受多少损失。第三，我们可以探寻那些能够对某些缺失市场进行补救的政策和制度。这就是为什么探索每一种商品都有一个市场的世界，并以此为研究这些相互依赖的市场的开端是一件十分有意义的事情。

我们这里研究的是一个以私有权为基础的经济体。企业是归各个家庭所有的。企业的利润是以各个家庭所拥有的份额为基础来进行分配的。每个家庭都对一揽子商品(它们的人力资本)拥有法定权利。因此,对于任一个给定的一揽子价格,每个家庭都可以来计算其财富。这些家庭是价格接受者,都不得不购买它们可以买得起的商品和服务:它们的总支出不可能超过它们的总财富。这些企业也是价格接受者,他们选择自己的生产支出,以使利润达到最大化,这里的利润指的是利润流的资本化价值。(交易者们同样可以被看作企业。他们的购买行为可以被看成"生产"投入,它们的出售行为可以被看成产出。)**市场均衡**——经济学家们称其为**竞争均衡**——是今天为每一种商品所报出的价格集合,使得每种商品的总需求等于总供给。在均衡中,家庭和企业所必需的用来有效参与市场的信息是非常之少的。一个家庭仅仅需要了解它自己的"心愿"、所拥有的商品和服务的禀赋,以及均衡价格。类似地,一个企业只需要了解它自己所掌握的技术、它在生产中为投入所出的价格,以及它所生产的一切产品的价格。均衡价格对所有商品和服务的生产和配置(谁生产什么,谁消费什么)起到协调作用。

有没有均衡存在的情况呢?经济学家们对于这个问题的探求由来已久,可以追溯到19世纪。明确的答案是在20世纪50年代初期给出的,那时几位经济学家指出了竞争均衡存在的条件(根据家庭和企业的特征)。同时证明了,在竞争均衡的概念和社区中均衡协议的概念之间,存在着一种紧密而微妙的联系(第二至第三章)。

除了在非常特殊的情况下,竞争均衡并不是独一无二的。这与社区中的均衡结果并非独一无二(第二章),大致出于同类原因。社区中的协议是由社会规范共同强制执行的。存在多于一个的社区合作的均衡,这反映了这样的事实:关于彼此的意图,人们通常会怀有多于一个的自我强化的信念。在理想市场中,买卖双方之间的协议是由施行法治的国家政权强制执行的。有多于一个的竞争均衡存在,这反映了这样的事实:通常会有多于一个的价格集合,在此价格集合下,商品和服务的需求等于它们的供给。社区中的信任和市场中的价格是两个截然不同种类的制度的内在特征。在第二章中,我曾经解释过,为什么我们对于信任是如何产生的,仍然还没有一个令人满意的理解。你也不应该感到奇怪,我们目前对于价格在理想市场中是如何形成的,也没有一个令人满意的理解。

理想市场的效率

尽管市场经济中的均衡并不是唯一的,但每个竞争均衡都是"有效率的"。由于我们正在将所有市场放在一起进行研究,效率的概念并没有在单一商品(X)市场中那样简单,但它可以用语言来表达。

提到一种对商品和服务的**配置**,我们指的是一套完整的规定——谁生产什么,谁消费什么。在经济禀赋给定的情况下,如果该种配置能够大体上在这个经济体中被创造出来,我们就称这种配置是**可行**的。令 α 代表一种可行的配置。如果不存在其他可行的配置,使得**所有的**家庭会放弃 α 而选择它,那么我们称 α 是**有效的**。这个概念是由经济学家和社会学家维尔弗雷多·帕累托首先提出的,这也就是为什么以上意义上的效率以**帕累托效率**而广为人知。可以证明,一个竞争均衡是帕累托有效的。

家庭如此,国家也是如此。如果不存在国际贸易上的限制,世界经济中的竞争均衡将会是帕累托有效的。将细节抛开,这就进入了自由贸易的理论案例的核心部分。

市场失灵

正如社区有可能无法扩大其成员的利益一样,市场同样有可能无法合理配置资源。即使是在理想市场中,家庭所能够实现的目标也取决于它们所带到市场上的东西。其原因大概是,有些家庭所拥有的商品和服务的禀赋很贫乏,而有些家庭则很丰富。这些禀赋是从过去继承下来的,它们会影响市场中的结果。尽管竞争均衡下的市场配置是帕累托有效的,但它们并不一定是公平或公正的。你丝毫不应该感到奇怪,帕累托效率中只字未提公平分配的事情。公平和效率是资源配置的两种不同的道德属性。一种对商品和服务的配置中,如果每个利己的家庭都分配到所有的东西,那么它就是帕累托有效的;一种令所有家庭都占有相同份额的配置,则是更加公平的。一种资源配置方式有可能是人人平等的,但却非帕累托有效的;它也可能既是人人平等的又是帕累托有效的;也有些资源配置方式,是既非人人平等的也非帕累托有效的。这种逻辑推理方法,尽管既抽象又理论化,但它却正是人们普遍接受的政府的一项职责的核心内容(第八章):制定并实施那些预期能够带来帕累托有效的(出于实际考虑,可理解为“能够容忍的,非浪费性的”)及人人平等的(出于实际考虑,可理解为“没有饥饿,没有病弱和没有文盲”)结果的政策。

即使我们要把分配的问题搁置一边,在我们所了解的这个世界中,市场也还是无法理想地运行的。为什么?有三个突出的理由。首先,由于公共品的生产容易受到搭便车问题的困扰,市场在它们的供给方面达不到有效的标准。前面说过，在公共品的问题上，存在比搭便车更深层次的问题。以法治为例，法治本是一种公共品。如果法治缺失的话，那么市场根本不可能运行（第二章），这意味着它（法治）根本就不能成为一种商品。还有其他与环境服务相关的情况（第七章），在这里，市场交易会产生外部性，无论政府怎样大胆地试图重新界定私有产权，这种外部性都是无法消除的。

垄断

第二个原因在于，在某些行业中，只有一个生产者（垄断）或者最多只有几个生产者（寡头垄断）。理想市场中，在支付了每一项生产投入（工资、薪水、原材料、修理维护、因机器设备产生的费用、贷款利息等等）的成本之后，企业就不会剩下什么了。由于一个垄断企业并未面对来自其他企业的竞争，因此它能够收取比 P_E（图 8）更高的价格，并享受到利润。

垄断企业也因此而名声不好。但是，如果垄断者要在研究和开发（研发）上花费资源，由此来创造新产品和发明更廉价的生产老产品的方法（这是一件好事），那么我们也需要垄断者，因为销售中所获得的利润是企业所必然拥有的激励。而且，垄断企业通过在研发方面的努力，试图保持它们的领先地位，这样就可以阻止竞争者的进入（这就不是什么好事了）。然而，除非它们受到阻碍，垄断企业将会希望能够不仅仅是收回这些研发的费用。在富裕国家中，反托拉斯法已经被制定，目的就是阻止企业这样做。

认为垄断是一件不可避免的坏事，这其中还有一个原因。有些商品每单位的生产成本随着产出的增加而下降。经济学家

图 9 贝基世界中的一座购物中心

们将这个现象称为**规模经济**。基础设施(道路网络、铁路、能源、排水系统)就是很好的例子。社区无法提供它们,因为社区的规模太小。相比之下,如果生产规模足够大,而且从用户身上收取费用的成本足够低的话,那么市场就可以生产它们。生产基础设施的企业规模必须很大,这样才能享受较低的生产成本。因此,基础设施的私人生产企业经常是垄断企业,至少也是寡头垄断企业。由于贝基的世界已经变得富裕起来,而且市场的范围也变大了,那里的社会逐渐越来越依靠私有企业来提供基础设施——即使这些社会同时也让其政府来管理这些生产者,使其无法获得垄断利润。交通运输网络就是一个很好的例子。当然，当家庭对诸如现代化排水系统之类的基础设施加以利用时，它们使其他人也获得了利益（正的外部性），这有可能是贝基世界的当地政府为什么要提供这一服务的原因。在德丝塔的世界中，基础设施（例如耐久的道路）经常是缺失的，这是因为一个恶性的因果循环：在缺少了可靠的道路网络的情况下，市场无法扩展其范围；在缺少了市场的情况下，家庭则无法从事匿名的交易；而且，因为建筑领域中政府腐败严重，耐久的道路无法修建起来；因此，各个家庭仍然十分贫困。

宏观经济波动

市场远非理想的第三个原因与我们前面提到过的一个事实有关：只有在交易是可认定的情况下，市场才可以对交易起

图 10 德丝塔世界中的一座市场

支持作用。例如,只有在质量可认定的情况下,包含各种质量的某种商品的市场才能够形成。道德风险和逆向选择对市场的形成起到了阻碍作用,因此期货市场和应急市场在我们所了解的这个世界中很少存在。家庭和企业必须要以以下这些为基础进行决策:其资产的当前价值,他们所面对的商品和服务的现货价格,以及当现货市场在未来形成时,他们对自己将面对的价格(包括工资)所抱有的期望。由于这些期望可以自我捆绑起来,因此在短期内,可能有多于一组的自我强化的期望集合存在。其中有些能够使得经济体中的生产能力得到合理利用,而有些则会带来经济衰退。

对于经济衰退的分析乃是**宏观经济学**的研究内容。宏观经济学是在综合考虑(全国的)经济的基础上而进行的研究(第一章)。然而从历史上来看,宏观经济学作为一门学科,是被设计出来用于研究综合经济活动中的**短期**波动的。这些活动是以产出(GDP)、就业、价格水平(这是商品价格水平在综合意义上的货币表示)等指数来量度的。

这些波动究竟是什么呢?来考虑一下,自从第二次世界大战以来,贝基的世界已经在生活水准方面,享受到了不间断的发展(第一章)。然而,也有 GDP 周期性地低于潜在 GDP 的情况存在。潜在 GDP 指的是,在所有已安装的机器设备和当时所有的可雇佣劳动力都被充分利用的情况下,所能够生产的总产出。在 20 世纪 30 年代的大萧条期间,欧洲和美国的经济衰退都非常严重,以至于不仅工厂和设备都被闲置起来,而且大约有 25%到 30%的劳动力无法在就业市场上找到工作岗位。藏在这些衰退以及与之共生的劳动力失业背后的解释,又是什么呢?

经济学家们提出了很多解释。这些解释常常被看作是反映了不同学派的思想：凯恩斯主义学派、新凯恩斯主义学派、古典主义学派、新古典主义学派、真实经济周期理论学派，等等。这是合乎情理的，因为如果所有的衰退都是一模一样的话，那可是再奇怪不过了。整个20世纪90年代，曾被誉为"战后经济奇迹"的日本，经历了一场到现在才刚刚显出结束迹象的经济衰退。在过去的10年中，官方公布的法国以及德国（另一个"战后经济奇迹"）的失业率高达10%左右，而在英国这个数字则是在4%至5%之间。这几年来，美国的失业率一直在6%上下徘徊。正如你可能预料到的，这些国家在劳动法、税收、失业救济、社会保障方面都是不同的；而德国在20世纪90年代初期刚刚统一。贝基世界中的各个国家在登记失业人口的标准方面，也是互不相同的，而这并不是什么了不得的大事。如果一种叙述能够解释所有的经济衰退现象，那我们恐怕倒要大吃一惊了。篇幅有限，不容许我们过多地讨论宏观经济波动，以及政府要在高度的经济活动中消除这些波动的潜在职能。这个话题值得写另一本"超简介"了。然而，描绘一个模型，来证明这种普遍的心理状态——**预期**——如何能够在市场的经济衰退过程中起作用，还是很有意义的。

那么我们来考虑这样一种情形：出于某种原因（也许是因为流言蜚语，参见第二章）生产者们认为，对他们产品的需求将会很低。那么，削减生产、清空存货、减少对劳动力的需求就将是符合每个生产者利益的行为。如果劳动力的供给保持不变，那么在市场上将会出现劳动力过剩。如果调整进行得很快，那么工资水平将会下跌。但如果工资下跌，那么收入也会下跌，这将会导致在我们开始讨论时的价格水平上，对商品和服务需求的下降。这种下降反过来会使价格水平下跌。较低的价格水平会使雇主们降低对劳动力的需求，这样一来，就雇主们而言，最初的短期预期就得到了证实。换一种说法来讲，当生产者们预期价格和工资同方向运动时，总产量并不会对价格水平变动做出什么反应。每个生产者都会因为他在（短期）经济预期中没有犯错误而长舒一口气，但也很正常地会因为“年景不好”而感到忧虑。

相反来假设一下，出于某种原因，生产者们认为对他们产品的需求将会很高。那么，保持产量、增加存货就将是符合每个生产者利益的行为。一段类似的推理表明，这种信念在短期内将是自我强化的。每个生产者都会因为他在（短期）经济预期中没有犯错误而长舒一口气，同时也很正常地会因为“年景不错”而沾沾自喜。

如果价格和工资是黏性的，那么问题就被严重化了。经济学家约瑟夫·斯蒂格利茨已经证明了，存在于劳动力市场上的道德风险和逆向选择，会使得价格在下降过程中变为刚性。如果某一种工作的真实工资在下降过程中是刚性的，而且在这一工资水平下，对劳动者的需求小于供给，那么显然会有一些工人无法被雇佣。那些幸运的被雇佣者比起那些被拒之门外的人们，日子要好过一些。经济学家们将这种情形称为**非自愿失业**，来区别于下面的情形：例如，有个人暂时性地处于失业状态，这是因为他正在寻找比上一个职位更好的职位。如果生产者们在较高预期的鼓舞下需要大量的劳动力，那么这种价格刚性并不会带来害处。因此旺盛的预期能够自发地将经济拉升到充分就业的状态。

约翰·梅纳德·凯恩斯、米哈尔·卡莱斯基和伯蒂尔·俄林是

20 世纪 30 年代建议政府积极介入以从萧条经济中恢复的经济学家当中杰出的三位。他们的观点被詹姆斯·米德、保罗·萨缪尔森及詹姆斯·托宾等经济学家大大拓展了。在严重经济衰退时财政政策和货币政策(税收和补贴、政府投资、利率、信贷服务)之所以必要,一种解释是:它们有助于改变人们对未来抱有的预期。但寻找到正确的公共政策组合,可绝非易事:不同的经济衰退需要不同的缓和良方,这正是为什么宏观经济稳定的问题依然是一个充满争议的话题。

第五章

作为制度的 Science 和 Technology[1]

制度是公共品。一个社会所面临的问题是要去挖掘什么样的政策组合能够使它运行得更好。在这本书剩余的部分，我们将来探讨各种制度之间是如何相互作用的。为了看看这会涉及哪些话题，一种不错的选择是先来研究这些制度。之所以确立这些制度，目的是要制造一种所有的读者都感兴趣的商品：**知识**。

知识可谓是一种**最卓越的**公共品。它的使用是非竞争性的（当某人应用微积分来解题时，并不会妨碍任何其他人将微积分用在他或她的题目上），同时它也是非排他性的，除非某一种知识的创造者对其守口如瓶。知识之所以是一种耐用商品，是由于同一种知识可以翻来覆去地使用。如果今天有人要去发明轮子，那么我们都会认为他仅仅是“重新发明了轮子”而已；他并没有贡献什么有价值的东西。而且，当某人对某种知识做出研究的时候，并没有什么额外的成本产生，因此他并不应该为此付费。

---

① 作者将此二者视为两种制度。其中 Science 指的是共众资助的研发，Technology 指的是民间资助的研发。在译文中保留英文（首字母大写）来区分通常意义上的科学和技术。——译者注

这些观察结果到了今天都是真理，但它们却提出了一个问题。如果知识能够供所有人免费获取，那么那些发现者和发明者们能够因其努力获得回报的唯一途径将是：要么对其保密，要么从他们在这些知识领域的领先优势中获得利润。这意味着，私人创造知识的激励将会非常低。这里的关键是要去找到对发现者和发明者进行奖励的更可靠的方法。

使用“发现者”和“发明者”这两个词，我的用意并不是要将“知识”这个词限制在科学技术产品方面；我还要将艺术、手工艺、音乐、文学等领域的创新包括进来。然而，在对这两个出现在现代并且互有重叠的、能够创造知识的制度做出叙述时，我将依靠科学技术（在通常意义上）领域中的例子。在这个过程中，我们将会发现，我们的分析也可以用到其他形式的创造性工作上面。

提到科学和技术知识的时候，我的意思大致说来就像古希腊人对它们的定义一样，分别对应认识（思辨性的、理论性的或抽象的知识）和技艺（艺术或实用知识）。就我所知，亚里士多德认为探讨技艺是不登大雅之堂的，就连列举这个领域的成就也是如此。他的论述主要集中在认识上。相比之下，现代经济学家们则专注于技艺。这一点从我们为贝基世界中持续的经济增长寻找原因时，频繁地使用“技术进步”这个词就可以很明显地看出来（第一章）。

研究和开发（研发）是生产知识过程中的投入。公共资助的研发是知识生产中激励问题的威克塞尔－萨缪尔森解决方案（第二章）。出于马上即将明朗的原因，我将会把公共资助的研发制度称为 Science（字母 S 大写）。为了将其具体化，对研发进行资助的机构将被假定为政府，尽管在贝基的世界中，私人基金会和大公司也对从政府流入 Science 的资源起到了充实作用。

既然由公共资金所创造的知识是对所有人免费开放的,那么雇佣合同中也就包含了"发现和发明都将被公开披露"的条款。然而,知识经常涉及技术性资料。政府是如何防范江湖骗子们破坏企业的呢?现代社会已经通过坚持公开披露应当包括在经同行审阅的期刊上发表,从而避免了这种逆向选择的问题。同行业的审查在很大程度上缓解了社会所面对的一个问题,那就是,无法将优等品和劣等品区分开。

但是在 Science 中,还有更深层次的问题。由于大量的创造性工作都是在头脑中进行的,而研发中的成功是很偶然的,因此要想确认某个人是否遵守协议努力工作并不现实。雇主是如何才能知道科学家们是在思考,而不是在做白日梦呢?毕竟,即使是那些懒惰的科学家,也会宣称他们是不够走运而并非懒惰。因此,社会面临着一个道德风险问题,这就意味着,薪酬并不应以付出的时间或努力程度为基础。另一种方法则是给予科学从业者固定的薪酬,但这样依然会产生问题。如果科学家们无论能否创造出有价值的东西,都能够获得收入的话,那么努力工作的激励将会被减弱;这就是另外一种道德风险了。如果想要降低这些风险中的任何一种,那么薪酬就需要在某些方面以绩效为基础。这种薪酬的形式叫作**计件工资**。在此情况下,"计件工资"意味着以研发出的产品的质量作为基础的薪酬。

与我刚刚在前面列举的原因相似,计件工资在过去对于农业收获的临时劳动来说是很寻常的。时至今日,机器设备定下了劳动速度,这就意味着人们的努力成果是可认定的。这正是为什么计件工资现在变得越来越罕见,甚至在农业中也是如此。但经常以股票期权形式出现的绩效奖金，目前在大公司中非常普遍，这是因为股东们面对着道德风险（第六章）。在知识领域，计件工资薪酬的一种特殊形式还很活跃，在贝基世界的经济转型过程中起着巨大的作用。

为了理解在Science中较为盛行的这种计件工资的形式，让我们来回忆一下：一种知识是不需要重复创造的。如果我们想要用文字解释这句话，那么它将意味着：那些在其他人已经把某种知识公开之后才创造了这种知识的人，并没有贡献任何有价值的东西。它的反面意味着，只有第一个做出发明或发现的人，才应该得到回报。为了鼓励科学家们做出有价值的发现，这种报酬同样应该具有这样的特征：发现的质量越高，回报就应该越丰厚。这一理念是将研究转化成了**竞赛**。

有理由这样说，为了鼓励参加科学领域中的竞赛，那些失败者们也应得到回报。问题在于，一旦优胜者将他或她的发现进行了披露，那些失败者们就可能对自己的进度做出夸张的陈述。这种可能性将会给雇主带来另一种道德风险。已被Science所采纳的能够避免全部几种问题的方案是**优先原则**。在这种原则下，优胜者将获得雇主的全部出价。Science不会向冠军之后的人们支付任何费用。

当然，我以上所写的并不完全是实际的情况。首先，不可避免地，科学家们是多嘴多舌的一大群人，这意味着同行们通常都大致了解在发现被公开的时候，输家落后于优胜者的差距有多大。第二，没有两位科学家是沿着相同的途径来进行研究的，这意味着输家们也创造了有价值的东西。因此，输家们也会获得回报。优先原则中的"优胜者获得全部"这一描述只是一种略为夸张的说法，它表达的意思是，在Science中，优胜者会获得不成比例的高回报。

优先原则可谓独具匠心，它激励了新发现的公开发表，因为就在科学家们放弃对自己发现的独占权的时候，他们得到了一笔私人财产。在 Science 中，优先**就是**奖励。用生物学家彼得·梅达沃的话来说，它将发现的**道德上的**占有权奖励给了优胜者，尽管没有人会获得发现的法律上的占有权。

然而，优先原则也存在问题。它将研发中不可避免的一切风险都压在了科学家们的肩膀上。这将不可能成为一个高效的系统——如果科学家们像普通人一样都是风险厌恶者的话。情况似乎将会是，为了鼓励人们进入 Science，科学家们都应当获得报酬，无论他们是否在所选择进入的竞赛中获得优胜。正是出于这个原因，肯尼斯·阿罗所做出的"从经济的角度来看，教学和研究之间的互补性是一个幸运的突发事故"这一论断，充分体现了这种重要性。这里的"互补性"一词解释了为什么大学中聘请了如此之多的科学家，也解释了为什么在近几个世纪中，大学成为了科学中最伟大的进步被实现的地方。大学中的"终身教职"这一职位——雇佣合同中饱受争论的一点——使得当一位科学家有理由遵从一种研究方向而非另一种，而其他人有理由去反对这位科学家时，社会却不去干涉。

尽管我在推出优先原则时所采取的逻辑推理方式利用了现代经济学的语言，但这种原则本身在我的学科出现之前就被建立起来了。（社会通常要比社会思想家们聪明得多。）英国皇家学会（1662 年建立）以及巴黎、罗马和柏林的类似学会都是为了促进科学知识交流与证实新的发明和发现而建立起来的。这些学会也都宣布了优先原则的合法性并执行了这一原则，而且成了在互相争锋的论点中争夺优先的竞技场。牛顿和莱布尼茨之间关于微积分的道德上的占有权的争论，仅仅是其中最著名的例子而已。

但无论是优先原则还是那些学会，都不是凭空出现的。经济历史学家保罗·A.大卫将它们的起源归因于文艺复兴时代晚期，意大利统治者们所逐渐面对的一个问题：如何来选择那些能够为宫廷装点门面的科学家。无疑，制度的演变并不遵循分析逻辑推理的指令，但正是分析逻辑推理，才能够解释这种演变究竟相当于什么。就连创造性作品的道德所有权的概念，也要比那些学会出现得更早。例如，在中世纪的印度，云游诗人们在自己的诗歌中，以第三人称直呼姓名的方式来指代自己，这是非常普遍的做法。诗人通过这种方式在其创作中留下了他自己的签名（他们大多数是男性）。越是优秀的诗人，他的名气就越响，读者群就越大，因此，他的金钱收入就越为丰厚。欧亚大陆上的作家、哲学家和学者在更早的年代，就实践了对知识的公开传播。人类学家杰克·古蒂则揭示了，即使是在文字出现之前的创作者们，都会通过在自己的作品中留下印迹这一天才的方式，使得自己被后人记住。但这些早期实践的偶然性是很强的。优先原则所起的作用是，将一枚制度的印章钤盖在创造性的作品之上。

Science 也有其局限性。仅靠公众的钱包来给研发筹措资金显然问题多多，因为知识还有两个更深层次的特性：在一件商品被制造出来之前，没有人真正知道造出来的会是什么；同样，也没有人真正知道怎么去制造它。当然，比起其他人，专家们可能对哪些问题是可以解决的，用什么方法解决，有更好的理解。如果社会需要保证一大批各种各样的有关科学技术的问题得到讨论，那么它应当不仅仅鼓励 Science 的研发活动，而且在平行的制度中——那里的发明和发现是私有化的——也这样做。让我们将这种制度称为 Technology(字母 T 大写)。

一种防止别人利用知识的方法,就是将其保密。在较早的年代,炼金术、巫术、魔术的从业者和手工业者(玻璃制作、金属冶炼、精密仪器制作),以及那些为商人和生意人解决复杂会计问题的专家们(例如,16 世纪德国的数学家们),就曾将他们的知识和技能保密。在航海大发现的年代中,绘有贸易路线的地图被谨慎地保管起来。秘密的拥有者们能够从他们的知识中获得利润,因此保密工作总是围绕技艺来进行。但保密并不是可靠的。逆向工程——这是一个现代术语——在工艺中是个威胁,因为对手将有可能会做出相同的发明。对于知识的垄断权利,或**专利**,是解决这个问题的一帖灵药。专利制度——相关地,在影像和表达领域则是**版权**——使得人们能够披露他们的发现,而不会使得自己要去和别人共享从这些发现中所获得的利润。这是一种法律上的方法,它将一种知识变成了一件具有排他性的商品。这一制度为披露行为提供了私人奖励,并且将这种奖励建立在优先披露的基础上。正如 Science 中的优先原则那样,专利制度也在 Technology 中对竞赛起到了鼓励作用。

对专利制度的系统应用是 1474 年始于威尼斯的,当时的威尼斯共和国保证发明者对新技能和机器拥有 10 年的特权。但当今专利法的鼻祖,则是 1623 年英国的《垄断法规》。该法规阐明了一般性原则,即只有一种新产品的"第一位的、真正的"发明者,才能够被赋予垄断性专利——在 1623 年的法规中,这一期限是 14 年。即便是当今专利法的鼻祖,也规定了不能将专利赋予"自然品",因此习惯上会将专利看作是属于技艺领域。但近来发生的生物技术领域中关于专利的诉讼纷争则表明,在何为自然品方面达成一致往往并非易事。

让我们用前面几章中的语言来做一下总结：Technology 中的行为是以市场为导向的，因此是由**法律**所强制执行的；然而在 Science 中，行为则是受到社区左右的，因此是由**规范**所强制执行的。两种制度都可以创造知识；但在前者中它被看作是一种私人品，在后者中它则被视为一种公共品。Science 和 Technology 都鼓励科学家和技术专家用其所属制度之中的道德观念来看待他们的产品，但两者的激励方式是不同的。这样，所生产的产品的特征不同，就没有什么可大惊小怪的了。Science 和 Technology 之间的传统区别——将前者看作与基础

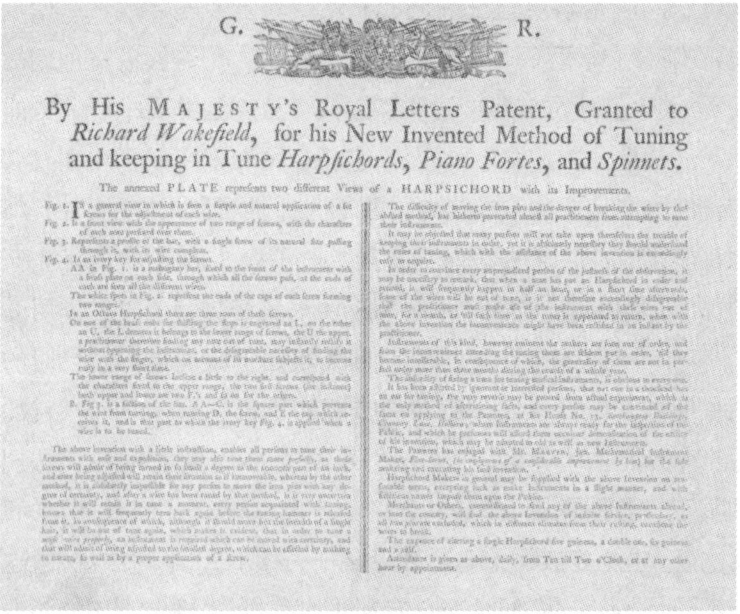

图 11　18 世纪的一项关于为竖琴调音的专利

研究相关(其产出作为进一步生产知识的投入品),将后者看作与应用型研究相关(其产出作为生产商品和服务中的投入品)——从产出的角度,对这两种制度做出了诠释。这里所提出的关于将 Science 和 Technology 作为制度的观点,在我看来要深刻得多。它有助于解释,**为何**它们的产品会预期有所不同。

时至今日,对于 Science 所拥有的能使科学家们披露其发现的适当激励,我们早已认为是理所应当。但是能够体现这种激励的社会性的创新,并非必然会出现。它们也不是轻易出现的,因为这需要科学家和他们的资助人的共同努力。在使科学声明得到独立检验的过程中,在争夺优先权的竞争选手间做出裁决的过程中、在对那些 Science 准入者的资质的监督过程中,学会也起到了相当大的作用。同业群体的尊敬、奖章、名册,作为对于科学家们的"货币"报酬,是很非凡的创新,因为它们并未涉及太多的资源。为了使这些社会性的创新发挥效用,科学家所受到的教育中理应包括,培养对非金钱奖励的鉴赏力。这种鉴赏力使得 Science 能够以低廉的价格制造知识。但逐渐地,对于这种社会性创新的鉴赏力,不得不与来自 Technology 领域中的金钱奖励相互竞争。如果金钱奖励增加(实际上这些年来增加得相当多),那么这种对 Science 领域中道德观念的鉴赏力对于研究工作者来说,就显得愈加弥足珍贵。Science 体现了一种文化价值观,这种价值观需要不断抵御来自其对手 Technology 的威胁。已经证明这种威胁是真实存在的,以至于在近些年来,两种制度已经在相互渗透了。科学家们的行为越来越向技术专家们靠拢,而技术专家则同时享受到来自 Technology 的金钱奖励,和 Science 不得不授予的奖章和名册。

尽管存在这种紧张气氛,Science 和 Technology 仍然在贝基的世界中继续取得进展。今天,富有国家在知识研发上的支出已经达到了 GDP 的 2.5%,而在贫穷国家中相应的数字则大大低于 1%。假定富裕国家的 GDP 是贫穷国家的 6 倍,我们并不应该对此感到吃惊——贝基的世界正在取得大量的科学技术进步,而德丝塔的世界充其量不过能够成为这些进步的有限的使用者。这里我甚至还没有提到这两个世界对教育的相对投入。

我刚刚一笔带过的 Science 和 Technology 领域中的制度革新发生在欧洲,开端于历史学家们称为启蒙运动时代的那个时期。后面的这个术语如果从认识论的意义上去解释,就会引起争议了。它确实会在知识分子之间引起争议,因为争议正是该术语通常被解释的方式。知识分子们一听到知识的分析实证基础——这是 Science 和 Technology 的共同基础——是欧洲人的发明,就会怒发冲冠。他们会问:"那么那些更早年间的、产生于其他地区的、养育那些为知识做出不朽贡献的学者的文明,又该如何解释呢?"

应当坚决地承认,知识的分析实证基础并非贝基世界的发明,而那些神秘启示主义的知识获取路径也并不仅限于德丝塔的世界。在每个我甚至只有一知半解的社会中,此二者都曾出现,而且经常是同时存在。这也许可以解释为何在今日,哪怕仅有一半的可能性,来自世界各地的人们都能够轻易地对 Science 和 Technology 进行实践;他们的"文化"背景似乎并未成为智力上的瓶颈。炫耀性地证明"在贝基的世界尚处于蒙昧时期时,在德丝塔的世界中科学技术已经取得发展"云云,并不能促进知识的发展,而只不过是将老生常谈又重复了一遍而已。欧洲在启蒙运动时期所获得的成就,远比认识论中的某次变革更加显著，这是因为没有其他地区以前曾经做到这一点。欧洲确立了制度，这些制度使得知识的生产、传播和应用——实际上是整个知识领域——能够从**精英小众**转向**公共大众**，这一转变使得分析实证的推理模式变得如此强大，以至于成为了人们惯用的模式。这一成就很好地诠释了我在第一章中所列举的宏观经济数据中相当大的一部分。

第六章

家庭和企业

社区和市场乃是包罗万象的制度。人们除了直接在其中活动之外,还要通过很多更小的制度在其中活动,在这些更小的制度中,家庭和商业企业则是最为突出的。在探索这些制度的过程中,我们不妨问问,人们通过它们,究竟想要得到什么。诚然,家庭是深深植根于人类当中的,因此去探寻它的经济目的,可能会显得有些奇怪。但人们知道,即使是这一最为普遍的制度,对资源稀缺所做出的反应也会发生变化。我将不会详述家庭和商业企业在使得人们能够生存的过程中所起到的那些更为明显的作用——如果他们彼此间充分协调,又比较幸运的话,还能够兴旺发达。相反,我们将会研究它们的一些更加与众不同的特征,以更好地理解贝基和德丝塔的生活之间存在的巨大差异。

家庭

在固定居住的社区中,家族就是那个长期以来维系着最紧密的人际纽带的制度。经济学家和统计学家发现,使用一个更加现代的术语——**家庭**——是大有裨益的。家庭是一个比家族更小的单位。家庭通常被用来指代一个持家或消费的单位。它的成员们在一起进餐，或共享同一存量的食物做成的餐食。

我们假设，家长们希望对家庭的福祉起到保护和促进的作用。这里的家庭福祉是指家庭成员福祉的加总。但是，对于"福祉的加总"，家长们也许会抱有不同的观念。在德丝塔的世界中（在那里广义上的家族对家庭的决策会起到影响），除了父母一级的家长有发言权外，祖母一级（甚至更大范围的亲属们）也会影响家庭决策。

社会科学家们已经发现，在德丝塔的世界中，基本必需品——闲暇、食物、健康保障和教育——的家庭分配是很不平衡的。部分的不平等纯粹是出于需要的原因。来考虑一下食物分配。在营养均衡的状态下，一个人每天能量摄入的 60%到 75%是为了维持体力（血液循环、大脑活动、组织修复、新陈代谢等等），而其余的 25%到 40%才是花在较随意的活动（工作和闲暇）上的。这 60%到 75%更像是一种"固定的"需要：从长期来看，人们无论做什么，这一底限都是必需的。因此，我们应该预期，在非常穷困的家庭中，食物并不是平均分配的，尽管，在它们变得富裕起来之后，食物分配将会变得平均。如果想知道这是为什么，假设一下每人维持体力的能量需求为 1500 千卡。考虑一个每天只能获得 5000 千卡的四口之家。平均分配将意味着每个人都无法获得足够的能量。不平均分配食物，将会使得最有生产力的成员能够正常工作，从而增加整个家庭未来得到改善的几率。另一方面，如果一个家庭每天能够获得的能量大大多于 6000 千卡，它就将能够在不危及未来的前提下，将食物平均分配。当食物非常稀缺的时候，即使将年龄上的差异考虑在内，德丝塔一家中的较小较弱的成员们分得的食物还是比其他人要少些。然而在年景好的时候，德丝塔的父母也能够做到不偏不倚。与此相对照，贝基一家总是能够买得起足够的食品。每天，她的父母都平均地分配食物——这里重申，要将营养的需要考虑进去。

性别不平等

我刚刚概述过的这些想法本身无法解释在贫穷世界中这种长期而大规模的家庭分配不均。在一篇著名的论文中，人口学家普拉文·维萨里亚注意到，在印度，女性和男性的比例自从1901年印度人口普查以来，就一直在下降；更为糟糕的是，这个比例一直显著低于1。根据最近的人口普查数据，在印度，女性和男性的比例只有93:100。在今天的富裕国家中，这一比例是106:100。在回答流行病学家林肯·陈针对维萨里亚的发现而提出的“妇女们都到哪儿去了”这一问题时，他和他的同行们从印度次大陆收集了以性别为基础的死亡率，以及人体测量学方面的数据，他们发现了在贫穷家庭中，食物和健康保障的分配是偏向男性一方的。可疑之处在于，家长们不仅扼杀女婴，而且拒绝向其提供出生后的健康保障，以减少家庭中的女孩数量。

对女孩的健康歧视并非仅限于印度次大陆，这一现象在其他国家也存在。在社会规范坚持家长要为女儿支付不菲的嫁妆，而男孩应该照顾他们年迈的父母的情况下，穷困家庭对男孩的偏好也就是不可避免的了。然而，如果我们假设，相比起父亲来，母亲更容易对女儿怀有深厚的感情，并且在其他条件一致的前提下，如果家庭中的妇女受过教育，或有雇佣工作，或能够掌控家庭预算，那么我们可以预期在食物和健康保障方面，对女孩的歧视将不会有那么严重。有证据表明,这种情况在印度次大陆和非洲撒哈拉沙漠以南地区都属实。

在非洲撒哈拉沙漠以南地区，女性和男性的比例是 102:100,这说明印度的男女比例失调并不仅仅是贫困的反映。人口学家埃丝特·伯瑟拉普观察到，妇女在以锄为农耕工具的地区(例如在非洲撒哈拉沙漠以南地区)起到非常突出的作用,这与以犁为主要农耕工具的地区(例如印度次大陆地区)形成对比。伯瑟拉普在作物耕作技术和妇女地位之间建立了关联。印度次大陆地区的性别歧视在不同的生态地区也存在区别。妇女更多地从事稻田耕作，稻田耕作需要更多的灵巧人力而非肌肉膂力。妇女较少从事麦田耕作,就麦田耕作而言,肌肉膂力是一种必需的投入品(使用犁来工作需要体力)。在印度,女性和男性的比例在以产稻为主的各邦(主要在南部和东部)较高,而在以产麦为主的各邦(主要在北部)则较低。

贫穷世界的家庭中,在健康方面的性别不平衡和生育选择密切相关。由于妇女们在生育和养育子女时比男性承受着更为巨大的成本压力,我们可以预期,相对于女性,男性渴望拥有更多的子女。另一方面,如果妇女在经济上比男性更为脆弱,那么比起男性,她们会渴望拥有更多的子女,因为子女们为极其恶劣的境况提供了一份“保险”。无论从哪方面来讲都可以预期,在妇女获得更多权力的社会中,生育率将会较低。关于德丝塔世界中妇女地位的数据，显示了一个放之四海而皆准的模式:高生育率、妇女的高文盲率、妇女的低就业率、妇女在家从事无报酬劳动的高比例,是共同存在的。

产权和生育

我们现在已经对生育行为的两个决定性因素进行了研究：遵从行为以及性别关系。这两者结合起来，就可以从某种程度上解释，为什么在贝基世界和德丝塔世界的生育率之间，存在着显著的差别。然而，在印度次大陆地区和非洲撒哈拉沙漠以南地区的生育行为之间，也存在着显著的差别，这大概是因为两个地区之间产权制度的差异。(在最近的几十年中，这两个地区的生育率大约相差 2。)当养育孩子的成本可以由血缘亲族之间共同负担时(这是强关系的另一个实例)，父母面对的生育成本就会较低。在非洲撒哈拉沙漠以南地区，血缘亲族之间共同养育子女是一件司空见惯的事情。孩子们并不只是由其父母养大的，这种责任是散布在血缘亲族之间的。非洲的这种养育方式并不会损害到父母和子女之间的纽带。这种制度提供了一种共同保险的保障(见下文)。因为在非洲撒哈拉沙漠以南生产率很低的农业区中，储蓄的几率很小，所以这种养育方式也可能可以使得各个家庭能够平衡各个时期的消费。人们发现，在西非的部分地区，多达一半的儿童无论在什么时候，都是和亲戚们住在一起的。侄子(外甥)和侄女(外甥女)享有同直系子女一样的居住和受照顾的权利。如果父母从生儿育女中分摊到的利益超过了分摊到的成本，那么这个协议就引起了搭便车的问题。总的来说，从父母的角度来考虑，在这些情况下将会有过多的子女降生。

在非洲撒哈拉沙漠以南地区，在以血缘为基础的社会结构之中，对公地的占有制度在过去曾经促进了家庭的人口繁衍。在属于整个宗族的公地中，大户人家(至少直到最近还是这样)

被授予了较大的比例。公地的占有和紧密的血缘亲族对儿童的养育一起，成为了人口繁衍的外部性的一个源头，对生育起到了刺激作用。相比之下，在印度次大陆，耕地并非共同所有的，这可能是该地区耕地比较稀缺的一个反映。过大的家庭规模将会带来土地所有的分割，这就会对刺激繁衍的激励起到抑制作用。

家庭的交易需要

(i) 保险

人们投保以使自己免受风险的侵害，这实际是以某些形式来降低风险。人们为了达到这一目的，就要在不确定的突发事件之间交易商品和服务，在无论何事发生的情况下缴纳小笔保险金，在万一发生不幸的情况下获得补偿。避免风险似乎是人们普遍的强烈要求。如果德丝塔的父母有两个选择——确定性地获得 5000 美元，或同等概率地获得 4000 美元或 6000 美元，那么他们将会选择那笔确定性的收入。尽管这两种选择的均值是相等的（5000 美元），后者却包括了不确定性，而前者没有。但如果提供给他们这样两种选择呢——确定性地获得 5000 美元，或同等概率地获得 3000 美元或 11,000 美元？后一个选择充满风险，但它的均值（或平均数）却是 7000 美元，也就是(3000+7000)美元 /2，这比起 5000 美元来要高出很多。他们将做出哪种选择，我们并不清楚。风险厌恶者也有可能去冒险，但仅限于在这些风险可能会带来更高收入的情况下。在这个例子中，较低的数值是 3000 美元，它也许会危及这一家人的未来。在这种情况下，那种包含风险的选择会被舍弃。类似地，人们会付钱以求降低风险，但仅限于在他们所支付的数额并不是太高的情况下。

德丝塔村庄中的家庭无法与保险公司接触，政府也不会为天灾投保。村民们通过互惠的方式来相互投保（第二章）。问题在于，社区能够为每个家庭提供的防范风险的缓冲可谓少之又少。当德丝塔父亲的庄稼因为暴雨突至或虫害滋扰而歉收的时候，邻居家田地里庄稼的情况也好不到哪儿去。德丝塔的家庭需要援助的时候，也正是社区中的其他家庭需要援助的时候。类似地，当德丝塔一家庄稼大丰收的时候，其他的家庭也是如此。用统计学的语言来讲，村庄范围内的农业风险是“正相关的”。因此，尽管对于在德丝塔的世界中生存的人们来说，社区是至关重要的，但它却无法给每个家庭提供改善生活的机会。因为人们无法确保自己不会受到失败的挫折，所以他们并不愿意从事能够提供巨大成功机会的活动——如果随之而来的还有惨败的可能性。德丝塔的世界依旧贫困，部分原因在于，他们尚未建立起各种制度，能够使人们投身于促进生产力，但充满风险的活动之中。

由于他们能够获得的足以对抗庄稼歉收的保险服务实在有限，德丝塔所在村庄中的家庭采用了其他的策略来降低风险，例如使他们的作物多样化。德丝塔的父母耕种了玉米、埃塞俄比亚画眉草和假香蕉（一种劣等作物），盼望着即使某年玉米的收成不好的话，假香蕉也不会令他们失望。德丝塔村庄里的本地资源基地是大家共有的，其部分原因很可能是出于共同抵抗风险的考虑。就空间而言，林地是非同质的生态系统。在某一年中，某一批植物会结果，在另一年中则会是另一批植物。如果林地被划分为私人占有的小块，每个家庭将会面对比集体共有制度下更高的风险。尽管集体共有制度给每个家庭所带来的风险降低量很小,但由于平均收入非常低,单个家庭从集体共有制度中获得的收益很大。

贫穷世界中的很多社会实践反映了降低风险的共同愿望。例如,婚后居住在男方家庭和父系制度,使得男人能够充分利用他们从小积累下来的关于其地区土地特质的知识。这两种实践在以犁耕为基础的大多数农业文化中已被确立为规范。相关地,两个村落之间的距离越大,它们的农业产出之间的关联就越小。我们应当可以预期:如果一个家庭面对的作物歉收的风险较高,它将会与距离较远的村落中的家庭联姻。在这一点上,也有零星的证据存在。

与德丝塔的父母不同,贝基的父母能够接触到一套复杂的保险市场系统,它可以为全国(甚至全世界,如果这家保险公司是跨国企业)成千上万家庭的风险进行共保。而且,如果出现未投保的突发事件(地震、洪水),政府也会出来挺身相救。比起德丝塔的父母所能实现的,这一点有助于大大地降低个人风险。为什么?首先,空间上相隔较远的风险比起空间上邻近的风险,彼此之间的关联度通常会较低。第二,贝基的父母可以与很多其他家庭一起,对风险进行共保。有了足够多的家庭和彼此之间足够独立的风险,共保行为就可以很好地为每个家庭保证一种低风险的结果。这是概率论中著名的大数定律的一个应用。在不同的情况下,一个家庭所遭受的厄运几乎可以与相隔很远的另一个家庭的好运相匹配。大数定律说明的是,如果使得各个保险公司之间互相竞争,那么每个家庭被收取的保费,将等于平均责任与保险公司的管理成本之和。当然,这些成本可能会很大,因为它们不仅包括了不可避免的书面工作所耗费的时间和资源,还包括了在摒除严重风险(为保险公司防范逆向选择问题)和监控被保险人是否对严重风险实施了正当关注(防范道德风险)的过程中所耗费的资源。因为能够利用大数定律,因此市场和政府结合起来要远比社区优越,尽管还存在上述的管理成本。在市场上,人们能够在很大程度上为他们所面对的风险投保。有了这样的能力,他们就能够壮起胆子,接受充满风险但却拥有高预期回报的挑战。这正是为何贝基的世界目前如此富裕的原因之一。

(ii) 借贷、储蓄和投资

如果你不借助于保险,你的收入将在很大程度上取决于你是否幸运。购买保险有助于降低对运气的依赖。人类降低这一依赖的渴望是与另一个同样寻常的渴望——均衡(换言之,使均等)跨期消费——密切相关的。我们并不愿意今天饕餮大餐而明天忍饥挨饿,或者经历周期性的繁荣和萧条;我们宁愿每天适度饮食,有规律地度假,等等。当然,人们的确会在一生的某些时期担负巨大的开支,例如购买房产、支付子女的学费、庆祝婚礼以及筹措丧葬费用等等。一生之中的收入的流量往往并不能很好地匹配支出的需要。因此,人们会去寻找跨期转移消费的途径。

抵押、为子女的教育而储蓄以及养老金有助于人们跨期转移消费。贝基的父母为他们的房产做了抵押贷款,因为在购买时,如果没有贷款,他们是无法筹集那么多资金的。因此而存在的债务使他们的未来消费有所减少,但也使得他们在那个时候能够买下这座房产。贝基的父母也向养老保险基金付款,这将他们的当期消费向退休后的未来转移。德丝塔的父亲参加了社区保险计划,目的是为了能够支付葬礼的费用。为当期消费而借贷，会将未来的消费转到现在；储蓄和投资则正好起到相反的效果。由于资本是能够增值的，因此今天投资的一美元，明天就会变得多于一美元。这也是为什么在贝基的世界中，借贷会意味着必须偿还利息，在金融机构储蓄意味着获得利息，而在股票市场投资则会带来正收益（如果运气好的话）的原因之一吧。

为了使这些关于市场经济的观点正式化，让我们忽略不确定性，设想一下，比如你可以花费 100，000 美元从国外购买一台机器设备。扣除每年付出的人力、中间产品、维护费用、部件更换、市场营销费用等成本，这台机器每年将给你带来 5000 美元的净收入。这意味着，如果你买下了这台机器，你的投资每年将会给你带来 5%（5000/100,000）的收益。来假设一下，现在有大量的投资机会。如果你愿意购买这台机器并使它运转起来，那么当时的情况一定是，没有其他可行的投资机会能够带来多于 5%的年收益。大概存在很多投资项目，每年的收益低于 5%。你立刻就不会考虑它们了。

你恰好有很多很多钱（实际上，你就是一家银行），而且有人找到你，向你借款 100，000 美元，来为购买房产筹措资金。你应当为预支给他的这笔资产收取 5%的利率。只要少于这个数字，你就会丧失收入（你投资于另一台机器设备或者其他能够带来 5%年收益的投资机会，会更划算些）；如果多于这个数字，一家对手银行就会用更低的利率抢你的生意，把这个借款人吸引走。但你愿意当个专业的银行家。因此你不愿意自行开工生产，你会把钱借给愿意开工生产的企业家们。你该向这些企业家收取多高的利率呢？当然是 5%。如果你收得太低，你会面对无限制的借款需求；如果你收得太高，就没有人来向你借款了。

当贝基的父母仔细考虑其消费和储蓄决策时，一个将他们所面对的情况公式化的简单方法就是假设，他们将自己看作是某个世代的成员。这是换一种方法来表达：贝基的父母并非仅仅考虑他们自身以及贝基和萨姆的福祉，还会考虑到他们未来的孙辈、曾孙辈等的福祉。他们当然并不是很直接地这样做。贝基的父母只是将他们子女的福祉直接考虑进去，但是（这才是重点）父母清楚，当轮到贝基和萨姆做出消费和储蓄决策时，他们也会将**他们自己**子女的福祉考虑进去，孙辈会将曾孙辈的福祉考虑进去，世世代代，依此类推。贝基的父母为其子女的教育做出了相当大的一笔投资，但他们并未期望能够因此得到回报，他们也并不会为其孙辈的教育而储蓄，因为这件事被看作是贝基和萨姆未来的责任。在贝基的世界中，资源是从父母转移到子女的。子女是父辈福祉的直接源头，而并非投资品。毋庸赘言，对未来事件的预期，在这些有跨世代意义的考虑中起到了重要的作用。

有证据表明，在其他条件相同的前提下，人们偏好当前消费，胜于等待未来。这其实就是换一种方法来说，我们都是“不耐”的。我们具有这种倾向，有可能是因为明天对我们来说并不存在（尽管这个概率很小），或者是因为我们害怕，如果我们等待，消费期望可能就得不到了（请回忆一下那句谚语“二鸟在林不如一鸟在手”）。无论那个内在的原因究竟是什么，这种“不耐”意味着，我们给未来消费打折扣的原因正是在于它将出现在未来。但在其他条件相同的情况下，人们却又有一种使各个时期消费相等的渴望。这其实就是换一种方法来说：比起消费水平较低的情况，在消费水平较高的情况下，我们对边际消费的增加怀有较低的欲望。然而，无论是“不耐”还是平衡消费的愿望，都与下面这个事实不一致——在贝基的世界中，几十年来，人们变得越来越富裕，消费越来越高；同时，也与下面这个事实不一致——他们希望在可预见的未来继续这样下去。为什么人们在过去不减少储蓄，以此来平衡消费呢？同样地，为什么贝基的父母不以牺牲子女未来的一些消费为代价，来提高当期的消费呢？

为了寻找到解释，我们很现实地做出假设——储蓄的收益率要比人们"不耐"地进行当期消费的收益率高。出于理论上的目的，我们接下来不妨假设，这一"不耐度"可以忽略不计，而且资本市场为储蓄提供了正收益率，例如，每年 5%。现在来考虑一下：一个家庭今年可以承受 120,000 美元的消费水平，明年也可以承受 120,000 美元的消费水平，我们将其写作（120,000 美元，120,000 美元）。由于储蓄的年收益率是 5%，这一家人显然可以怀有（119,999 美元，120,001 美元）的期望。对于长期消费均等的渴望，意味着一家人认为（120,000 美元，120,000 美元）比起（119,999 美元，120,001 美元）是更加令人期待的。因此，如果这一家人在今年被要求消费 119,999 美元的商品和服务的话，那么他们将期望下一年能够消费多于 120,001 美元的商品和服务，以此作为补偿。是否存在一种这家人能够承受，而且会令他们觉得比（120,000 美元，120,000 美元）更加令人期待的消费期望呢？答案是肯定的。我们甚至可以多说一句：平衡消费的渴望与储蓄的正回报预期意味着，在一个家庭能够承受的所有消费期望中，这个家庭认为最令人期待的那一组的消费将会是随时间增长的。

定义一个新术语将会有助于证明上面的这一观点。该家庭愿意以某个百分比把当年的消费替换为下一年的消费。让我们把这一百分比称为该家庭在这两年之间的**消费贴现率**。如果这一比率是 r，那么该家庭下一年将需要(1+r)美元的额外消费，才能对当年减少一美元的消费进行弥补。这实际是换一种方法来说，这个家庭下一年每一美元的额外消费，价值相当于1/(1+r)美元的当年消费（我们在第二章中使用过这一推理）。例如，一个面对的消费期望是（120，000 美元，120，000 美元）的家庭，其消费贴现率为**零**（请记住，这个家庭并非“不耐”，在其他条件相同的前提下，它希望使得跨期消费能够均衡）；反之，一个面对的消费期望是（120，000 美元，125，000 美元）的家庭，其消费贴现率为**正**（这个家庭并非“不耐”，在其他条件相同的前提下，它也希望使得跨期消费能够均衡）。

我们可以来陈述一个一般性的结论，其现时形式归功于经济学家欧文·费雪和数学家、哲学家、经济学家弗兰克·拉姆齐：在一个家庭能够承受的所有消费期望中，最令他们期待的那一组，在其中的任何一个时点上，消费贴现率都等于储蓄收益率。证明这一点非常简单：如果消费贴现率小于储蓄收益率的话，这个家庭将会希望增加一点当期储蓄；但增加一点当期储蓄就意味着减少一点当期消费，这将会使得消费向未来倾斜，于是将反过来使消费贴现率上升。另一种情况是，如果消费贴现率大于储蓄收益率，该家庭将会希望减少一点当期储蓄；但减少一点当期储蓄就意味着增加一点当期消费，这会使得消费向现在倾斜，于是将反过来使消费贴现率降低。于是，我们就证明了，在最优的一组消费期望的任何一个时点上，消费贴现率都等于储蓄收益率。

平衡消费的愿望和“不耐”的缺乏说明了，仅当消费随时间增长的情况下，家庭的消费贴现率才会为正。这就解释了为何跨期平衡消费的愿望，会转化为生产性经济中不断增加的消费。我们可以进一步概括这个结果:如果消费的“不耐度”低于储蓄收益率的话,那么一个希望平衡跨期消费的家庭将会进行储蓄,以享受不断随时间增长的消费。

对于德丝塔的父母来说,这种计算方式是非常不同的。他们的家庭在跨期转移消费的能力方面，受到非常严重的约束，因为他们无法接触到资本市场。诚然,德丝塔的父母在他们的土地上进行投资(清除杂草、留出部分休耕地,等等),但这是为了防止土地的生产力下降。而且,德丝塔一家在每个收获季节之后能够消费玉米的唯一方法,就是将它储存起来。然而,严酷的事实是,田鼠和潮湿的空气是一对强大的组合。存货贬值意味着储存行为的收益率为**负**(今天储存的 1 千克玉米到明天将少于 1 千克)。一个和刚才我们为贝基父母而提出的论断极为相似的论点可以被用来证明:德丝塔的父母将会认为,在每次收获之后的几周内比在接下来的各周多吃一些,是他们的最优选择。这就解释了,为什么随着下一个收获季节的临近,德丝塔一家吃得越来越少,身体变得越来越弱。德丝塔的父母已经意识到,人的身体比起他们储存玉米的地面来,是一个更好的仓库。因此一家人在紧随每个收获季节之后的月份中,比在其他月份中吃掉更多的玉米,他们利用积累起来的体力,度过下一个收获季节前面的那几周——在此之前,所有的玉米储备都已经消耗殆尽了。在这些年中,玉米的消费遵循一种“锯齿”状的模式，这一实践已经在从事生存农业的家庭中被广泛观测到。由于德丝塔和她的兄弟姐妹们也参与日常家庭生产,他们属于经济上的宝贵资产。与贝基一家不同,德丝塔一家中的资源是从子女向父母转移的。

前面我们已经提到过，为何在非洲撒哈拉沙漠以南地区，人们的目标是拥有更多数量的子女。德丝塔有5个兄弟姐妹。不幸的是，人口的高增长给当地的生态系统施加了许多额外的压力，以至于原本管理得很合理的本地公产，现在也逐渐衰败下去。这种现状都反映在德丝塔母亲的抱怨中——近些年来，从本地公产上采集每天的必需品所花的时间和精力，是越来越多了。

企业

我们将企业定义为一种制度——其唯一的目的就是为市场生产商品和服务。有些企业从那些收入和流动资产超过其支出的人们（年轻的家庭，例如贝基一家）那里把储蓄"挪走"，并将其转移到那些希望支出多于其收入和流动资产的人们（退休的人们，如贝基的祖父祖母）手里——这些企业构成了一个经济体的金融系统。金融机构包括银行、信用卡公司，以及信贷储蓄联盟（在英国则被称为"房屋抵押贷款协会"）等等。类似地，保险企业使得人们能够在不确定的突发情况下，对收入进行转移。接下来还有生产商品（机器工具、维修服务、食品等等）的企业。破产是企业中广泛存在的一种现象。在美国，1990年有大约646,000个新企业建立起来，但就在同一年，也有大约642,000个企业登记破产。这组数据能让你对贝基世界中这种情形的规模有一种感性认识。很明显地，企业出现了，又消失了。

有限责任公司和股份公司

与基础设施（第四章）相同，制造行业，甚至零售部门都可以享受规模经济带来的好处。为了发展壮大，一家企业通常不得不进行大规模投资,这意味着它需要为它的新投资拓宽资金来源。独资企业(一个所有人)或合伙企业无法做到这一点。一个企业的所有者们如果获得**有限责任**权利的许可,就能够吸收更大的风险,这时,这个企业就可以称为**公司**了。公司可以通过“上市”和发行股份(称为该公司的股票)来募集资本。通过购买一家公司的股票,投资者就有权拥有该企业红利的一部分份额。该公司有责任偿还它的一切债务。万一它破产了,它的资产就会被出售。通过出售其资产获得的资金,首先要支付给其债权人(银行、公司债券持有人),如果还有剩余,将会支付给股东。如果一家公司破产,股东们很有可能把通过购买其股份而投资的金钱损失殆尽,但他们的损失并不会超出原始投资(这就是有限责任)。

一家企业上市,意味着它的股份可以在股票市场上交易。股票市场通过允许人们购买(或在他们愿意的时候出售)不同公司的股份,使得投资者们能够分散其风险——即使他们正在为了未来而进行储蓄。从购买某家公司的股份中所获得的收益,是红利加上这些股份的资本收益(或损失)之和。

公司能够通过以下三种方式来为它们的新投资筹措资金:(i)从金融机构贷款或发行债券,(ii)保留公司的部分收益,(iii)发行更多的股份。从股东们的角度来看,一个公司管理层最理想的行为方式将能够使企业在股票市场上的价值最大化。问题在于并没有两个股东会就那种理想的行为方式究竟是什么达成一致,管理层也不太可能与股东们就这一点达成一致。而且,股东们会面对一种道德风险,因为管理层的很多行为很可能是无法确认的。公司股份在股票市场上的价格,综合反映了投资者们对购买的股份中涉及的风险的看法。公司的资产负债率会对管理层的激励产生影响：如果债务太少，管理层努力工作提高效率的激励就会不足；如果债务太多，则较高的破产风险会对公司的行为起到扰乱作用。因此，一家公司的财务结构对外部世界来说是一个信号。它会影响市场对该企业的前景所持有的信念。从管理层的角度来看，发行债券的行为示意股东们，管理层会被激励去努力工作，并保证和提升公司的前景。而且，在美国，公司债务引起的利息支付是可以税前列支的，而红利直到最近才是可以税前列支的。这些事实有助于解释，为什么成熟

图 12 在法兰克福证券交易所进行的交易

的企业为大部分的投资筹措资金(指的是超过留存盈余的部分)时,都是通过向银行借贷或发行债券的方式。时至今日,在美国有超过 90%的公司的新投资经费都是由债务提供的。

有限责任的股份公司的出现(在 1855 年由英国国会的《有限责任法案》所巩固),被普遍认为是商业史上最重要的制度改革之一。在公众的心目中,公司反映的是"大企业"。这并非没有道理,但它却根本没有抓住要点。在美国,股份公司的数量还不到私营企业总数的 20%,但它们却获得了 80%以上的收入。前面说过,家庭可以通过公司这样的机构,在很远的地方进行投资,同时也能够分散其风险,这是社会的一个极大的进步。这是贝基世界的经济成功的背后,一个非常重要的因素。

第七章

可持续的经济发展

经济发展是一件好事。虽然它并不一定会换来幸福(第二章),但它通常会换来更高的生活质量。表 1 说明了,实际人均 GDP 的增长与人们能够享受到的生活方式的改善是齐头并进的。但经济是否能够无限制增长?增长有没有一个限度呢?用一个更现代的方式来提这个问题:实际 GDP 的增长是否能够与可持续的经济发展共同存在呢?

互相矛盾的观点

这个问题是几十年来的老生常谈了。如果与之有关的争论继续保持尖锐,那也是因为两个对立的实证角度造成了这种情况。一方面,如果我们着眼于自然资源的一些具体实例(净水、海洋捕鱼业、作为碳氧化物排污“下水道”的大气层——概括地说,就是各个生态系统),那么就会有很充分的证据表明,我们目前开发利用它们的速率绝非可持续性的。在 20 世纪中,世界人口增长了 4 倍达到 60 亿,工业产出增加了 40 倍,能源使用增长了 16 倍,产生甲烷的牲畜头数的增长速度与人口增长齐头并进,捕鱼量增长了 35 倍,二氧化碳和二氧化硫的排放量则增长了 10 倍。氮元素在陆地环境中的应用——肥料、矿物燃料以及豆类作物的栽培——目前至少已经与所有自然资源的应用总和相当。生态学家估计，由陆地光合作用所产生的净能量的 40%，已经被“挪作人用”了。这些数字显示了我们存在于地球之上的规模，并显示出人类已经在短短的一个世纪之间，给自然造成了前所未有的紊乱。

另一方面，有人则提出，贝基世界的前人们为了给贝基的父辈留下获得高收入水平的能力，而在科学技术、教育、机器设备上进行投入，贝基的父辈现在也正在进行投入，而这种投入将会确保未来更高的生活水平。同样有人提出，已经市场化了的自然资源（例如矿石）的价格历史上一直是趋于平稳，因此并没有值得警惕的理由。经济的增长使得更多人能喝上饮用水，并受到更好的保护，不会患上以空气和水为媒介的传染病。随着经济增长，家庭中的物质环境有了长足的改善，在印度次大陆，烹调仍然是妇女患呼吸疾病的一个主要原因。当今，自然资源具有更好的移动性，因此一个地区减少的资源，可以从另一地区进口来弥补。知识分子和评论家们使用“全球化”这个词来暗示，地理位置本身并不重要。这一富有乐观主义色彩的观点强调，资本积累和技术进步，完全有弥补环境退化的潜能。它还主张，经济增长即使照目前的状况保持下去，**也是**可以和可持续发展兼容的。这也许可以解释，为什么现代社会会一直想着文化复兴，而且对“我们应该寻求生态上的生存”这样的主张漠然置之。

从广义上讲，环境科学家和环保积极分子们抱有前一种看法，而经济学家和经济评论家们则坚持后者。“我们的经济源自自然，并建于其上”无疑是一种陈腐的说法，但不知道你们是否注意到，我在前面（第一章）所罗列出的生产性资产的清单并未包括**自然资本**。在我们对宏观经济历史的讲述中,自然并非主角,这是因为它并没有在有关国家关键统计数据的正式出版物中出现。矿物和矿物燃料的提取虽然被包含在近代国家的账目中(尽管没有被降格),但除了农业用地之外,自然资本在这里出现得非常少。如果自然所提供的服务在本书中顺带有所记录的话,这也是因为,在关于经济增长和经济贫困的理论和实证的文献中同样是如此的。

自然资本:分类

自然资本可以在消费中被直接使用(捕鱼),也可以在生产中作为投入而被间接使用(石油和天然气),还可以在消费和生产中都得到使用(空气和水)。一种资源的价值经常源自它的有用性(作为一种食物来源,或在生态环境中作为一个重要因素,例如一个重要的物种),但是还有一些资源,其价值是美学角度上的(风景名胜地),或者是内在的(灵长类动物、蓝鲸、圣林),或者是这三者的组合(生态的多样性)。一种自然资源的价值可以基于以下三个方面:从其中获取了什么(木材),作为存量的存在(林木覆盖),或两者兼有(分水岭)。

生态学家和环境学家保罗·埃尔利希、约翰·霍尔登、彼得·雷文,还有更近一些的格雷琛·德利、简·卢布陈科、帕梅拉·马特森、哈罗德·穆内,以及其他人都曾让我们看到了生态系统在经济上的重要性。就像我在这里所做的这样,以一种包容的态度来解释自然资本,就可以将生态系统也纳入到资本资产的列表中。它们所生产的服务包括:维持一个基因库,保持土壤和使土壤重生,固定氮元素和碳元素,回收营养物质,控制洪水泛滥,过滤污染物,吸收废物,为庄稼授粉,使水文循环运转,以及保持大气中的气体成分。这其中的许多是世界范围的(大气),但很多又是区域性的(小型分水岭)。

污染物是资源的对立面。大致说来,"资源"是"正常品"(在很多情况下,它们是污染物排放的"下水道"),而"污染物"则是"劣等品"(它们使资源"降级")。如果在一段时间之内,通过某个"下水道"排放出的污染物超过了它的吸收能力,这个"下水道"就会崩溃。因此,污染是环境保护的对立面。在接下来的内容里,我们将交替使用**自然资源**和**环境**这两个词语。

环境经济学中的两个简单实践

为了证明经济学能够天衣无缝地与环境科学整合起来,先来讨论一下以下两个常常见诸新闻媒体的话题,将会是很有用处的。第一个是自由贸易的拥护者和反对者之间的一个激烈争论的话题——反对者们的理由是,自由贸易经常会伤害到德丝塔世界中那些赤贫的人们。第二个则是这样的一种看法:因为排放到大气中的二氧化碳所带来的经济影响,恐怕要一两代人之后才能感受到,因此我们不必现在就为气候变化做任何事情。

贸易扩张和环境

现在应该很少有人怀疑:在其他条件相同的前提下,自由贸易将会使经济增长得更快。大量的实证工作证明了这一点。也有一些证据表明,穷人**作为一个群体**,同样在享受经济快速增长的果实。然而,由于经济增长对于环境的影响很少得到评估,开放自由贸易的影响仍然不是非常明朗。如果这给社会中那些最贫穷的人们带来的是不良影响,那么不在同时采取预防措施的情况下开放自由贸易,这究竟是否能带来好处,还有待商榷。下面的实例说明了贸易扩张能够带来的不良影响。

高森林覆盖率的贫困国家的政府创造收入的一种简单途径,就是将林木采伐的特许权发放给私人采伐企业。设想一下,某分水岭的山地林的采伐权被发放出去了。森林砍伐会导致淤积增加和下游发洪水的风险增大。如果法律认定了那些受害者的权利,那么采伐企业就必须对下游的农民和两岸的渔民做出补偿。但法律和法律的执行之间,存在着一道鸿沟。当损害的原因远在数英里之外,当林木采伐的特许权由政府发放,当受害者只不过是一群零散的贫困农民和两岸渔民时,协商的结果通常无效。情况甚至有可能是,那些受害者对于造成他们的境况日益恶化的原因,根本无从知晓。如果采伐企业并未被要求对那些受到损失的人做出补偿,那么私人采伐的成本就会低于采伐行为的实际成本——后者是采伐企业和所有受到负面影响的人所担负的成本之和。从国家的考虑来看,木材是以低于实际的价格出口的,这也就是说,在上游有过量的森林砍伐行为。这也意味着,对于出口有一种无形的补贴,这种补贴是由那些被逐出林地的人们以及下游的人们所支付的。这种补贴隐藏于公众监督之外,但它实际上相当于从出口国家到那些木材进口国家的一笔财富转移。贫穷国家中一些最为贫困的人,将对富裕国家中那些普通的进口者的收入进行补贴。

遗憾的是,我无法向你解释这些补贴的规模到底有多大,因为并没有人来对其进行评估。国际组织拥有用来从事这些研究的资源,但就我的了解,他们并没有这样去做。这个例子并不该被拿来反对自由贸易,但它可以被用来警示那些提倡自由贸易,而对它的环境影响置之不理的人们。

对气候变化的贴现

我的第二个例子和温室气体的排放以及由此带来的全球气候变化有关。这是政府间气候变化专门委员会(IPCC)一直研究的一个主题。

全球大气中二氧化碳的浓度11,000年以来直到18世纪初期,还一直位于百万分之二百六十(260ppm)左右,但目前这一数字是380ppm。(我们将会忽略另一种温室气体甲烷的浓度。)关于地质时期气候变化的最可信赖的证据来自南极地区的冰核,它揭示出,在过去的420,000年中,直到18世纪初期为止,二氧化碳的最大浓度只有300ppm。这一漫长的时间跨度见证了4个冰川期和间冰期的循环,每个循环大约持续了100,000年。左右这些循环的,是到达地球的太阳辐射的规律变化,太阳辐射的影响通过地球环境产生的反馈和作用力被放大了。

我们目前生活在一个间冰期,这也就是说,地球正在经历一个温暖的阶段。如果目前碳氧化物的排放趋势继续下去,二氧化碳的浓度将有望在这个世纪中叶达到500ppm(这几乎是前工业时期水平的两倍),并在2100年时高达750ppm(这几乎是前工业时期水平的三倍)。二氧化碳的浓度如果在目前的基础上翻一番,预计将会导致全球大气平均温度上升3到7摄氏度。如果二氧化碳的浓度变为原来的三倍,平均温度则会上升6到11摄氏度。即使是仅仅上升3度而到达的水平,也已超出了在过去420,000年中地球所经历的最高温度了。这种变化的**速度**是最为重要的一点,因为它将意味着,我们的资本资产中有很大一部分将会在其计划报废日期的很早之前就变得不再有用了。我们的一些基础设施甚至会消失在不断上升的海平面下。为了重建我们的资产，人们需要进行额外的投资，这将把资源从消费中转移走。如果我们将气候快速变化所带来的影响加在生态系统之上（人们对之并无免疫力的疾病环境的变化，生态系统的构成、地理分布和生产力的退化），那么这种潜在的成本看上去就会十分惊人。然而，当 2004 年 8 位杰出的经济学家被邀请到哥本哈根，为这个世界社区如何最有效地在 5 年间花费 500 亿美元提供建议时，他们却将气候变化列在了 10 个选项的最末位置。

为什么经济学家们会这样做？他们这样做是因为他们的推理过程是建立在对未来成本和收益以正贴现率进行贴现的基础之上的。减少全球碳氧化物排放量，或是对碳氧化物吸收技术的投资，都会立刻产生巨大的成本，但避免经济崩溃所带来的收益，只有在 50 年到 100 年之后才能享受到。美国政府债券的长期利率在每年 3%—5%之间。那里的经济学家们对**公共**项目做出评估时，通常会用这样一个数字来对未来的成本和收益进行贴现，将其看作是“资本的机会成本”（这个术语本来是应用在通过投资政府债券而获得的利率上的，而非用在对成本和收益进行评估的项目上）。然而，在 3%—5%的贴现率水平上，远在未来的消费收益在今天看来可谓微乎其微。如果你的贴现率是每年 4%，那么价值 1 美元的额外消费收益到了 100 年后，其价值就只有今天的 3 美分了。换另一种方法来说，如果放弃价值 1 美元的当期消费，那么作为补偿，你将会要求在 100 年后得到价值 30 美元的消费收益。大量的有关气候变化的经济模型已经证明，如果你采用 4%的年贴现率，那么成本（也就是负的收益）将大于贴现后的、由阻止净碳氧化物排放而得来的收益。这一计算结果表明，现在为气候变化所做的一切，实际是向一个相对劣质的项目中白扔钱。

全球社区是否应该以一个正贴现率来对未来的消费收益进行贴现呢？和私人层面上的家庭（第六章）一样，集体层面上的家庭也是如此：有两个原因可以解释为什么全球社区以一个正贴现率对未来的收益进行贴现，是合情合理的。首先，如果全球社区迫不及待地要去享受当前收益，那么比起当前收益，未来收益的价值会降低。这种"不耐"就是以正贴现率对未来成本和收益进行贴现的原因之一。第二，出于对正义和公平的考虑，跨世代的人均消费理应达到均衡。因此，如果未来的每代人将会比我们富有，那么还存在这样一个问题：在其他条件相同时，对他们的每一美元价值的消费相对于我们的每一美元价值的消费，我们会进行低估。上升的人均消费水平为以正贴现率对未来成本和收益进行贴现，提供了第二个正当理由。

哲学家们认为，社会的"不耐"从伦理上来说是站不住脚的，因为这种"不耐"仅仅是因为未来各代现在还不存在，就偏好那些歧视未来各代的政策。一旦我们认可了他们的观点，留给我们的就只有第二个理由了——对未来成本和收益进行贴现。但如果逐渐上升的人均消费水平为全球社区提供了以正贴现率对未来消费收益进行贴现的理由，那么，逐渐下降的人均消费水平也将会为它提供一个以**负**贴现率对未来消费收益进行贴现的理由。我们注意到，在家庭层面上，后一个可能性与德丝塔父母在决定如何分配玉米的消费量时所面对的两难选择是密切相关的（第六章）。

经济学家们在他们关于气候变化的模型中使用了正贴现率，因为这些模型**假设**：即使温室气体的净排放量保持现在的趋势，全球人均消费水平在未来的150年或更长的时间里仍然会持续增长；这实际就是假设，气候变化对未来并不会产生严重的威胁。但全球平均气温上升3—5摄氏度，将会把整个生物圈带到一个地球上**数百万**年都未曾经历过的气候带中。我们的生产基础这样变化，可能产生的后果将会非常严重，当地球进入了这个气候带之后，对这类“经济将持续发展”的预测的质疑都不会是杞人忧天的行为。如果今天没有做什么实质性工作来寻找隔绝碳氧化物的途径和寻找矿物燃料的替代品，那么对跨地区和跨收入人群做出适当权重后的全球人均消费水平将极有可能会下降——比如出于以下原因：极恶劣的天灾的发生频率大幅增加，热带发生的更加严酷的旱灾，新致病原的出现和重要的生态系统的退化。假设你害怕这一点，你就应该用一个负贴现率来对未来消费收益进行贴现。但要注意的是，从当期角度看来，应用负贴现率将会对遥远未来的收益产生**放大**作用，而不是减低收益的价值。

让我们做一次运算来感受一下这个数量级。基于社会和个人选择的实证证据表明，一个社会在贴现未来消费收益时所用的贴现率，大约是人均消费水平变化率的三倍。假设一下，碳氧化物的排放量继续当前的趋势（通常被称为“一切照旧”）。来考虑这样一个情形：在今后的50年内，全球人均消费水平以每年0.5%的速度增长，但在之后的100年内会以每年1%的速度下降。在这个情形之下，全球社区理应在今后的50年内，以1.5%的年贴现率（3乘以0.5%）——在其后的100年内以-3%的年贴现率（3乘以-1%）——对未来的消费收益进行贴现。现在，通过简单的运算就能证明，150年后价值1美元的额外消费将相当于价值9美元的当前额外消费。换一种说法，全球社区理应为未来150年后的1美元价值的额外消费而放弃价值为9

美元的当前额外消费。这一计算结果与那些关于气候变化的经济模型所传达的信息是完全相反的。

毋庸置疑,即使在上面的情形下,私人投资者们也将会用一个正贴现率对其个人收入进行贴现。他们之所以这样做,是因为商业银行所提供的储蓄利率极有可能还会是正的。但这里并不存在矛盾。在“一切照旧”的前提下,大气仍然是一种开放获得的资源。只要人们还能够随意地排放二氧化碳,那么在私人的投资收益率和全球社区用以对共同成本和收益进行贴现的贴现率之间,就会存在一道鸿沟。很有可能在前者为正的情况下后者为负。这一鸿沟部分地说明了为什么我们要控制碳氧化物的排放量和为什么要将两个比率拉近,这可不能说明为什么全球气候变化的问题应该搁置。

GDP 和生产基础

我们刚才所进行的不过是两个“指法练习”而已。然而它们却向我们展示了,自然资本是如何被引入微观经济学的逻辑推理中的。让我们来看看它是否可以被引入宏观经济学的逻辑推理中。

一家国际委员会于 1987 年在所作的一篇著名报告(广为人知的《布伦特兰委员会报告》)中,将**可持续发展**定义为“……既满足当代人的需求又不危害后代人满足其需求的发展”。在这一定义中,可持续发展要求,每一代人(相对于其人口而言)应当留给后代的**生产基础**至少要与自身所继承的规模相等。请注意,这一要求是从“代际公平”这一相对弱化的概念之中衍生出来的。可持续发展还要求,我们的后代应该拥有比我们这一代更多的途径,来满足他们的需求;它并未要求更多的东西。可是，一代人该如何判断他们是否给后代留下了足够的生产基础呢？

很容易看出，仅仅着眼于 GDP 是无法达到这一目的的。一个经济体的生产基础，就是它的资本资产的存量和制度（第一章）。提到资本资产，我们指的不仅仅是生产资本、人力资本以及知识（这是我们在第一章所讲述的内容），还包括了自然资本。我们现在就来揭示，为了验证一个经济体的生产基础是在扩张还是在收缩，究竟该看哪些方面。如果一个经济体的资本资产的存量贬值，而且它的制度无法取得足够的改善以补偿这种贬值，那么很明显，这个经济体的生产基础将会萎缩。GDP 是“国内生产**总值**”的首字母的缩略。“总值”这个词意味着，它忽略了资本资产的贬值。一个经济体的生产基础的增长完全有可能伴随着其 GDP 的增长（这一点在我们研究表 2 的时候会得到验证），这无疑是我们都愿意来因循的一条经济发展路径；但也有可能，在一个经济体 GDP 增长的同时，它的生产基础却在**萎缩**（这一点在我们研究表 2 的时候，同样会得到验证）。问题在于，当所有人的眼光都盯在 GDP 上的时候，没有人会注意到这种萎缩。如果生产基础持续萎缩，经济增长迟早将会停滞，并将会出现负增长。生活水准也会随之下降，但没有人曾经预料到这一下降将要发生。因此，人均 GDP 的增长可能会使得我们认为一切正常——实际并不是这样。类似地，也有可能一个国家的人类发展指数（HDI）在增长，而同时其生产基础却在萎缩（表 2）。这意味着，HDI 也能起到误导的作用。

作为资源稀缺信号的市场价格

你也许会反对说，对 GDP 或 HDI 的密切关注并不会阻止人们关注物价。你甚至可以争辩说,如果自然资源的确变得更加稀缺,那么它们的价格就会上涨,这样就会显示,并非一切情况正常。但如果物价能够揭示稀缺程度,那么市场一定是运转正常的(第四章)。对于很多自然资源来说,市场非但不是在正常运转,它们甚至根本就不存在(在前面,我们将其称为"缺失的市场")。在某些情况下,它们不存在的原因是,相关的经济上的相互作用在很遥远的地点发生,这使得谈判的成本过高(例如,高地上的森林砍伐给下游农业和渔业活动带来的影响);在其他情况下,它们并不存在的原因是,经济上的相互影响发生的时间间隔过长(例如,碳氧化物的排放给遥远未来的气候带来的影响,在那个世界里,期货市场并不存在,因为我们的后代不会到今世来跟我们进行谈判)。另外,在某些情况下(大气、含水土层、公共海域),资源的流动性使得市场无法存在——它们属于开放获得的资源(第二章);在其他情况下,不明确的和未受保护的产权使得市场无法形成(红树林和珊瑚礁),或者即使它们能够形成也会非正常地运行(那些因森林砍伐而流离失所的人们并未获得补偿)。前面,我们将未达成协议而进行的人类活动所带来的副作用,称为"外部性"。我们和自然进行的交易充满了外部性。这些例子表明,涉及环境的外部性绝大多数都是负的,这说明,利用自然资源的私人成本是低于其社会成本的。定价过低的环境遭到了过度开发。在这种情形下,这个经济体可以在很长的一段时间里享受实际 GDP 的增长和 HDI 的提高,即使在同时其生产基础却是在萎缩的。由于是否要对自然资源的社会稀缺价格进行评估仍然充满争议,经济会计师们忽视赞成评估的提议,各个政府也在对自然资源的利用是否要课税的问题上顾虑重重。

环境:是奢侈品还是必需品?

将环境作为一种奢侈商品的行为并不罕见,就像一家著名报纸上所表达的那个想法一样:“经济增长对环境有好处,因为各个国家都需要将贫困甩在身后,才能够去关注环境。”但是在德丝塔的世界中,环境却是生产所必需的要素。当湿地、内陆的和海岸的渔场、林地、森林、水塘与牧场被破坏掉时(由于农业的侵蚀、氮肥的过量、城区的扩展、大坝的修建、政府非法占地,或任何其他原因),农村的那些贫民遭受的损失最为惨重。他们常常并没有借以谋生的其他资源可以选择。相比之下,那些富裕的生态观光者或初级产品进口者,却还有别的选择,通常是别的地方——这说明他们有选择的余地。生态系统的退化就像道路、建筑物和机器设备的贬值一样,但还有两个很大的区别:(i)它常常是不可逆的(或者至少,这个系统要经过很长一段时间才能恢复),以及(ii) 生态系统可能会在没有太多预先警示的情况下,突然崩溃。想象一下,如果一个城市通向外部世界的基础设施在毫无征兆的情况下突然垮掉,那么这个城市中的居民们将会变成什么样子。消失的水潭、状况日益恶化的牧场、贫瘠的坡地、被废弃的红树林,正出现在德丝塔世界的那些乡村贫民中间,由此而来的崩溃只是一个有限区域内的实例。我们在第二章中所做的分析现在正好用来解释,为什么一次突然的生态崩溃(例如近年来在非洲之角和苏丹的达尔富尔地区)能诱发迅速的社会经济衰退。

可持续发展:理论和证据

如果相对于其人口而言,一个社会的生产基础并未萎缩,那么经济发展就是可持续的。但如何才能判断经济发展是否可持续呢？我们已经注意到，无论是GDP还是HDI都没法告诉我们。那么，哪个指数能完成这个任务呢？一个社会的生产基础就是它的制度和资本资产。既然我们有兴趣对一个经济体的生产基础在一段时期内的变化进行评估，那么我们就需要了解，如何去将其资本存量和制度上发生的变化综合起来。让我们先把制度放在一边，来重点看看资本**资产**。

仅凭直觉，很明显我们不能仅仅只给资本资产列出一个账目（越来越多的机器设备、越来越多的道路公里数、越来越少的林地覆盖平方公里数，等等）。如果资产的减值无法得到其他资产的补偿，那么一个经济体的生产基础将会下降。相反，如果资产的减值（不仅）**得到**其他资产的积累补偿，那么经济体的生产基础将得到扩展。一种资产对某些其他资产的减值的补偿能力，取决于技术知识（例如，双层玻璃窗可以对中央供暖系统起到一定程度的替代作用，但只是一定程度）和该经济体当时正好拥有的资产存量（例如，树木对土壤侵蚀起到的保护作用要取决于当时存在的草本植被）。然而，很明显，各种资本资产互相补偿的能力是有区别的。我们愿意将这些能力作为**价值**归于这些资产上。我们需要对这些能力进行估计。在这里，一种资产的**社会生产力**是我们的兴趣所在。说到一种资产的社会生产力，我们指的是：在其他条件相等的情况下，能够被经济体获得的该种资产增加一单位，人们所享受到的**社会福祉**的净增加。换言之，一种资产的社会生产力就是一额外单位的该资产为社会提供的服务流量的资本化价值。一种资产的价值不过是它的数量和它的社会生产力的乘积。

由于我们正在试图从操作上去了解**可持续**发展的概念，我们必须不仅把目前在世的人们的福祉加入到“社会福祉”这个术语中,而且还要把出现在未来的人们的福祉也加入其中。这些属于伦理方面的理论，超越了纯粹以人类为中心的自然观,因为它们坚持认为,自然的某些方面具有内在的价值。我所针对的社会福祉的概念,将其内在价值也加入在了其净值内(如果需要的话)。然而,一条伦理理论自身并不足以决定资产资本的社会生产力,因为这条理论并不会作用于任何事物。我们同样需要对事态进行**描述**。在一个经济体中加入一单位的资本资产,就会给这个经济体带来扰动。为了评估这一额外单位对社会福祉的贡献，我们需要对增加前和增加后的事态进行描述。简言之,要对资本资产的社会生产力进行量度,同时需要评估和描述。

现在假设一下,你采纳了某个关于社会福祉的概念(通过增加所有人的福祉)，并在头脑中拥有了一幅未来的经济景象(一切照旧)。原则上,你现在就已经可以对每一种资本资产的社会生产力进行评估了。你可以**在其他条件相同的前提下**(这是这一实践的描述部分)，通过评估每一额外单位的资本资产对社会福祉所做出的贡献(这是这一实践的评估部分),来达到这一目的。经济学家们将各资本资产的社会生产力称为它们的**影子价格**,以此来和市场上观察到的它们的价格进行区分。虽然影子价格通常和商品有关,而非仅仅与资本资产有关,我们这里还是以资本资产为重点。

影子价格反映了资本资产的社会性稀缺。在我们所知的这个世界上,对影子价格进行评估,困难重重。有些为我们所持有的伦理价值多半是无法进行量度的——如果它们遇到我们所持有的其他价值的话。这并不意味着,伦理价值不能给影子价格强加范围——它们是可以的。因此,如果我们希望避免就可持续发展问题做出那些沉重但一钱不值的声明的话,那么有关影子价格的讨论就将举足轻重。当前用来对生态系统服务的影子价格进行评估的大多数方法,都是很粗略的,然而运用这些方法,总比根本不去对它们进行评估强了很多。

一个经济体的资本资产存量的价值若以其影子价格来衡量,这个价值就称为它的**总括财富**。"总括"这个词旨在提醒我们:不仅自然资本被包括在资产的清单中,而且在评估这些资产的时候,外部性也被考虑进去。总括财富是各个资本资产的价值总和。这是用国际货币(当然也可以是别的)来表达出的一个数字。

我们可以做出以下的总结:一个经济体的总括财富和制度,共同构成了它的生产基础。如果现在我们想去确定一国的经济发展在某一段时间内是否是可持续的,那么我们就必须要对它的总括财富和制度在这一时间段内所发生的变化——当然,这是相对于其人口而言的——进行评估。在第一章中我们注意到,知识和制度随着时间而发生的变化会在全要素生产率中体现出来。因此,我们将对相对于人口而言的一国经济的生产基础在任何一段时间内所发生的变化进行评估的过程,分解成五个阶段。

第一,对制造资本、人力资本、自然资本在数量和构成上发生的变化值——我们称之为**总括投资**——进行评估。(如果总括投资被发现是正的,那么我们可以下结论说,制造资本、人力资本、自然资本的总和在这一段时间有所增长。)第二,对全要素生产率的变化进行评估。第三,将这两个数值变换形式,使其能够让我们计算出这两种变化对生产基础的影响。第四,将这两个估值结果整合成一个数值，使其能够用来反映该经济体的生产基础所发生的变化。第五，对人口的变化做出校正，得出一个相对于人口而言的该经济的生产基础所发生的变化。

我在这五个步骤上花费了如此多的笔墨，这是因为它们可以在对过去的研究中派上用场。但是，当然，用这五个步骤来对未来进行预测，同样是有效的。上面概述的这一过程，对于任何想了解我们所追求的经济路径是否会通向可持续发展的人来说，都是至关重要的。

近几十年的经济发展是可持续性的吗？

近来，世界银行的经济学家们对不同国家近几十年内的总括投资做出了评估。他们用人力资本的净投资加上已有的国家范围内对制造资本的投资估值，再扣除自然资本投资的**减缩量**，完成了这个任务（这是上面的第一步）。这些经济学家们用官方的国民净储蓄的评估值作为制造资本净投资的替代物。而对于人力资本的净投资，他们则用教育支出作为替代物。为了对自然资本上投资的缩减进行量化，他们考虑了商业林区、石油、矿藏，以及以二氧化碳含量为依据的空气质量的存量的净变化量。石油和矿藏的估值，是用其市场价值扣除开采费用后计算出来的。全球碳氧化物向大气排放的影子价格，就等同于由其所导致的气候变化所带来的损失。这一损失被定为每吨20美元——这极有可能是一项严重的低估。对于森林的估值，是用其市场价值扣除采伐成本后计算出来的。森林对生态系统的运转所做出的贡献则被忽略了。

世界银行所列出的自然资源清单并不完整。它并没有把水资源、渔场、空气和水的污染物、土壤以及生态系统包括进去。

世界银行关于人力资本的概念并不完备，因为健康并未被计算进去。并且世界银行对影子价格的估计极为粗略。然而事情总有开始，世界银行的开头，是一项极其复杂纷乱的任务的第一步。我在这里想做的是，对一群生态学家和经济学家最近发表的一组数据进行研究——他们将世界银行做出的关于总括投资的估值进行了校正，并接下来对贝基和德丝塔世界中一些主要国家和地区在近几十年内的经济发展是否是可持续的做出了确认。表 2 是这一组数据的精练版本。虽然这是可持续发展研究的一个很粗略的开始，但它毕竟是一个开端。

被研究的区域是非洲撒哈拉沙漠以南的国家、孟加拉国、印度、尼泊尔和巴基斯坦（都是贫穷国家），中国（中等收入国家），以及英国和美国（都是富裕国家）。研究的时间段是1970—2000 年间。表 2 的第一列中包含了世界银行做出的总括投资的平均估值所占 GDP 的比重，以百分比表示（第一步）。第二列给出了年均人口增长率。第三列给出了全要素生产率的年均增长率的估值，我们这里将用一个关于知识和制度的综合指数的年均变化率来解释（这是第二步）。我用前三列的数字来得出人均生产基础的年变化率（这将第三步到第五步结合起来）。它们由第四列给出。

在为这些发现做出总结之前，来感受一下表格中的这些数字能告诉我们什么，将是非常有意义的。来考虑一下巴基斯坦。在 1970—2000 年之间，总括投资所占 GDP 比重是每年 8.8%。全要素生产率以每年 0.4%的速率增长。由于这两个数目都是正的，我们可以得出结论，巴基斯坦 2000 年的生产基础要比1970 年的有所增长。但再来看一看巴基斯坦的人口，它在以每年 2.7%的速率增长。第四列表明，结果巴基斯坦的人均生产基

表 2 国家的发展

国家 / 地区	I/Y* (百分比)	1970—2000 年间的年增长率(%)				ΔHDI††
		人口	TFP†	生产基础(人均)	GDP(人均)	
非洲撒哈拉沙漠以南地区	- 2.1	2.7	0.1	−2.9	−0.1	+
孟加拉国	7.1	2.2	0.7	0.1	1.9	+
印度	9.5	2.0	0.6	0.4	3.0	+
尼泊尔	13.3	2.2	0.5	0.6	1.9	+
巴基斯坦	8.8	2.7	0.4	−0.7	2.2	+
中国	22.7	1.4	3.6	7.8	7.8	+
英国	7.4	0.2	0.7	2.4	2.2	+
美国	8.9	1.1	0.2	1.0	1.1	+

* 总括投资所占 GDP 比重(1970—2000 年间的平均值)

† 全要素生产率

†† 1970—2000 年间的人类发展指数的变化

节选自 K.J. 阿罗、P.达斯古普塔、L.古尔德、G.德利、P.R.埃尔利希、G. M.希尔、S.莱温、K.−G.马勒、S.施耐德、D.A.斯塔莱特、B.沃克,《我们是否消费过多?》,《经济展望杂志》,2004 年,第 18 卷,第 3 期,147—172 页。

础在以每年 0.7%的速率下降，这说明 2000 年的生产基础只有 1970 年的 80%的水平。

相比之下，来考虑一下美国。总括投资所占 GDP 比重是每年 8.9%，仅比巴基斯坦的这一数字略高。全要素生产率的增长率（年均 0.2%）甚至低于巴基斯坦。但人口却只是在以 1.1%的年增长率增长，这意味着美国的人均生产基础在以 1%的年均增长率增长。在 1970—2000 年之间，美国的经济发展是可持续的，而巴基斯坦的经济发展则是不可持续的。

有趣的是，如果你用人均 GDP 来衡量它们的经济表现，你将会得到一幅完全不同的画面。表 2 的第五列表明，巴基斯坦在以相当高的年增长率（2.2%）增长，而美国却只是在以 1.1%的年增长率增长。如果你现在看一看第六列就会发现，联合国给出的巴基斯坦的人类发展指数（HDI）在这一时期得到了提高。HDI 的变动丝毫没有告诉我们与可持续发展有关的事情。

然而，表 2 中的令人震惊的消息则在于，在 1970—2000 年之间，我们这张清单上**所有的**贫穷国家，其经济发展要么是不可持续的，要么是勉强可持续的。诚然，非洲撒哈拉沙漠以南地区的情况并不令人吃惊。它的总括投资是**负数**，这说明这一地区在制造资本、人力资本和自然资本上的投资的**缩减量**占 GDP 的 2.1%。人口的年增长率是 2.7%，而全要素生产率基本没有什么增长（年增长率 0.1%）。即使不做任何计算，我们也应当会觉察到，非洲撒哈拉沙漠以南地区的人均生产基础水平在下降。表格证实了它确实如此，下降的年速率是 2.9%。如果你现在看看第五列的数字，你将会发现，非洲撒哈拉沙漠以南地区的人均GDP 保持得相当稳定。但该地区的 HDI 却显示出提高的迹象。这又一次确认了，对 HDI 变动的研究并不会使我们能够对可持续发展做出任何评论。

巴基斯坦是印度次大陆地区经济表现最差的国家，但如果对这一地区的其余国家加以评价的话，它们也不过是勉强达到了可持续发展的标准。每个国家（孟加拉国、印度、尼泊尔）的总括投资与全要素生产率的增加都是正数。这两者合在一起，意味着每个国家的生产基础都有所扩张。但人口增长是如此之快，以至于人均生产基础的年增长率分别只有 0.1%、0.4%和0.6%。即使是这些数字，也极有可能是被高估的结果。世界银行的经济学家们在对总括投资进行评估时所使用的列表各项中，并没有包含土壤侵蚀和城区污染，而这两者都被专家们认为是印度次大陆的问题。而且，前面曾经提到，人们要求降低风险的渴望意味着，自然资本降级带来的负面风险——比起与它相应的、能够比预期往更好的方向发展的概率——理应被给予一个较高的权重。因此，如果我们考虑到风险厌恶，则对总括投资的估值又将降低。人们免不了会怀疑，在 1970—2000 年之间，印度次大陆地区的经济发展并不是可持续的。然而在这里，你并不是从 GDP 或是 HDI 的数字中了解到这一情况的。在这一地区的每个国家中，前者有所增长，而后者有所提高。

中国的总括投资占到了 GDP 的 22.7%，这在表 2 的样本国家中是一个非常高的数字。全要素生产率的年增长率高达 3.6%。人口的增长率相对较低，为每年 1.4%。我们并不应该对中国的生产基础有所扩张——以 7.8%的年增长率——感到惊奇。人均 GDP 同样以 7.8%的年增长率在增长，HDI 也得到了提高。在中国，人均 GDP、HDI 和人均生产基础，是在齐头并进地增长着。

这里并没有对英国和美国做过多的评论。这两个国家都是富裕而成熟的经济体。1970—2000 年之间，虽然总括投资并不高，但人口增长也很慢。全要素生产率的增长率也不高。虽然这些数字意味着在这两个国家的人均生产基础均有所扩张，但我们还是应该谨慎一些，因为前面曾经提过，世界银行对碳氧化物排放的损害做出了过低的评估。这两个国家的人均 GDP 都有所增加，HDI 也在提高。

我们刚刚研究的这些数字都是比较粗略和直白的，但是它们却展示了，自然资本的计算方式是如何对我们对于经济发展过程的观念产生重要作用的。在表 2 中，我有意地对自然资本的减值做出了保守的假设。例如，将排放在大气中的每吨碳氧化物折合成 20 美元，这一价格几乎肯定低于它的社会成本（或负的影子价格）。如果我们将这个影子价格以另一并非不合理的价格（每吨 75 美元）来代替，那么表 2 中的所有贫穷国家在 1970—2000 年间的人均生产基础，都会呈现出下降趋势。我们从中得到的信息是发人深省的：如果从人均生产基础来判断，那么在过去的 30 年中，非洲撒哈拉沙漠以南地区（目前有 7.5 亿人口）是变得更加贫穷了，而印度次大陆地区（目前有 14 亿多人口）的经济发展要用“不可持续”或“勉强可持续”来形容。以下的这一推断是错误的：贫穷国家的人们应该靠减少消费的方式来更多地投资于其生产基础。在这本书中，我们曾不止一次地提到，在德丝塔的世界中对商品和服务的生产和分配是非常低效的。将消费和对生产基础的投资看作一笔数目固定的资产中此消彼长的两部分，这是错误的。更优越的制度将会使得德丝塔世界的人们消费更多，投资更多（当然指的是总括投资）。

第八章
社会福祉和民主政府

在 20 世纪 70 年代,经济学家彼得·鲍尔经常写道:如果当今贫穷国家的政府在它们应该做的事情上——通过外交保护公民不遭受外来威胁,严格执行法治,提供公共基础设施(耐久的道路、港口、可信赖的行政管理、可以得到的饮用水和电力)——曾经励精图治,并且使得市场能够不受阻碍地运行的话,那么它们将不会剩下什么时间和精力来对贸易进行干涉,对偏爱的产业给予补贴,以行政价格从农民手里夺得农业产品,建立起那些最终变成累赘的公共产业,从而把经济弄得一塌糊涂。鲍尔的观点在发展经济学家当中,可以说是只此一家。虽然他给政府职责列出的清单不尽完备,但他引起人们对这些情况的注意,使得其他的经济发展专家了解到,经济学在治理方面有很多话要说。

社会错过机会的途径很多,但是能使自己繁荣富强的途径却只有几条而已。在这本专论中,我们先是对环境背景进行了确认——在此环境背景下,在某些行为上达成一致的人们能够彼此信任对方会恪守信用。接下来,我们又研究了两种微观制度——家庭和企业——以及两种具有很大覆盖面的制度,也就是社区和市场(在这两种制度下,家庭和企业能够彼此间互相作用)。现在,我们已经快要对制度和公共政策间的相互作用有了感性认识,而这种相互作用能够使人们兴旺发达。在这一章中,我们将会对一种制度的合理动机和延伸范围做出研究;这一制度的理想形式能够对其他制度进行补充,又凌驾于其他制度之上,使得它们能够正常运转。这一制度就是**政府**。

自由和民主

政府是国家公民的代理机构。它应该对他们负责。(在现代民主制中,"公**仆**"这个词被用在一国中最有强权的人们身上。)时至今日,我们认为这些约束是不言自明的,但并非所有人都是这样认为的。1949 年在剑桥大学所做的(阿尔弗雷德·)马歇尔讲座中,社会学家 T.H.马歇尔通过发生在欧洲的以下三次社会革命将现代公民身份的概念做了概括:发生在 18 世纪的公民自由革命,发生在 19 世纪的政治自由革命,以及发生在 20 世纪的社会经济自由革命。马歇尔具有历史意义的讲述可能暗示着,"自由"是贝基世界特有的追求,但这将是一个错误。我并不掌握任何证据能够说明,德丝塔世界中的人们不愿意去选择他们自己的政治领袖,或当他们聚在一起讨论一般的人生问题和具体的公共服务质量时,希望被权力机构呼来喝去。诚然,知识分子们会问,那些贫穷国家对于政治和公民自由,是否能够**承受得起**(按照一般说法,**民主**这个术语经常被拿来同时涵盖此二者)。但这个问题和民主阻碍经济增长的可能性有关(更糟糕的是,它将会对不可持续的经济发展起到鼓励作用),可以预期,那些贫穷国家的公民们将会对此表示关注,并且他们有理由这样做。

政治学家西摩·马丁·李普塞特观察到,经济增长将会促进民主实践，他本人也因此而闻名。与此相反的观点——民主将会促进物质繁荣——也为许多社会思想家所推崇。因此，民主不仅仅被看作是一种结果，有些人同时将其看作是经济发展的一条途径。考虑到德丝塔世界中的那些统治者对于独裁主义行为的偏好，他们的想法一定与上述观点不同。在国家贫穷的时候，民主和经济增长之间涉及权衡取舍，这已经是今天最贫穷国家当权者们坚定的信条。

专制主义在表面上看来是很有吸引力的，因为它可以提供强硬治理。一个政府应该强硬，这毋庸置疑；而难以回答的问题则是，政府应当在什么**方面**强硬。法治就是首选。除了其他作用之外，法治使得公民们能够去追求他们的目标和事业。但令人失望的是，在德丝塔的世界中，专制政权习以为常地侵犯这一最为基本的国家义务：尊重法治。我们在前面曾经提到，将社区凝聚起来的社会行为规范可能崩溃——如果政府一心想要将其摧毁的话。统治者们很早就知道，恐怖主义是他们消除社区内部的合作关系，以此来对威胁统治的行为进行防范的一条途径。在很多场合下，德丝塔世界中的独裁政权是通过向公民灌输畏惧思想来维持着它们的权力的。在较为温和的政治气候下，公共官员之间的任人唯亲和政府的监守自盗，使得公民们贫困不堪，而那些当权者却享尽荣华富贵。

但专制主义是以各种方式和规模出现的。在当代世界中，有些专制政权实行了法治，并且使得公民们实现了物质繁荣（新加坡就是一个例子）。它们在公共管理中建立了制衡制度，并对政策上的错误进行修正，这些做法已经为人们所熟知。但它们不过是特例而已。而特例的问题是，它们无法给其他政府带来任何指导作用。毕竟，公民们不可能希望专制政权产生，他们也同样不可能很顺利地将一个专制政权拉下马，即使该政权已经被证明是不合理的或是掠夺性的。另一方面，民主同样也不能保证经济发展。民主所能做到的，就是给公民们提供一个在他们自己之间彼此协调的机会，例如，通过公众参与(第二至第三章)，由此来使国家政权执行法治并提供那些其他必不可少的公共服务，这些服务能够让人们了解其人生的重要意义。但政治的多元化可以与公民的无责任心共存，甚至达到了没有人有动力为唤醒公民的责任心做些什么的程度。在第二章中曾经提到过均衡，民主与一种混乱不堪的社会秩序相结合，可以达到一种均衡状态；民主与一种能够使得公民们举止得体的社会秩序相结合，同样可以达到一种均衡状态。在当代社会中，我们就上述两种情况都能找到近似的例子。

对过去 40 年的数据进行的统计学分析表明：在贫穷国家中，那些其公民享有更多民主的国家，一般有更高的经济增长。相关性不等于因果关系，但这些发现暗示着，民主对于贫穷国家来说可能并不是奢侈品。这样的实证研究很少，因此我们无从了解这一发现从实证意义上来说是否站得住脚。更加重要的是，没有人曾经调查研究过，在民主和人均生产基础的增长之间，是否存在正相关的关系；这意味着，就目前情况而言，我们并不了解在当代社会中，民主和可持续发展之间的联系。民主这个词同时意味着很多东西——定期且公平的选举制度、政府的透明度、政治的多元化、出版自由、结社自由、抱怨自然环境退化的自由，等等。从实证的角度来说，我们对有助于带来可持续发展的那些方面，仍然了解太少。以这种情况看，在眼下，发展民主并不能以民主能够促进可持续发展为基础。我们应当出于以下两个原因而偏好民主：(i) 它本质上是一个好东西；(ii)它并没有被认为是阻碍了经济发展，而且甚至很有可能带来经济发展。

福祉：个人的和社会的

什么样的社会制度，以及什么类型的公共政策，最有可能使得人们获得繁荣呢？这个问题的核心是一个人的**福祉**。提到它，一般来说我们指的是一个人能够实现独立、选择和自主的程度。社会制度在实现福祉方面的核心地位是足够明晰的：社会生活是个人的社会统一感的表达，而商品和不存在强迫则是人们借以追求自己特有的利益概念的途径。T.H. 马歇尔对于自由的三层次分类可以被认为是在表达：公民自由权的享有、参与政治的能力，以及获得商品（食物、衣物、住房、健康保障、教育——更概括地说就是财富）的权利，是人们获得繁荣的必要条件。

成分和决定因素

马歇尔的这一分类可以被分解为更小的部分。各种各样的公民自由权、各方面的健康等等，构成了福祉的**成分**。由于福祉本身是一个综合体，因此对一个人的福祉进行衡量，就要涉及加总，这意味着要在这些成分中进行取舍。

我们已经知道，还有另外一种考虑人类福祉的方法。这种方法涉及对福祉的**决定因素**的评估，这里的决定因素指的是生产福祉的商品投入。这些决定因素不仅仅包括那些诸如食物和住房之类的必需品，还包括了获得知识和信息的权利。人们可能会将这些成分和决定因素分别看作“结果”和“手段”。将福祉的决定因素综合为一个数字，在实际的应用中被证明是非常有用的。在前一章中我曾提出，一个人的总括财富可以被用作其福祉的综合指数。

显示偏好和陈述偏好

人们如何来评估一个人的福祉呢？从人们做出的决策中，可以推断出很多方面。如果发现有人购买并阅读了出奇多的书籍，那么由此判定他的福祉尤其取决于他是否有书可读，很可能就是合理的。这种评估方法被称为**显示偏好**法。其根本的逻辑在于，在其他条件相同的情况下，无论是在市场上还是在社区中，一个人会通过他所做出的选择来显示他的愿望和要求。

然而，福祉的有些方面只能通过请求人们将其**陈述**出来，才能得到确认。它们包括以下情形：福祉的决定因素是那些人们无法显示其偏好和兴趣的商品和服务——因为他们没有机会去这样做。公共品和生态服务就是这样的例子。需要花上一番心思去设计问卷，以将人们不如实做出回答的风险最小化。在近几年中，经济学家们设计出了很巧妙的方法，来保证人们不会对这些商品的偏好加以夸张，尤其是在他们不用为其付钱的情形下。

公益品

我们可以非常客观地对福祉的很多方面进行衡量。人们对医药、营养和教育的需求，被专家们作为日常工作而进行评估。我们也许会对这些专家是否知道他们在说些什么表示怀疑，但在心底里我们却知道，他们对于我们的某些特定方面，比我们自己还要更加了解。经济学家理查德·马斯格雷夫在很多年前提出，仅仅从显示偏好中推断福祉水平是错误的，因为还存在着他称之为**公益品**的东西。公益品会对人类的利益起到保护和促进的作用——它们并不仅仅满足我们的偏好。因此,公益品要比从人们做出的选择中所显示出来的价值更高。例如,哲学家们曾主张过,我们并不应该仅仅从公民们所显示出来的、对民主的渴求程度,来试图证明民主的合理性。民主就是一种公益品。相关地,人权包含了一系列的公益品,其中“基本”权利是一种极端形式,因为它们是不可交易的。权利当然并不会和偏好背道而驰;它们只是通过反对其他(不那么紧急或关键的)偏好和利益的声明,来对某些偏好(例如,对不被强迫的偏好)起到巩固作用。

同样地,不可能总是从陈述偏好中发现商品的益处。这个问题部分在于人们在被提问时不愿意说出实话的可能性,但部分在于别的原因。例如,这样的主张将会很奇怪:几乎没有必要在德丝塔世界中妇女生育健康的项目上投资,因为那里的贫困妇女们已经接受了她们的命运,似乎并不坚持要从这样的项目中受益;或者,那里的政府也不应该对基础教育进行投资,因为那里的父母们对教育并不关心,孩子们因为不了解教育,同样对其并不关心。我从来没有听到有人提出这样的观点。

就是说,当我们将“益处”归于商品的时候,保持谨慎是有益无害的。强行从商品中找出益处的冲动,将是父权主义甚至专制主义的象征。“虚假意识”的概念曾经被德丝塔世界中那些世俗的和宗教的专制者用来证明其行为是正确的(“我的人民并不知道他们的真正利益何在”,或是“我的追随者们要依靠我来给他们解释《圣经》”)。相比之下,权利在贝基的世界中产生了扩散,以至于权利这个概念本身在目前都被败坏了。坚持只要不被诉讼就绝不能被监禁的权利是一回事,而声称每周工作

35 小时是一种人权则完全是另一回事。后者是在一些煽动下，在谈判桌上赢得的一纸协议；但毫无条件地用“权利”来表示这种协议的结果，却是对这个术语的一种误用。

人的总和和政策评估

社会福祉是个人福祉的总和。经济学家们提到个人福祉的总和时，通常是通过将个人福祉进行加总得到的。在上一章中，我通过将社会福祉看作目前一代人和所有后代的福祉总和，采纳了这一观点，尽管并没有什么概念性的东西要依赖这一加总。这里我们注意到，总括财富随着时间的变动，可以用来对随时间而变化的跨世代福祉（以福祉的商品决定因素表示）的变化量进行衡量。这些决定因素是以其影子价格来进行估值的。可以证明，为了对**政策**（例如，一项新的公共投资或税收结构的一次变化）进行评价，政府应当对该项政策引起的一揽子商品和服务的变动，以其影子价格来进行估值。这样的一种评估性的实践，被称为**社会成本收益分析**。这种想法是要以影子价格去对这一政策的（社会）盈利能力进行评估，并在当（且仅当）其净社会收益是正值的情况下，推荐这种政策。这样一来，影子价格就同时在对可持续发展（第七章）及政策的评估中发挥了作用。这是经济学家们有幸能够不时揭示的美妙事实之一。

政府的功能

在当今的每一个经济体中，政府都是一位主要的“演员”。它的支出所占 GDP 的比例，在德丝塔的世界中是 18%，而在贝基的世界中则是 28%。（在欧盟，相应的比例则是 37%。）这些数字包含了公共生产（道路、邮政服务、国防、法制系统，等等），转移支付(社会保障、失业救济,等等),以及清偿政府债务。这笔开销的绝大部分资金是由税收来筹措的。

政府的一项重要任务,就是要去修正市场失灵。稳定宏观经济(第四章),正是这个任务的一个部分。但是,社区也有可能失灵。市场和社区都会受到无力提供足够水平的公共品的困扰;法治作为社会规范的约束的对立面,就是一个很突出的例子。类似地,无论是市场还是社区,都没法对生产劣等公共品进行限制并达到让社会满意的程度。这两种制度中都暗含有外部性,无论这种外部性是有益的还是有害的。(理想的)国家政权在这种制度失灵中的作用一目了然的。

家族也有可能失灵。尽管政府进入家族领域可能显得有些唐突,但在贝基的世界中,政府常常会这样做。这样做是有充分理由的。在德丝塔的世界中,运转不良的家庭会受到社区的规劝。但是在贝基的世界,家庭周围通常没有社区,因此就不再有这一选择。这就是为什么在贝基的世界中,政府的社会工作者和顾问会代表儿童,来干涉那些有虐待倾向的成年人,并对有破坏性的儿童提供帮助,改善他们的行为。

市场和社区在公益品的提供方面,都是不够充分的。有些公益品是私人品(个人健康),有些则是公共品(关于潜在的流行病的信息),而其余的位于两者之间——它们涉及外部性(关于吸烟危害的信息)。当交易涉及公益品时,社区和市场在理想的状态下应该能够得到政府措施的补助。政府可以通过对家庭和企业课税,并采用直接生产公益品或对其私有领域的生产进行补贴的方式提供公益品,从而达到这一目的。

公平和效率的权衡取舍

市场和社区中所实现的对商品和服务的分配，是由家庭从过去继承下来的资产所决定的。一种对市场常见的抱怨便是，它们容许了财富分配的极度不均。在贝基的世界中，这一抱怨变得越来越尖锐，因为贫富之间的差距在近几十年内扩大了很多。例如在美国，1978 年时，最富有的 10%的家庭享受了 32%的 GDP，而在 1998 年，相应的数字已经上升到了 41%。在贝基的世界中另一种抱怨则是，在就业市场上，与男人相比，妇女处于不利地位。在前面我们提到过，社区也可能对那些未曾继承太多资源的不幸者们十分无情，对于妇女也是如此。这些社区的访客们也许注意不到这些不平等现象，但这是因为在德丝塔世界中的乡村地区，所有的人都十分贫穷。财富的差异反映在他们进餐的频率和饭菜的质量、他们所拥有的衣物数量、他们的卧具和厨具质量，以及他们房屋的耐用性（它们是用泥或是用砖造的）方面。而妇女常常是小心翼翼地躲在人们的视线之外。这些不平等中并没有一个像贝基世界中的那样明显，但当家庭极端贫困的时候，很小的差异都关系到生死存亡的问题。因此，在对社区津津乐道的同时对市场大肆抱怨，是一种很轻率的行为。

因此，对商品和服务的分配，也就成了一个受到政府关注的问题。但是，如果我们回过来看 T.H. 马歇尔对福祉所做出的三层次分类，就会发现一个有趣的事实：现在的人们认为所有人对公民和政治自由都有平等权利是天经地义的，但千万不要在（总括）财富的分配问题上做出相同的论断。为什么？有可能是因为，一般来说，对他人的公民自由和政治自由的尊重，并不会让人付出任何直接成本，而对财富的再分配，却会让那些人付出放弃部分财富的代价。法律理论专家查尔斯·弗里德曾经提出，公民权利的一些方面——诸如不受被禁止方式侵扰的权利——并没有自然的限制。（“如果我不受打扰，那么我所获得的商品从其性质上将不会是稀缺的或受限的。不会相互伤害、不会相互欺骗、不会相互不管不顾的人，怎么可能越来越少直至消失呢？”）兑现公民权利是有可能性的，而兑现健康保障的权利，可能性就没那么大了：这个经济体也许根本就没有足够的资源。关键的一点在于，与财富不同，民主不需要被创造，它只需要被保护。经济学家詹姆斯·莫里斯第一个令人信服地证明了，为什么在商讨财富分配的过程中，我们不得不去关注个人才能的差异，关心激励以及随之而来的义务（兑现协议、不采用机会主义行为，等等），考虑别人的需求，并且考虑奖惩的事项。一个政府如果过分热衷于通过税收和补贴的手段来使财富达到平均，就有可能会把家庭生产财富的激励降低到这样一个程度——所有人的利益都会被损害。这就是经典的公平和效率的权衡取舍。

市场和社区之间的调解

所有的社会都要依赖市场和社区的组合。当人们寻找到方法，能够克服在实现合作带来的收益的过程中所遇到的困难，这一组合就将随着事态的变化而发生变动。社区有助于市场的正常运转，这已经是老生常谈了。没有一份法律合同是天衣无缝的。无论被请来起草这些合同的律师是多么老谋深算，也会有未尽的事项或条款。一个运转良好的社会，一定已经就什么是对彼此行为的**合理期望**达成了默契的理解。社区可以对合理期望的创造和维持,起到重要的作用。合理期望使制度得以形成——在这种制度下,各个家庭能够对事项进行商讨,并就市场产品和公共服务的质量交换信息。社区也是一个进行政治辩论的场所。它们可以对市场和政府起到惩戒作用。

但它们同样可能对市场的兴起起到抑制的作用。当社区内的联系过于密集和强烈,退出社区可能就是高成本的。一个想用钱“买”出一条脱离他所在社区的长期关系的通路,并加入到其他地方市场的人,如果面临着社区将会对他所遗留下的家人进行报复的风险,实际并不能够这样做。与此相反,市场的发展也会摧毁社区,并使得特定的、易受损害的群体的境况更为糟糕。如果邻近城镇的市场有所发展,那么那些村庄中关系较疏远的人们(年轻人)就很有可能会去利用这些市场,并从那些被盛行的社会规范所神化的传统义务中脱离出来。那些与家庭联系更加紧密的人们将会注意到这一点,并做出判断:遵守原先的协议带来的收益现在下降了(第二章)。这两种情况都会使得互惠的社会规范弱化,使得特定群体(妇女、老人、儿童)的境况更为糟糕。如果将这一点用我们在这里使用的语言表达出来的话,那么就是:当人们将其约定从社区中带走,并带到市场之上的时候,这一转移将会引起外部性。我们不会在经济评论中读到太多关于这方面的内容,因为它们并不属于我们常见的那些外部性,例如工业生产将会破坏当地环境。但它们的的确确就是外部性。政府的一个任务就是去识别这些外部性,并且缓和那些被其伤害的人群所受到的打击。

在法治无法正常运行、官员们将公共领域作为其私人领地、市场经常缺失的国家中,社区使得人们能够生存下去。因此目前很多学者认为它们是(非个人)市场的一个有力替代品。但是我们必须记住，社区合作的义务会阻碍市场的发展。而且，从过去继承下来的个人义务，可能会使得公共官员们无法公正行事。在贝基的世界中被认为是腐败的行为，到了德丝塔的世界中可能就成了社会义务。类似地，在贝基的世界中，一个人从属的公民协会可能是另一个人所在的特殊利益群体。这些观点上的差异正是导致社会悲剧的文化冲突的来源之一。在德丝塔的世界中，社区之间互相争斗的事情并不罕见，但持械在大街上冲杀并不会带来经济发展。

民主投票规则

在一个秩序井然的社会中，公民教育试图向人们灌输一种公民感。当购物的时候，我们并不需要了解谁需要什么，为什么需要。市场有助于大规模地节省信息成本，这使得公民们在市场上从事日常交易时并不用彼此担心（第四章）。但即使是理想市场，也只是在私人品的交易上才是有效的。公民们**理应**在**公共**领域中——这包括了外部性，以及财富分配与法治这样的公共品和公益品的供给——彼此关注。所谓公民意识，就是要去识别并接受我们的生活在私人领域和公共领域间的区别。

在日常生活中，私人领域和公共领域间的区别，取决于政府势力所及的范围。某人对于一个社会——在这里，国家仅仅维持法治，并保护公民不受外来的侵略（最小国家）——中穷人的关注，会和她在一个福利国家（目前这类国家在西欧非常盛行）中的这一关注完全不同。原因在于，在福利国家中要面对额外的、用来为重新分配筹措资金的税收；而在最小国家中，这种重新分配只有通过自愿的转移才能实现。她其实并不需要去担心福利国家中的穷人们（因为执行重新分配措施是政府的一项任务)。相反,在最小国家中,她会积极地为穷人们争取利益。既然她在两个社会中面对的选择有明显不同,因此她也会做出不同的选择。

在民主社会中,参加选举的候选人主张的是不同的公共政策。因此,一个人在给一个候选人投票时,实际上是在为一项公共政策投票,更准确地说,是为一系列可能出现的政策投票。由于公共政策会影响到商品和服务的生产和分配(我们将其称为**结果**),因此,给一个候选人投票实际上是在为可能出现的政策投票。对于社会福祉,公民们大概会做出不同的解释。如果确实如此,他们就将对那些候选人进行截然不同的排名,每个人投票的结果也将会不同。但即使公民的伦理价值观几乎一致,他们的个人偏好通常也会不同,而且极有可能的是,他们心目中对公共政策如何影响结果的看法也会不同。因此,公民们面对着将他们的看法综合为一个整体的问题。对公共官员的选择过程起到监督作用的投票规则,将公民的伦理偏好进行了综合。正式地说,一套**投票规则**是从一系列可选项(例如,政治候选人)中,以投票者对这些可选项的**排名**为基础而进行选择的一种手段。

为什么投票者们应当坚持对所有的候选人进行排名

几个世纪以来,人们设计出了很多投票规则——多数决定规则、相对多数规则、排名顺序投票法、一致性规则、认可投票法、一次性选出法,等等。粗看上去,它们的优势和缺点并不算明显。是否存在一种理想的投票规则呢?我们一会儿就来对这个问题进行研究,但我们应该立刻注意到,很多全国性的选举系统远远达不到理想的标准,因为投票者是被要求记录下其最为偏好的那个候选人，而非对所有候选人进行排序。这些系统中所存在的问题是，它们掩盖了投票者们是如何对**非**首选候选人进行排名的。如果只有两个候选人在竞争，这一限制毫无疑问不起作用，但如果有三个或三个以上的候选人，这将会产生很大影响。为了解释这个问题（请见表3），请假设一下有三个候选人A、B、C，而且所有选民被分成三个组。

表3 投票规则的比较

候选人排序	选择这种排序方法的投票人比例(%)
(A,B,C)	30
(B,A,C)	36
(C,A,B)	34
在每种投票规则下的获胜候选人： 1. 排序复选制：候选人B 2. 简单多数规则：候选人A 3. 排名顺序规则：候选人A	

第一组占到所有选民的30%，他们每个人都将A排在B之前，将B排在C之前，我们将其写作(A,B,C)。在占所有选民的36%的第二组中，这一排序是(B,A,C)；对于剩下的34%，排序则是(C,A,B)。来考虑一种选举制度，例如法国总统大选时所使用的那个。其投票规则中称，如果没有一位候选人能够获得绝对多数，那么获得票数最多的那两位候选人就要在决定性竞选中彼此相遇。我们将这种规则称为**排序复选制**。在我们的例子中，各自拥有36%和34%首选票的B和C，将会进入一轮决定性竞选，而B会因为66%的选民将其排在C之前而轻松胜出。

很明显,对于这个结果,存在着一些值得怀疑的地方。候选人 A 获得了压倒性多数:64%的选民偏好 A 优于 B,66%的选民偏好 A 优于 C。毫无疑问,A 应当获选。这里的根本直觉实际采取的是**简单多数规则**。简单多数规则是这样一种规则:它要求投票者们提交对所有候选人的排名,并以这些排名为基础,将那个在一对一比赛中击败每个对手的人确定为胜出者。

我刚才所使用的这种逻辑推理的问题在于,它受数字案例的控制。在候选人更多和选民排序范围更广的情形下,比起简单多数原则,也许会有些另外的投票规则,能够产生一个在直觉上更加有诱惑力的胜出者。有鉴于此,最好的办法似乎是,按照任何投票规则理应满足的基本伦理原则,去对可能的投票规则进行评估。在 1951 年的一本专著中,肯尼斯·阿罗为投票理论提出了这一近乎公理般的方法步骤,它直到现在仍然是人文学科和社会科学中最伟大的著作之一。在下面的内容中,我将对一系列的伦理原则加以考虑,尽管它们并不完全等同于阿罗所考虑的那些,但在这里同样可以达到我们的目的。

伦理上的理想投票规则的不可能性

那些伦理原则究竟是什么呢?第一条将是**一致性原则**,它主张,如果每个人都做出 A 优于 B 的判断,那么 B 就不应该当选。另一个重要的原则主张,所有的投票者都应该被认为是平等的,这可以解释为"一人一票制",或一致对待原则。经济学家将其称为**匿名**原则,因为它强调了,你是谁并不应该决定你在选举中的影响力。

第三个原则被称之为**中立原则**。它有两个组成部分。第一个要求,该投票原则不应向任何候选人偏斜(连现任者也不行)。第二个则要求,根据该投票原则而在候选人 A 和 B 之间做出的选择,不应取决于选举人对某个第三候选人 C 的看法。第一部分在目前的背景下——在这里,那些可选项都是候选人——是非常吸引人的。(在其他背景下,例如在对美国宪法进行修正时,这个条件就不成立,因为比起其他可选项来,现状——现有的宪法——是更为有利的。)为了理解第二部分的作用,来考虑一下**排名顺序规则**。在这个规则之下,如果有 3 个参加竞选的候选人,每个投票者给予其首选对象 3 分,次选对象 2 分,末选对象 1 分。该规则按照每人获得的总分数来为候选人排名。很容易证明,排名顺序规则满足了一致性原则及匿名原则。然而它却违反了中立原则。为了看看是怎么回事,来假设一下我们刚才研究的数字案例中,有 100 个投票者。如果这个选举采用排名顺序规则,那么候选人 A 将获得 230 分(30×3+36×2+34×2),B 将获得 202 分(30×2+36×3+34×1),C 将获得 168 分(30×1+36×1+34×3)。从中可以得出结论,在排名顺序规则下,候选人排名为:A 优于 B,而 B 优于 C。但假设一下,那 36 个在前面进行(B,A,C)排名的投票者在重新考虑之后将这三个人重新排名为(B,C,A)。那么 A 现在将获得 194 分(30×3+36×1+34×2),B 仍然会获得 202 分(30×2+36×3+34×1),而 C 却将得到 204 分(30×1+36×2+34×3)。几位候选人的排名为:C 优于 B,而 B 优于 A。但请注意到,那 36 个投票者仅仅在 A 和 C 的比较上改变了主意,而 B 仍然是其首选。尽管如此,排名顺序规则还是改变了 B 和 C 的相对位置。这说明了,这个规则并不一定能够遵守中立原则的第二部分。

相比之下,无论投票者们对那些候选人进行什么样的排名,简单多数规则都能满足一致性原则、匿名原则和中立原则。

遗憾的是，这一规则却与第四个原则发生了冲突：**传递性原则**。传递性原则要求，如果一项投票规则将候选人 A 排在 B 之前且 B 在 C 之前，那么 A 理应排在 C 之前。为了证明简单多数规则并不总具有传递性，来考虑一下我们刚才讨论过的情况，也就是，30%的选民将候选人 A、B、C 排列为（A，B，C），36%的选民排列为（B，C，A），34%的选民排列为（C，A ，B）。简单多数规则将 A 排在 B 之前（因为 64%的选举者将 A 排在 B 之前），将 B 排在 C 之前（因为 66%的选举者将 B 排在 C 之前）。传递性原则意味着，该规则将会被要求把 A 排在 C 之前。但 70%的选举者却将 C 排在 A 之前。这就说明了，简单多数规则不得不将 C 排在 A 之前。在这里我们就遇到了矛盾，这一可能性早在 18 世纪晚期就被孔多赛侯爵指出。在经济学文献中，这个例子作为孔多赛悖论而被人们熟知。

这究竟是纯粹的理论，还是在现实生活中简单多数规则确实违背了传递性原则呢？政治科学家们通过研究美国国会中所达成的决策，对这个问题进行了探究。为了看看他们是如何进行调查研究的，让我们回到前面的案例，但这里将可选方案由候选人改为美国国会中提出的议案。例如，A 是国会中提出的议案，而 B 和 C 是对该议案的修正案。假设规则并不是要求国会议员来对三个可选方案进行排序，而是要求其先对 A 和 B 进行投票，之后再对其中的胜出者和 C 进行投票。在简单多数规则下，A 将会赢得第一轮投票（64%的投票者偏好 A 多于 B）；在第二轮投票中，C 会击败 A（70%的投票者偏好 C 多于 A）。最终的结果是 C 将会通过。现在来假设，国会议员们被要求先对 A 和 C 进行投票，之后再对其中的胜出者和 B 进行投票。在简单多数规则下，C 将会赢得第一轮投票（70%的投票者偏好 C 多于 A)，但在第二轮投票中，B 会击败 C(66%的投票者偏好 B 多于 C)。最终结果取决于每对可选方案提交到投票者面前的顺序：议事日程的确起了作用。很容易检验出，在那些投票规则满足传递性原则的情况下，议事日程并不会起作用。对美国国会的表决结果进行研究的政治科学家们发现，有些情况下议事日程的确会起作用。当它起作用时，就警示着投票规则违反了传递性原则。

简单多数规则和排名顺序规则只不过是两种投票规则而已。问题在于，无论投票者对候选人碰巧进行什么样的排名，是否有**某种**投票规则可以被信赖能够满足一致性原则、匿名原则、中立原则和传递性原则。阿罗的“不可能定理”是这样表述的：如果可选项的数量超过两个，那么答案就是“不能”。该定理主张，如果可选项的数量是三个或以上，那么**所有的**投票规则一定会至少违反四个伦理原则之一。(如果可选项的数量为二，那么阿罗的不可能定理并不会生效。例如，无论投票者有什么样的偏好，简单多数规则都将满足所有四个伦理标准。传递性原则不会生效，因为该标准只在有三个或以上的可选项的情况下才会有效。)

这个结果既深刻，又令人失望。既然无法摆脱这个进退两难的局面，只有舍弃掉其中的一个原则。在这四个原则中，中立原则得到了经济学家们最为细致的研究。该原则坚持，一种投票规则应该被允许运用的**唯**一信息，就是每个投票者心中候选人的排名。然而，没有人提供任何证据可以证明什么样的额外信息可以被允许拿到投票站，而不会对选举过程产生妨害。对投票者的伦理“感情”进行比较吗？这毫无疑问将会违背中立原则，并摆脱阿罗悖论的困境，但又该是由谁来做出这些比较？为什么人们会信任这个做出比较的人呢？在我看来，我们似乎只需要简单承认阿罗定理的存在，并尽我们最大的努力就行了。当所有投票人的排名属于某一系列时，如果该投票规则满足这四个伦理原则，那么我们说一种投票规则对某一系列候选人的排序**奏效**。此外，简单多数规则在某些情况下奏效，而其他规则却不然。尽管有孔多赛悖论存在，简单多数规则仍将是所有投票规则中最健全的。因此，一个不言自明的妥协方式就是去采纳简单多数规则；但要附加的条件是，如果在一次选举中没有一位候选人得到相对所有对手的简单多数票，那么在一对一较量中打败最多对手的那些人中，获得最高排名顺序分者为优胜。

正如圆形不能变方那样，理想的投票规则并不存在。理想市场只是一个美好的幻象，理想的政府并不能被虚构出来，因为政府是由人来运行的。如果所有这些令人过于沮丧的话，那么我们不妨承认，我们周围所见的人为损失并不是由这些分析的困难所带来的。生命的成长受到阻碍或贫弱不堪，并不是由我在这篇专论中所讲的“不可能定理”引起的。这些现象之所以存在，是因为人们还没学会怎样共同生活。

后记

我运用了贝基和德丝塔的经历来向列位展示了：本质上非常相似的人们，其生活是如何变得迥然不同，并且会一直保持这种状况。德丝塔的生活是一种贫困的生活。在她的世界里，人们无法保证能享受到充足的食物，他们没有太多的资产，发育迟缓，身体衰弱，寿命短，没有读写能力，没有政治权利，无法充分地为庄稼歉收或家庭灾难投保，无法控制自己的生活，在不健康的环境中生活。上述每一种贫困的表现都会彼此强化，因此劳动力、知识、制造资本、土地和自然资源的生产率都是非常低的，而且一直保持低水平。每天，德丝塔的生活中都充满了**麻烦**。

而贝基并不受这种贫困的困扰。她所面对的是她的社会称之为**挑战**的东西。在她的世界中，劳动力、知识、制造资本、土地和自然资源的生产率水平都很高，而且在不断增长中。挑战的成功会对进一步挑战的成功，起到增进作用。

然而，我们已经看到，尽管在贝基和德丝塔的生活之间有着巨大的差异，但是仍然有一种共同的方法来看待它们；经济学正是用来对其进行分析的一套重要的术语。毫无疑问，声称生活的要旨无法仅仅用经济学来概括，这是很有诱惑力的，但我希望我已经让你确信，如果我们想要理解世界各地的人们为了有所成就而采取的那些令人眼花缭乱的生活方式，那么经济学的逻辑推理的确至关重要。可以预期，有人失败，就必然有人成功。经济学能够向我们展示的是，无论是个人的失败或是个人的成功，都不完全是个人努力和机遇的问题。成功与失败的原因，位于个人和社会的交叉点上。当然，这样的说法是过于简单化了，但去揭示个人与社会相互作用的途径，又是极难的一件事情。我已经试图向列位展示，这件事仍然可以做到，而且，如果未曾理解这些途径，那么那些关于国家和国际政策的争论就是毫无结果的。

我正在抵制诱惑，不去为德丝塔需求的东西列出一个清单，部分是因为它们过于明显，而部分则又是因为它们只能够用来满足直接需求。贝基的世界不应该对德丝塔的世界设置障碍（通过贸易限制、国内的农业补贴，等等），这是明显又直接的。而既不明显又不直接的内容——我们要为德丝塔捉住的那只"隐身鸟"——是为了让她的世界中的那些社区发现，如何去创造与彼此进行交易的新通途，以此来使它们的总括财富得到增进。

2001年在梵蒂冈社会科学院的全体会议上，在一篇令人感动的关于贫困特征的演讲中，来自津巴布韦的尼古拉斯·麦里尼法官促使我们所有人将贫困看作是在这一不断变化的，或者经常是不断发展的世界中的一种宿命，是一种对逐渐增多的经济困难的宿命。在同一次会议上，政治科学家维尔弗里多·维拉柯塔主张，"穷困"这个词语恐怕早已不再适用于国家了；目前，大概应该将各个国家按照诸如"发展中"之类的词语来进行分类，这样我们才能够来询问，它们是否具备了适当的制度、政策以及公民态度，以此来使得人们能够改善现状。也许，贝基的世界能够为德丝塔的世界所做的一件最好的事情，就是为它提供经济和技术上的援助，以此来促进和支持当地的企业，包括那些涉及教育和基本健康保障的企业，那里的人们非常渴望创建这些企业，即便他们仅是远远地看到，其他地方的人们是如何改善自己的生存状况的。也许，德丝塔的世界为贝基的世界所做的一件最好的事情，就是令它警醒，它那里的经济发展，给大自然带来了何其大的压力。唉，并没有一帖能够为任何一个世界带来经济发展的魔药。

索引

（条目后的数字为原文页码）

A

adverse selection 逆向选择 69, 86, 88
Africa 非洲 16, 22, 24, 45
average incomes 平均收入 17
ecological collapse 生态崩溃 129
female-male ratio 女性和男性的比例 102
fosterage （亲族之间共同）养育子女 103-4
rural credit transactions 乡村信贷交易 39
aggregates 总和，综合 7, 73, 86, 88, 115, 143, 146, 151, 152
agreements 协议 30, 31, 32, 56, 68, 79, 92, 128, 152
breaking 违背 34-5
community 社区 46-7, 49-50, 81
enforcement 强制执行 36-43
human rights 人权 145
market-community mediation 市场和社区之间的调解 149, 150
tied engagements 捆绑的约定 64-7
agriculture 农业：
gender discrimination in 性别歧视在 102-3
incomes 收入 17-18
labour 劳动 92
risks 风险 105-6
subsidies 补贴 159
subsistence 生存 5-6, 39, 112-13
anonymity principle 匿名原则 154-7
anti-trust laws 反托拉斯法 84
Argentina 阿根廷 17
Aristotle 亚里士多德 91
Arrow, Kenneth 肯尼斯·阿罗 51, 94, 153-4, 156
Aumann, Robert and Shapley, Lloyd 罗伯特·奥曼和劳埃德·夏普利 41
Australia 澳大利亚 17
authoritarianism 专制主义 141, 145

B

Bangladesh 孟加拉国 134-5, 136
bankruptcy 破产 113, 114, 115
banks 银行 1, 16, 47, 55, 67, 109, 112-13, 116, 126
bargaining 议价，讨价还价，谈判 31, 76, 145
barter 物物交换 54
Bauer, Peter 彼得·鲍尔 139
beliefs 信任，信念 31-3, 38, 44-5, 55-7, 59, 81, 88, 115, 120, 152
bifurcations 分歧点 45

biomass-based economies 自然经济 18
birth control 节育 22
borrowing 借贷 50, 108-9, 116
Boserup, Esther 埃丝特·伯瑟拉普 102-3
Brazil 巴西 17, 39
breach of contract 违约 37
bribery 贿赂 28
Brundtland Commission Report《布伦特兰委员会报告》126

C

capital assets 资本资产 46, 108, 119, 122, 127, 129-32
carbon emissions 碳氧化物排放 8, 49, 53,120, 122-6, 128, 133
Central America 中美洲 17
central planning 中央计划 77-9
Chen, Lincoln 林肯·陈 102
children 子女:
  dysfunctional families 运转不良的家族 147
  fosterage (亲族之间共同)养育子女 103-4
  mortality rates 死亡率 6, 19, 20, 21-2
  resources transferred to 转移到…的资源 109
China 中国 17, 134-5, 137, 138
citizenship 公民身份 140, 151-2
civil rights 公民权利 140, 143, 148
climate change 气候变化 120, 122-6, 133
collective action 集体行动 52-3
colonization 殖民 25
commodities 物品, 商品 *see* goods and services 见"商品和服务"
communities 社区 46-7, 49, 50, 56
  agricultural risks 农业风险 105-6
  authoritarianism and 专制主义以及 141
  common resources 共有资源 3, 6, 30, 48, 106, 113
  conformity 遵从性 59-61
  failure of 的失灵 147
  infrastructure and 基础设施以及 85-6
  markets and 市场以及 149-50
  networks 人际网络 67-71
  tied-engagements 捆绑的约定 64-7
competitive equilibrium 竞争均衡 63, 74, 76, 79, 80-2
competitiveness 竞争性 63, 78, 83, 93, 153
Condorcet paradox 孔多赛悖论 155
conformism 遵从行为 59-61, 62, 103
consensus principle 一致性原则 154-7

constituents 成分 143, 148
consumption 消费 39, 54, 72-3, 100, 104, 138
climate change and 气候变化以及 123-5
discount rate 贴现率 111-13
equalize 使均等 107-8
marginal costs 边际成本 77-9
contingent commodity 应急商品 51
contingent markets 应急市场 79-80, 86
contracts 合同,契约:
contingent markets 应急市场 79
employment 雇佣 91-2, 94
forward markets 期货市场 79
legal 法律的 37-8, 47, 149
social 社会的 30-1, 37, 38
cooperation 合作 33, 40-9, 64-7, 149
copyright 版权 96
corporations 公司 114-16
corruption 腐败 27-8, 30, 36, 38, 45, 49, 57, 86, 150
cost of living 生活成本 1-6, 16
country-specific idiosyncrasies 国家独有的特质 11, 12
CPRs (common property resources) 共有财产资源 6, 48, 106, 113
credit 信贷 4, 30, 37, 39, 67
critical mass 临界规模 62
cronyism 任人唯亲 141
culture 文化 4, 34, 56-63
currency crashes 货币崩溃 55

D

Daily, Gretchen 格雷琛·德利 119
dated commodities 时间商品 51
David, Paul A. 保罗·A.大卫 94
debt 债务 4, 108, 114-15, 116, 146
deflation 通货紧缩 15
deforestation 森林砍伐 121, 128, 130
demand curve 需求曲线 74-6, 79, 87-8
democracy 民主 140-2
as a merit good 作为一种公益品 146-7
protection of 的保护 149
voting rules 投票规则 151-7
demographic transitions 人口转变 62-3
Diamond, Jared 贾尔德·戴蒙德 14, 25
discount rates 贴现率 41, 64, 65, 111, 112, 123-6
discoveries and inventions 发现与发明 91-9
dividends 红利 114
division of labour 劳动分工 56, 118

E

ecological services 生态服务 144
econometric tests 计量经济学检验 11, 12, 33
economic history 经济史 10, 14-15
economies of scale 规模经济 84-5, 114
education 教育 1, 18-19, 20, 53, 94, 145, 151, 160
efficiency 效率 23, 57, 82, 115, 147, 149
Ehrlich, Paul 保罗·埃尔利希 119
enforcement 强制执行 74
  external 外部的 36-8
  government 政府 139
  mutual 共同的 38-46
  social norms 社会规范 97
  Technology 民间资助的研发 97
engagements 参与，约定 29, 32, 64-7, 68, 142, 150
Enlightenment 启蒙运动 98, 99
environment 环境：
  climate change 气候变化 122-6
  ecological stress 生态压力 44, 45, 49, 53, 117-18, 129
  population growth and 人口增长以及 21
  trade expansion and 贸易扩张以及 120-1
equilibrium 均衡 32-3, 60-3
  communitarian 社区合作的 46
  competitive 竞争的 63, 74, 76, 79, 80-2
  democratic 民主的 142
  Nash 纳什 32-3, 40, 43-4
  reproductive 生育的 60, 61
  social 社会的 55
Ethiopia 埃塞俄比亚 2-6, 17
ethnic networks 种族的人际网络 69, 70
export subsidies 出口补贴 121
externalities 外部性 53, 83, 85, 104, 128, 132, 147, 150, 151

F

female employment 女性就业 23
female infanticide 扼杀女婴 102
fertility 生育 19, 21-2, 59-61, 62, 103-4, 113
financial institutions 金融机构 113
firms 企业 27, 31, 37, 49, 57, 80, 113-16, 147
  ideal markets and 理想市场以及 73-8
  monopolist 垄断者 83-5
  moral hazard 道德风险 69, 70
Fisher, Irving 欧文·费雪 111
Fogel, Robert 罗伯特·福格尔 25
food distribution 食物分配 101

forward markets 期货市场 79, 86
fosterage (亲族之间共同)养育子女 103-4
France 法国 87
free trade 自由贸易 120-1
free-rider problem 搭便车问题 52, 53, 83, 104
freedom 自由 140, 143, 148
Fried, Charles 查尔斯·弗里德 148
Fudenberg, Drew 朱·弗登伯格 41
funeral expenses 葬礼的开销 4, 39, 107, 108

G

game theory 博弈论 31, 42
GDP (gross domestic product) GDP (国内生产总值) 15-18, 87, 129, 146
  enforcement expenditure as percentage of 作为…的百分比的执行费用支出 37
  productive base 生产基础 126-9
  rich-poor gap 贫富差距 18-25, 148
  sustainable development 可持续发展 117, 134-6
  trust and 信任以及 46
gender inequality 性别不平等 19, 102-3, 148
Germany 德国:
  currency crashes 货币崩溃 55
  unemployment rate 失业率 87
globalization 全球化 118
goods and services 商品和服务 50, 54
  allocation of 的配置 82-3
  dated 时间的 51
  demand for 对…的需求 87-8
  determinants 决定因素 143, 144, 146
  distribution of 的分配 148
  durable 耐用的 51, 90
  externalities 外部性 53
  firms 企业 113
  ideal markets 理想市场 72-3
  merit 公益的 144-5, 147
  open access 开放获得 49-50, 52
  outcomes 结果 151
  ownership of 的所有权 47-50
  private 私人的 51-2, 53, 95-9
Goody, Jack 杰克·古蒂 95
governance 治理 24, 45, 139, 141
government 政府 140-2
  allocation of resources 资源配置 83
  corruption 腐败 19, 27-8, 86
  emergency aid 紧急援助 106
  functions of 的功能 146-7, 150
  macroeconomic stabilization 宏观经济稳定 87, 89
  social cost-benefit analysis 社会

成本收益分析 146 87, 89
trade expansion 贸易扩张 121
government bonds 政府债券 123
Great Depression (1930s) 大萧条(20世纪30年代) 87
greenhouse gases 温室气体 122
grim strategy 冷酷策略 42-4, 65-6

H

happiness levels 幸福水平 63, 117
Harsanyi, John 约翰·哈桑尼 32
Hayek, Friedrich von 弗里德里希·冯·哈耶克 78
HDI (Human Development Index) HDI(人类发展指数) 18, 19, 127, 129, 134, 136
health care 健康保障 20, 53, 147, 160
Hirschman, Albert 阿尔伯特·赫希曼 68
historical narratives 史实性叙述 11-12, 33
Holdren, John 约翰·霍尔登 119
home sales 房产销售 8
households 家庭 100-13
common property resources 共有财产资源 50
conformity and 遵从性以及 59-60
dysfunctional 运转不良的 147
external enforcement 外部的强制执行 38
externalities 外部性 53
firms and 企业以及 80
food allocation 食物分配 101
gender inequality 性别不平等 102-3
ideal markets 理想市场 73-6, 77-8, 80-1
incomes 收入 1-7, 50, 53, 56, 77, 113, 118
money 货币 53-5
mutual affection 相互之间的感情 33-4
mutual enforcement 共同的强制执行 39
transactions 交易 104-13
wealth distribution 财富分配 148-9
human capital 人力资本 19-20, 22, 25, 50, 80, 127, 132, 133
human rights 人权 145

I

ideal markets 理想市场 72-82
ideas 理念 20-1, 22
immigration 入境移民 21
incentives 激励 67, 93, 97-8, 114
inclusive investment 总括投资 132,

133-7
inclusive wealth 总括财富 131-2, 143, 146
income 收入 1, 6, 16-17, 28, 46
and GDP 以及 GDP 15
goods and services 商品和服务 88
happiness levels 幸福水平 63
households 家庭 1-7, 50, 53, 56, 77, 113, 118
lifetime flow of 的一生流量 107
India 印度 17
CPRs 共有财产资源 49
female-male ratio 女性和男性的比例 102, 103
population census 人口普查 7-8, 102
sustainable development 可持续发展 134-5, 136-7
women's health 妇女健康 118
individual well-being 个人福祉 146
industrial revolution 工业革命 10
inflation 通货膨胀 15
information 信息 7, 8, 61, 67-9, 76, 78-80, 143, 147, 149, 151, 157
infrastructure 基础设施 85-6, 114, 129, 139
institutions 制度，机构 4, 16, 24, 25-9, 32
as productive base 作为生产基础 127
enforcement 强制执行 35-46
failure 失灵 147
regulation of CPRs 共有财产资源的规章 48-9
Science and Technology as 公共资助的研发和民间资助的研发作为 90-9, *see also* 另见 communities 社区；government 政府；households 家庭；markets 市场
insurance 保险 1, 4, 30, 51, 67, 69, 70, 79-80, 104-7, 113
interest rates 利率 108-9, 123, 126
intergenerational issues 有跨世代意义的话题 109, 124, 126, 146
international trade 国际贸易 82
investment 投资 50, 69, 108-9, 114-15, 126, 138
involuntary unemployment 非自愿失业 88
IPCC (International Panel on Climate Change) IPCC（政府间气候变化专门委员会） 122

J

Japan 日本 17, 87
joint stock companies 股份公司 114-16

K

Kalecki, Michal 米哈尔·卡莱斯基 89
Keynes, John Maynard 约翰·梅纳德·凯恩斯 9, 89
kinship 血缘亲族 4, 69, 70, 101, 103-4
knowledge 知识 6, 24, 25, 49, 79, 90-9, 127, 130, 135, 143

L

labour force 劳动力 23
land 土地 26, 39, 44, 48, 50, 104
Landes, David 大卫·兰德斯 25
Lange, Oscar 奥斯卡·兰格 78
Latin America 拉丁美洲 39
Law of Large Numbers 大数定律 107
legal contracts 法律合同 37-8, 47, 149
Leibnitz, Gottfried Wilhelm von 哥特弗里德·维尔赫姆·冯·莱布尼茨 94
lending 贷出 50
Lerner, Abba 阿巴·勒纳 78
life expectancy at birth 出生时的预期寿命 18, 19, 20
limited liability companies 有限责任公司 114-16, *see also* firms 另见“企业”
Lindahl, Erik 埃里克·林达尔 50-1
Lipset, Seymour Martin 西摩·马丁·李普塞特 140
literacy 识字,读写能力 18, 19, 53, 103
living standards 生活水平 1-13, 10-11,18-19, 86, 118, 127, 158-60
logging industry 采伐行业 121, 133
long-term relationships 长期(合作)关系 40-6, 58, 64-71, 149
Lubchenco, Jane 简·卢布陈科 119

M

McNally, Justice Nicholas 尼古拉斯·麦里尼法官 159
macroeconomics 宏观经济学 14-29, 46, 86-7, 99, 147
Maddison, Angus 安格斯·麦迪逊 16
manufactured capital 制造资本 18, 22, 23, 50, 127, 132, 133
marginal cost of production 边际生产成本 75, 77, 78
market(s) 市场 47, 56
  communities and 社区以及 149-50
  failure 失灵 72, 82-9, 146-7
  insurance 保险 106-7
  interdependent 相互依赖的 79-81
  natural resources 自然资源 128
  prices 价格 8, 15, 48, 127, 133

single 单一的 72-9
socialism 社会主义 78
wealth inequalities 财富不均 147-8
Marshall, Alfred 阿尔弗雷德·马歇尔 76, 79
Marshall, T. H. T.H. 马歇尔 140, 143, 148
Maskin, Eric 埃里克·马斯金 41
mathematical models 数学模型 9-11
Matson, Pamela 帕梅拉·马特森 119
Meade, James 詹姆斯·米德 89
Medawar, Peter 彼得·梅达沃 93
media 媒体 38, 61
Melanesia 美拉尼西亚 17
merit goods 公益品 144-5, 147
migration 移居 69
Mirrlees, James 詹姆斯·莫里斯 149
models 模型 9-11, 32-3, 123, 124-6
money 货币 53-6, 54
monopoly 垄断 83-6, 96, 97
Mooney, Harold 哈罗德·穆内 119
moral good 道德商品 68, 83
moral hazard 道德风险 70, 86, 88, 92, 93, 107, 114
mortgages 抵押 1, 108
Musgrave, Richard 理查德·马斯格雷夫 144
mutual affection 相互之间的感情 33-5

N

Nash equilibrium 纳什均衡 32-3, 40, 43-4
national defence 国家防御 52
natural capital 自然资本 119-20, 132, 133-8
natural resources 自然资源 25, 44, 49, 133
local commons 本地公产 6, 48, 106, 113
scarcity 稀缺 127-8
sustainability 可持续发展性 117
trade expansion and 贸易扩张以及 121
value of 的价值 119-20, *see also* water 另见"水"
Nepal 尼泊尔 134-5, 136
networks 网络 67-71, 85-6
neutrality principle 中立原则 154-7
Newton, Sir Isaac 伊萨克·牛顿爵士 94
Nigeria 尼日利亚 39
non-cooperation 不合作 32, 43, 44-6, 56
North America 北美洲 17
North, Douglass 道格拉斯·诺斯 25

O

Ohlin, Bertil 伯蒂尔·俄林 89
oligopoly 寡头垄断 83, 85
open access commodities 开放获得的商品 49-50, 52
opportunity cost 机会成本 36, 123

P

Pakistan 巴基斯坦 134-6
Pareto-efficiency 帕累托效率 82, 83
partnerships 合作关系 30, 36, 42, 54, 64-7
patents 专利 96-7
patron-client relationship 主雇制 64
peer review 同行审阅 67, 92
pensions 养老金 1, 37, 108
performance bonuses 绩效奖金 92
personal relationships 人际关系 67-8
piece rates 计件工资 92-3
Pigou, A. C. A.C.庇古 53
plurality runoff 排序复选制 152-3
policy evaluation 政策评估 146
policy prescriptions 政策良方 7
political instability 政治上的不稳定 44
pollutants 污染物 8, 49, 53, 120, 122-6, 128, 133
population census 人口普查 7-8, 102
population growth 人口增长 19, 21, 23, 113, 117, 132, 134-7
poverty 贫困 16, 23, 86, 102, 119, 128, 158, 159
predictions 预测 7, 9-10
prices 价格 16, 28, 31, 35, 73-4, 76, 78, 79-81
  market 市场 8, 15, 48, 127, 133
  resource scarcity 资源稀缺 127-8
  shadow 影子 15, 131, 133, 138, 146
  spot 现货 86
private goods 私人品 51-2, 53, 95-9
privatization 私有化 39, 50
productive base 生产基础 129-30, 132-7, 142
property rights 产权 47-50, 83, 103-4, 128
pro-social disposition 亲社会倾向 34-5
public goods 公共品 52-3, 147
  free-rider problem 搭便车问题 83
  knowledge 知识 90-1
  stated preferences 陈述偏好 144
public health 公共卫生 53, 102, 118, 145
public sphere 公共领域 151

R

Ramsey, Frank 弗兰克·拉姆齐

111-12
rank-order rule 排名顺序规则 154-5, 156, 157
rational beliefs 理性信任 56-7, 81, 88
Raven, Peter 彼得·雷文 119
reciprocity 互惠 30, 34, 39, 105, 150
regulation 规章 27, 48, 77-8, 85
religious faith 宗教信仰 57, 58
research and development (R&D) 研究和开发(研发) 84, 91-9
revealed preferences 显示偏好 144
rich/poor nations 富裕/贫穷国家 18-19
risk 风险 104-5, 114, 116, 137
Rubinstein, Ariel 艾瑞尔·鲁宾斯坦 41
rule of law 法治 28, 35, 81, 83, 139, 141, 142, 147, 150, 151
rule of priority 优先原则 93-4, 96
rural population 农村人口 19

S

Samuelson, Paul 保罗·萨缪尔森 54, 89
savings 储蓄 1, 46, 50, 58, 104, 108, 110-12
Schelling, Thomas 托马斯·谢林 32
Schultz, Theodore and Becker, Gary 西奥多·舒尔茨和加里·贝克 20
science 科学 20, 118
Science (publicly funded R & D) Science (公共资助的研发) 91-5, 97-8
Selten, Reinhard 莱因哈德·泽尔滕 32
shadow prices 影子价格 15, 131, 133, 138, 146
shares 股份 114-15
simple majority rule 简单多数规则 153, 155-7
Singapore 新加坡 141
skills 技术,技能 23, 24, 26, 55, 64, 67, 68, 95
slumps 衰退 86-7, 89
Smith, Adam 亚当·斯密 56
social capital 社会资本 28
social contracts 社会契约 30-1, 37, 38
social cost-benefit analysis 社会成本收益分析 146
social equilibria 社会均衡 55
social norms 社会规范 35, 49, 56, 81, 97, 102, 147, 150
  gender inequality 性别不平等 102
  government and 政府以及 141
  mutual enforcement 共同的强制执行 38-40, 42, 45, 46
social productivity 社会生产力 130-1
social well-being 社会福祉 130-1, 143,

148, 151
individual well-being 个人福祉 146
merit goods 公益品 144-5
revealed and stated preferences 显示偏好和陈述偏好 144
socially influential behaviour 社会性影响行为 59-63
Solow, Robert 罗伯特·索洛 12, 23
South East Asia 东南亚 17
specialization 专业化 56
spot prices 现货价格 86
state(s) 国家政权:
enforcement 强制执行 36-7
ideal role of the 的理想角色 32
legal tender 法定货币 54
Minimal 最小的 151, *see also* government 另见"政府"
stated preferences 陈述偏好 144, 145
stock market 股票市场 51, 114-15
stock options 股票期权 92
sub-Saharan Africa 非洲撒哈拉沙漠以南地区 22, 24, 45, 62
female-male ratio 女性和男性的比例 102
fosterage (亲族之间共同) 养育子女 103-4
living standards 生活水平 2-6
sustainable development 可持续发展 134-5, 136
subsidies 补贴 121, 147, 159
subsistence farming 生存农业 39
supply curves 供给曲线 74-6, 79, 87-8
sustainable development 可持续发展 117, 126-7, 129-38, 142, 146

T

taxation 税收 1, 53, 146, 147
technological progress 技术进步 20, 23-4, 28, 46, 91, 118, 132, 134-7
Technology (privately-funded R & D) Technology (民间资助的研发) 95-7, 98
terrorism 恐怖主义 141
tertiary education 高等教育 1, 20, 94
TFR (total fertility rate) TFR (总生育率) 21-2, 59-61, 62, 103
thrift 节俭 58
tipping points 引爆点 45
Tobin, James 詹姆斯·托宾 89
total factor productivity 全要素生产率 23-4, 28, 46, 132, 134-5; 136, 137
transactions 交易 37, 39, 47, 48, 79
cheques 支票 55
goods and services 商品和服务 30, 31
household 家庭 104-13
merit goods 公益品 147
money 货币 54-6

verifiable 可认定的 37, 40, 69, 74, 79, 86, 92, *see also* markets 另见“市场”
transitivity principle 传递性原则 155-7
transport networks 交通运输网络 85-6
trust 信任:
culture and 文化以及 56-63
external enforcement 外部的强制执行 36-8
long-term relationships 长期(合作)关系 71
markets 市场 50-6
money 货币 53-6
mutual affection 相互之间的感情 33-5
mutual enforcement 共同的强制执行 46
personal relationships 人际关系 68
property rights 产权 47-50

U

UNDP (United Nations Development Programme) UNDP (联合国开发计划署) 18
unemployment 失业 87, 88
United Kingdom 英国:
sustainable development 可持续发展 134-5, 137
total factor productivity 全要素生产率 24
unemployment rate 失业率 87
United States 美国:
average incomes 平均收入 17
bankruptcy rates 破产率 113
Congressional voting outcomes 国会投票结果 156
legal profession 法律行业 37
living standards 生活水平 1-2
sustainable development 可持续发展 134-5, 137
unemployment rate 失业率 87
universities 大学 1, 20, 94

V

variables 变量 11, 58
Venezuela 委内瑞拉 17
Villacorta, Wilfredo 维尔弗里多·维拉柯塔 159
virtuous/vicious cycles 良性/恶性循环 23
Visaria, Pravin 普拉文·维萨里亚 102
voting rules 投票规则 151-7

W

wages 工资 30, 86, 88, 145, *see also* income 另见“收入”

water 水 3-4, 20, 30, 43, 48, 50-2, 56, 117-20, 129, 133, 136

Watkins, Susan Cotts 苏珊·科茨·沃特金斯 62

wealth 财富 77, 80

distribution 分配 148-9, 151

inclusive 总括的 131-2, 143, 146, 148

transfer of 的转移 121

Weber, Max 马克斯·韦伯 57

Welfare State 福利国家 151

Wicksell, Knut and Samuelson, Paul 肯特·威克塞尔和保罗·萨缪尔森 52, 91

working capital 流动资本 36, 42, 46, 64

World Bank 世界银行 16, 133-7

World Values Survey 世界价值观调查 57-8

Partha Dasgupta

ECONOMICS

A Very Short Introduction

To Aisha, Shamik, and Zubeida
with their Baba's love

Contents

Preface i

List of illustrations iv

List of tables v

Prologue 1

1 Macroeconomic history 14

2 Trust 30

3 Communities 64

4 Markets 72

5 Science and Technology as institutions 90

6 Households and firms 100

7 Sustainable economic development 117

8 Social well-being and democratic government 139

Epilogue 158

Further reading 161

Preface

Writing an introduction to economics is both easy and hard. It's easy because in one way or another we are all economists. No one, for example, has to explain to us what prices are – we face them every day. Experts may have to explain why banks offer interest on saving deposits or why risk aversion is a tricky concept or why the way we measure wealth misses much of the point of measuring it, but none of these is an alien idea. As economics matters to us, we also have views on what should be done to put things right when we feel they are wrong. And we hold our views strongly because our ethics drive our politics and our politics inform our economics. When thinking economics we don't entertain doubts. So, the very reasons we want to study economics act as stumbling blocks even as we try to uncover the pathways by which the economic world gets shaped. But as economics is in large measure *about* those pathways – it's as evidence-based a social science as is possible – it shouldn't be surprising that most often disagreements people have over economic issues are, ultimately, about their reading of 'facts', not about the 'values' they hold. Which is why writing an introduction to economics is hard.

When I first drew up plans to write this book, I had it in mind to offer readers an overview of economics as it appears in leading economics journals and textbooks. But even though the analytical and empirical core of economics has grown from strength to strength over the decades, I haven't been at ease with the selection of topics that textbooks offer for discussion (rural life in poor regions – that is, the economic life of some 2.5 billion people – doesn't get mentioned at all), nor with the subjects that are emphasized in leading economics journals (Nature rarely appears there as an active player). It also came home to me that Oxford University Press had asked me to write *a very short* introduction to economics and there are economics textbooks that are over 1,000 pages long! So it struck me that I should abandon my original plan and offer an account of the *reasoning* we economists apply in order to understand the social world around us and then deploy that reasoning to some of the most urgent problems Humanity faces today. It's only recently that I realized that I would be able to do that only if I shaped the discourse round the lives of my two literary grandchildren – Becky and Desta. Becky's and Desta's lives are as different as they can be, but as they are both *my* grandchildren, I believe I understand them. More importantly, economics has helped me to understand them.

The ideas developed here were framed and explored in my book, *An Inquiry into Well-Being and Destitution* (Oxford: Clarendon Press, 1993). While writing that book I realized that economics had increasingly driven my ethics and that my ethics in turn had informed my politics. As that is an unusual causal chain, the earlier book was more technical and a lot 'heavier'. Theoretical and empirical advances since it was published have led me to hold the viewpoint I advanced there even more strongly now. I understand things much better than I did then – including *why* I don't understand many things. The present work is a natural extension of my earlier book.

While preparing this monograph I have benefited greatly from correspondence and discussions with Kenneth Arrow, Gretchen Daily, Carol Dasgupta, Paul Ehrlich, Petra Geraats, Lawrence Goulder, Timothy Gowers, Rashid Hassan, Sriya Iyer, Pramila Krishnan, Simon Levin, Karl-Göran Mäler, Eric Maskin, Pranab

Mukhopadhay, Kevin Mumford, Richard Nolan, Sheilagh Ogilvie, Kirsten Oleson, Alaknanda Patel, Subhrendu Pattanaik, William Peterson, Hamid Sabourian, Dan Schrag, Priya Shyamsundar, Jeff Vincent, Martin Weale, and Gavin Wright. The present version reflects the impact of the comments I received on an earlier draft from Kenneth Arrow, Carol Dasgupta, Geoffrey Harcourt, Mike Shaw, Robert Solow, and Sylvana Tomaselli. Sue Pilkington has helped me in innumerable ways to prepare the book for publication. I am grateful to them all.

St John's College
Cambridge
August 2006

List of illustrations

1 Becky's home 2
© John Henley/Corbis

2 Becky riding to school 3
© Monica Dalmasso/Stone/Getty Images

3 Desta's home 4
© Mike Hughes Photography/Alamy

4 Desta at work 5
© Sean Sprague/Still Pictures

5 Children gathering wood 48
© Dominic Harcourt-Webster/Panos Pictures

6 Relationship between average household's desired fertility rate and community's fertility rate 60

7 Teff threshing in Ethiopia 70
© Jenny Matthews/Alamy

8 Demand and supply curves 75

9 A shopping mall in Becky's world 84
© Don Smetzer/Stone/Getty Images

10 A market in Desta's world 85
© Neil Cooper/Panos Pictures

11 18th-century patent for tuning harpsichords 96
© Science Museum/SSPL

12 Trading at the Frankfurt Stock Exchange 115
© Joachim Messerschmidt/Taxi/Getty Images

The publisher and the author apologize for any errors or omissions in the above list. If contacted they will be pleased to rectify these at the earliest opportunity.

List of tables

1 Rich and poor nations 19

2 The progress of nations 134

3 Comparison of voting rules 153

Prologue

Becky's world

Becky, who is 10 years old, lives with her parents and an older brother Sam in a suburban town in America's Midwest. Becky's father works in a firm specializing in property law. Depending on the firm's profits, his annual income varies somewhat, but is rarely below 145,000 US dollars ($145,000). Becky's parents met at college. For a few years her mother worked in publishing, but when Sam was born she decided to concentrate on raising a family. Now that both Becky and Sam attend school, she does voluntary work in local education. The family live in a two-storey house. It has four bedrooms, two bathrooms upstairs and a toilet downstairs, a large drawing-cum-dining room, a modern kitchen, and a family room in the basement. There is a plot of land at the rear – the backyard – which the family use for leisure activities.

Although their property is partially mortgaged, Becky's parents own stocks and bonds and have a saving account in the local branch of a national bank. Becky's father and his firm jointly contribute to his retirement pension. He also makes monthly payments into a scheme with the bank that will cover college education for Becky and Sam. The family's assets and their lives are insured. Becky's parents often remark that, because federal taxes are high, they have to be careful with money; and they are. Nevertheless, they own two

1. **Becky's home**

cars; the children attend camp each summer; and the family take a vacation together once camp is over. Becky's parents also remark that her generation will be much more prosperous than theirs. Becky wants to save the environment and insists on biking to school. Her ambition is to become a doctor.

Desta's world

Desta, who is about 10 years old, lives with her parents and five siblings in a village in subtropical, southwest Ethiopia. The family live in a two-room, grass-roofed mud hut. Desta's father grows maize and teff (a staple cereal unique to Ethiopia) on half a hectare of land that the government has awarded him. Desta's older brother helps him to farm the land and care for the household's livestock, which consist of a cow, a goat, and a few chickens. The small quantity of teff produced is sold so as to raise cash income, but the maize is in large measure consumed by the household as a staple.

2. Becky riding to school

Desta's mother works a small plot next to their cottage, growing cabbage, onions, and enset (a year-round root crop that also serves as a staple). In order to supplement their household income, she brews a local drink made from maize. As she is also responsible for cooking, cleaning, and minding the infants, her work day usually lasts 14 hours. Despite the long hours, it wouldn't be possible for her to complete the tasks on her own. (As the ingredients are all raw, cooking alone takes 5 hours or more.) So Desta and her older sister help their mother with household chores and mind their younger siblings. Although a younger brother attends the local school, neither Desta nor her older sister has ever been enrolled there. Her parents can neither read nor write, but they are numerate.

Desta's home has no electricity or running water. Around where they live, sources of water, land for grazing cattle, and the woodlands are communal property. They are shared by people in

3. Desta's home

Desta's village; but the villagers don't allow outsiders to make use of them. Each day Desta's mother and the girls fetch water, collect fuelwood, and pick berries and herbs from the local commons. Desta's mother frequently complains that the time and effort needed to collect their daily needs has increased over the years.

There is no financial institution nearby to offer either credit or insurance. As funerals are expensive occasions, Desta's father long ago joined a community insurance scheme (*iddir*) to which he contributes monthly. When Desta's father purchased the cow they now own, he used the entire cash he had accumulated and stored at home, but had to supplement that with funds borrowed from kinfolk, with a promise to repay the debt when he had the ability to do so. In turn, when they are in need, his kinfolk come to him for a loan, which he supplies if he is able to. Desta's father says that such patterns of reciprocity he and those close to him practise are part of their culture. He says also that his sons are his main assets, as they

4. Desta at work

are the ones who will look after him and Desta's mother in their old age.

Economic statisticians estimate that, adjusting for differences in the cost of living between Ethiopia and the United States (US), Desta's family income is about $5,500 per year, of which $1,100 are attributable to the products they draw from the local commons. However, as rainfall varies from year to year, Desta's family income fluctuates widely. In bad years, the grain they store at home gets depleted well before the next harvest. Food is then so scarce that they all grow weaker, the younger children especially so. It is only after harvest that they regain their weight and strength. Periodic hunger and illnesses have meant that Desta and her siblings are somewhat stunted. Over the years Desta's parents have lost two children in their infancy, stricken by malaria in one case and diarrhoea in the other. There have also been several miscarriages.

Desta knows that she will be married (in all likelihood to a farmer, like her father) five years from now and will then live on her husband's land in a neighbouring village. She expects her life to be similar to that of her mother.

The economist's agenda

That the lives people are able to construct differ enormously across the globe is a commonplace. In our age of travel, it is even a common sight. That Becky and Desta face widely different futures is also something we have come to expect, perhaps also to accept. Nevertheless, it may not be out of turn to imagine that the girls are intrinsically very similar. They both enjoy playing, eating, and gossiping; they are close to their families; they turn to their mothers when in distress; they like pretty things to wear; and they both have the capacity to be disappointed, get annoyed, be happy.

Their parents are also alike. They are knowledgeable about the ways of their worlds. They also care about their families, finding ingenious ways to meet the recurring problem of producing income and allocating resources among family members – over time and allowing for unexpected contingencies. So, a promising route for exploring the underlying causes behind their vastly different conditions of life would be to begin by observing that the opportunities and obstacles the families face are very different, that in some sense Desta's family are far more restricted in what they are able to be and do than Becky's.

Economics in great measure tries to uncover the processes that influence how people's lives come to be what they are. The discipline also tries to identify ways to influence those very processes so as to improve the prospects of those who are hugely constrained in what they can be and do. The former activity involves finding explanations, while the latter tries to identify policy prescriptions. Economists also make forecasts of what the conditions of economic life are going to be; but if the predictions are to be taken seriously, they have to be built on an understanding of the processes that shape people's lives; which is why the attempt to explain takes precedence over forecasting.

The context in which explanations are sought or in which prescriptions are made could be a household, a village, a district, a country, or even the whole world – the extent to which people or places are aggregated merely reflects the details with which we choose to study the social world. Imagine that we wish to understand the basis on which food is shared among household members in a community. Household income would no doubt be expected to play a role; but we would need to look inside households if we are to discover whether food is allocated on the basis of age, gender, and status. If we find that it is, we should ask why they play a role and what policy prescriptions, if any, commend themselves. In contrast, suppose we want to know whether the world as a whole is wealthier today than it was 50 years ago. As the question is about global averages, we would be justified in ironing out differences within and among households.

Averaging is required over time as well. The purpose of the study and the cost of collecting information influence the choice of the unit of time over which the averaging is done. The population census in India, for example, is conducted every ten years. More frequent censuses would be more costly and wouldn't yield extra information of any great importance. In contrast, if we are to study changes in the volume of home sales across seasons, even annual statistics would miss the point of the inquiry. Monthly statistics on home sales are a favourite compromise between detail and the cost of obtaining detail.

Modern economics, by which I mean the style of economics taught and practised in today's leading universities, likes to start the enquiries from the ground up: from individuals, through the household, village, district, state, country, to the whole world. In various degrees, the millions of individual decisions shape the eventualities people face; as both theory, common sense, and evidence tell us that there are enormous numbers of consequences of what we all do. Some of those consequences have been intended, but many are unintended. There is, however, a feedback, in that those consequences in turn go to shape what people subsequently can do and choose to do. When Becky's family drive their cars or use electricity, or when Desta's family create compost or burn wood for cooking, they add to global carbon emissions. Their contributions are no doubt negligible, but the millions of such tiny contributions sum to a sizeable amount, having consequences that people everywhere are likely to experience in different ways. It can be that the feedbacks are positive, so that the whole contribution is greater than the sum of the parts. Strikingly, unintended consequences can include emergent features, such as market prices, at which the demand for goods more or less equals their supply.

Earlier, I gave a description of Becky's and Desta's lives. *Understanding* their lives involves a lot more; it requires analysis, which usually calls for further description. To conduct an analysis, we need *first of all* to identify the material prospects the girls' households face – now and in the future, under uncertain contingencies. *Second*, we need to uncover the character of their choices and the pathways by which the choices made by millions of households like Becky's and Desta's go to produce the prospects they all face. *Third*, and relatedly, we need to uncover the pathways by which the families came to inherit their current circumstances.

These amount to a tall, even forbidding, order. Moreover, there is a thought that can haunt us: since everything probably affects everything else, how can we ever make sense of the social world? If we are weighed down by that worry, though, we won't ever make progress. Every discipline that I am familiar with draws caricatures of the world in order to make sense of it. The modern economist does this by building *models*, which are deliberately stripped down representations of the phenomena out there. When I say 'stripped down', I really mean stripped down. It isn't uncommon among us economists to focus on one or two causal factors, exclude everything else, hoping that this will enable us to understand how just those aspects of reality work and interact. The economist John Maynard Keynes described our subject thus: 'Economics is a science of thinking in terms of models joined to the art of choosing models which are relevant to the contemporary world.'

As economists deal with quantifiable objects (calories consumed, hours worked, tonnes of steel produced, miles of cable laid, square kilometres of equatorial forests destroyed), the models are almost always mathematical constructs. They can be stated in words, but mathematics is an enormously efficient way to express the structure of a model; more interestingly, for discovering the implications of a model. Applied mathematicians and physicists have known this for a long time, but it was only in the second half of the 20th century that economists brazenly adopted that research tactic; as have related disciplines, such as ecology. The art of good modelling is to generate a lot of understanding from focusing on a very small number of causal factors. I say 'art', because there is no formula for creating a good model. The acid test of a model is whether it discriminates among alternative explanations of a phenomenon. Those that survive empirical tests are accepted – at least for a while – until further evidence comes along that casts doubt on them, in which case economists go back to their drawing board to create better (not necessarily bigger!) models. And so on.

The methodology I have sketched here, all too briefly, enables economists to make a type of prediction that doesn't involve forecasting the future, but instead to make predictions of what the data that haven't yet been collected from the contemporary world will reveal. This is risky business, but if a model is to illuminate, it had better do more than just offer explanations after the events.

Until recently, economists studied economic history in much the same way historians study social and political history. They tried to uncover reasons why events in a particular place unfolded in the way they did, by identifying what they believed to be the key drivers there. The stress was on the uniqueness of the events being studied. A classic research topic in that mould involved asking why the first industrial revolution occurred in the 18th century and why it took place in England. As you can see, the question was based on three presumptions: there *was* a first industrial revolution; it occurred in the 18th century; and it was based in England. All three premises have been questioned, of course, but there was an enormous amount of work to be done even among those who had arrived at those premises from historical study. In the event, the literature built round those questions is one of the great achievements of economic history.

In recent years economists have added to that a statistical approach to the study of the past. The new approach stays close to economic theory, by laying emphasis on the generality of the processes that shape events. It adopts the view that a theory should uncover those features that are common among economic pathways in different places, at different times. Admittedly, no two economies are the same, but modern economists work on the commonality in the human experience, not so much on its differences. Say, you want to identify the contemporary features in Desta's and Becky's worlds that best explain why the standard of living in the former is so much lower than in the latter. A body of economic models tells you that those features are represented by the variables *X*, *Y*, and *Z*. You look up international statistics on *X*, *Y*, and *Z* from a sample of, perhaps, 149 countries. The figures differ from country to country, but you regard the variables themselves as the explanatory factors common to all the countries in the sample. In other words, you interpret the 149 countries as parallel economies; and you treat features that are unique to each country as idiosyncrasies of that country. Of course, you aren't quite at liberty to model those idiosyncrasies any way you like. Statistical theory – which in the present context is called *econometrics* – will set limits on the way you are able to model them.

On the basis of the data on the 149 countries in your sample, you can now test whether you should be confident that *X*, *Y*, and *Z* are the factors determining the standard of living. Suppose the tests inform you that you are entitled to be confident. Then further analysis with the data will also enable you to determine how much of the variation in the standard of living in the sample is explained by variations in *X* in the sample, by variations in *Y*, and by variations in *Z*. Those proportions will give you a sense of the relative importance of the factors that determine the standard of living. Suppose 80% of the variation in the standard of living in those 149 countries can be explained by the variation in *X* in the sample; the remaining 20% by variations in *Y* and *Z*. You wouldn't be unjustified to conclude, tentatively, that *X* is the prime explanatory variable.

There are enormous problems in applying statistics to economic data. For example, it may be that your economic models, taken together, suggest that there could be as many as, say, 67 factors determining the standard of living (not just *X*, *Y*, and *Z*). However, you have a sample of only 149 countries. Any statistician will now tell you that 149 is too small a number for the task of unravelling the role of 67 factors. And there are other problems besetting the econometrician. But before you abandon statistics and rush back to the narrative style of empirical discourse, ask yourself why anyone should believe one scholar's historical narrative over another's. You may even wonder whether the scholar's literary flair may have influenced your appreciation of her work. Someone now reassures you that even the author of a historical narrative has a model in mind. He tells you that the author's model influenced her choice of the evidence displayed in her work, that she chose as she did only after having sifted through a great deal of evidence. You ask in response how you are to judge whether her conceptual model is better than someone else's. Which brings us back to the problem of testing alternative models of social phenomena. In the next chapter we will discover that historical narratives continue to play an important role in modern economics, but they are put to work in conjunction with model-building and econometric tests.

There are implicit assumptions underlying econometric tests that are hard to evaluate (how the country-specific idiosyncrasies are modelled is only one of them). So, economic statistics are often at best translucent. It isn't uncommon for several competing models to co-exist, each having its own champion. Model-building, data availability, historical narratives, and advances in econometric techniques reinforce one other. As the economist Robert Solow expresses it, 'facts ask for explanations, and explanations ask for new facts'.

In this monograph, I first want to give you a feel for the way we economists go about uncovering the economic pathways that shape Becky's and Desta's lives. I shall do that by addressing the three sorts of questions that were identified earlier as our concern. I shall then explain why we need economic policies and how we should go about identifying good ones. We will certainly build models as we go along, but I shall mostly use words to describe them. I shall also refer to empirical findings, from anthropology, demography, ecology, geography, political science, sociology, and of course economics itself. But the lens through which we will study the social world is that of *economics*. We will assume a point of view of the circumstances of living that gives prominence to the allocation of scarce resources – among contemporaries and across the generations. My idea is to take you on a tour to see how far we are able to reach an understanding of the social world around us and beyond.

Chapter 1
Macroeconomic history

I said one of the things we need to do if we are to understand Becky's and Desta's lives is to uncover the pathways by which their families came to inherit their current circumstances. This is the stuff of economic history. In studying history, we could, should we feel bold, take the long view – from about the time agriculture came to be settled practice in the northern part of the Fertile Crescent (roughly, southeast Turkey today) some 11,000 years ago – and try to explain why the many innovations and practices that have cumulatively contributed to the making of Becky's world either didn't reach or didn't take hold in Desta's part of the world.

Scholars have tried to do that. The geographer Jared Diamond, for example, has argued that people in the supercontinent of Eurasia have enjoyed two potent sets of advantages over people elsewhere. First, unlike Africa and the Americas, Eurasia is oriented along an east–west axis in the temperate zone and contains no overpowering mountain range or desert to prevent the diffusion of people, ideas, seeds, and animals. Second, Eurasia was blessed with a large number of domesticatable species of animals, which made it possible for humans there to engage in tasks they wouldn't have been able to undertake on their own. Economies grew and declined in different parts of Eurasia at different times – now India, now China, now Persia, now Islam, now one region in Europe, then another – but the supercontinent's size and orientation meant that, during the past 11,000 years, humanity's achievements there have been rather like the performance of financial stocks: declines in some regions have been matched by growth in others. By the 16th century, the technological gap between the seafaring nations of Western Europe and the Americas was so large that a combination of guns, steel, and European germs enabled tiny groups of invaders to conquer the New World. Becky's very successful part of the world is in effect the outgrowth of a societal transplant that took place less than 500 years ago.

GDP as measuring rod

In order to talk of success and failure, as we are doing here, we need a measuring rod. The one most commonly used today is *gross domestic product* per person, or *GDP* per capita. Economists may have invented the concept and may have also warned against its many limitations; but, like it or not, the term is so ingrained in public consciousness, that if someone exclaims, 'Economic growth!', we don't need to ask, 'Growth in what?' – we know they mean growth in *real* GDP per capita; which is growth in GDP per capita, corrected for inflation or deflation.

A country's GDP is the value of all the final goods that are produced by its residents in a given year. It is a measure of an economy's total output. But when a commodity is produced and sold, the price paid for the purchase finds its way into someone's pocket. So, GDP can be measured also by adding up everyone's incomes – wages, salaries, interests, profits, and government income. GDP and national income are therefore two sides of the same coin.

Although GDP is often said to measure wealth, it doesn't do so. GDP is a flow (dollars per year, say), whereas wealth is a stock (dollars – period). As the concept of GDP was developed originally for market economies, the values imputed to the goods were market prices. But by a clever construction of notional prices (called 'shadow prices'; Chapters 7–8), economists have adapted GDP even for economies like Desta's, where much economic activity is undertaken in non-market institutions. It was by imputing values to the produce taken from the local commons in Desta's village that economic statisticians concluded that one-fifth of her household's income amounts to the value of goods obtained directly from the natural resources in her locality, a figure I reported when describing Desta's world.

Adjusting for differences in the cost of living across the world, global income per head today is about $8,000 a year. But for most of humanity's past, people have been abysmally poor. The economic statistician Angus Maddison has estimated from the very fragmentary evidence that exists, that, at the beginning of our Common Era (CE 0) the per capita income of the world was about $515 a year in today's prices. If Maddison's estimate is even approximately correct, it means that the average person 2,000 years ago enjoyed not much more than a dollar a day, a figure deemed by the World Bank as the line below which a person is in extreme poverty. Maddison has also suggested that the distribution of income 2,000 years ago was remarkably equal: almost everyone, everywhere was very poor. The figures he has reported tell us furthermore that average world income and the regional distribution of income per head were pretty much the same in CE 1000 as they had been 1,000 years earlier. It would appear that regional disparities became significant only from the beginning of the 19th century: income per head in Western Europe had by then become three times that in Africa. But world income per head was still only $755 a year in today's prices, meaning that it had increased by less than 50% over a 1,800-year period; amounting to an annual growth rate of under 0.02%. The figure is extremely low by contemporary standards: the annual growth rate of income per head has been about 2% a year over the past four decades. (A useful formula to remember is that, if a numerical entity – say real GDP per person – grows (or declines) at the annual rate of *g*%, that entity doubles (or halves) approximately every 70/*g* years. Examples: GDP per capita would double every 35 years if it were to grow at an annual rate of 2%; and halve every 140 years if it declined at an annual rate of 0.5%.)

Large regional disparities in income are also less than 200 years old. The ratio of the average incomes in the US and Africa has risen from 3 at the beginning of the 19th century to more than 20 today – about $38,000 compared to $1,850 per year. Real GDP per capita in the US has grown 30 times in size in 200 years, implying that the average annual growth rate of income per person there has been about 1.7%. In sad contrast, income per capita in Ethiopia is about the same today as it was 200 year ago (a little over $700 a year today), a fact that is reflected in the differences we noted between the incomes per member in Becky's and Desta's households, respectively.

If you were to line up countries according to GDP per capita today, you would find two clusters: one poor (Desta's world), the other rich (Becky's world). There are middle-income nations spread thinly between the extremes (China, Brazil, Venezuela, and Argentina are prominent examples), but a large cluster of countries (in sub-Saharan Africa, the Indian subcontinent, South East Asia, Melanesia, and Central America) – with a total population of 2.3 billion – produces an average $2,100 a year per head, while another, smaller, cluster (Europe, North America, Australia, and Japan) – with a total population of a little under 1 billion – enjoys an average annual income of $30,000 (Table 1). The world would appear to be polarized. Moreover, with the possible exception of India, there is little sign that the poor world will catch up with the rich world in the foreseeable future. During the past four decades, real per capita GDP has grown at an average annual rate of 2.4% in rich countries, whereas it has grown at 1.8% in poor countries (Table 1). Worse, within the poor world, sub-Saharan Africa has experienced a small decline in real GDP per capita during the past four decades.

In contrast to poor countries, agricultural output is a small fraction of national income in the rich world. The share of agriculture in

GDP is about 25% in the poor world; less than 5% in rich countries. Less than 10% of the population in rich countries live in rural areas. In contrast, more than 70% of people in poor countries live in villages (Table 1); which gives rise to the thought that people in poor countries mostly work in economies that draw their production inputs directly from Nature – they are 'biomass-based' economies. Ecology is of direct concern to the world's poor, in a way it isn't to the world's rich.

Recently, the United Nations Development Programme (UNDP) has sought to extend the basis on which the standard of living is measured. It has done so by constructing a numerical index that combines GDP per capita, life expectancy at birth, and literacy. UNDP has christened it the Human Development Index (HDI). Again, leaving aside a few exceptions, HDI has been found to be low in poor countries, high in rich countries (Table 1).

Proximate causes behind differences between Becky's and Desta's worlds

What enables people in Becky's world to be so much richer than people in Desta's world? Several features suggest themselves.

People in rich countries have better equipment to work with (electric drills are more powerful than pickaxes; tractors are superior to ploughs; and modern medicine is vastly more effective than traditional cures). So, one argument goes that the accumulation of physical capital (more accurately, *manufactured* capital) in Becky's world has been a significant contributor to the high standard of living people enjoy there. This could be the factor *X* that I mentioned in the Prologue to illustrate the way economic theory and applied economics mesh today.

Others have noted that people in rich countries are far better educated, implying that they are able to make use of ideas to produce goods that are out of reach for people in countries where large numbers are illiterate. A crude index of education is the proportion of adults (people aged 15 and above) who are literate, the figure for which today is over 95% in the rich world, but only 58% in the poor world (Table 1). Gender inequalities are considerably greater in the poor than in the rich world. The proportion of adult women who are literate in poor countries is 48%, whereas in the rich world the corresponding proportion is pretty much the same as that for men, namely, over 95% (Table 1).

Table 1. Rich and poor nations

	Rich nations	*Poor nations*
Population (billions)	1.0	2.3
GDP per capita	$30,000	$2,100
Human Development Index	high	low
Annual population growth rate (%): 1966–2004	0.8	2.4
Annual growth rate of GDP per capita (%): 1966–2004	2.4	1.8
Total fertility rate (TFR)	1.8	3.7
Adult literacy (%) (female literacy (%))	>95 (>95)	58 (48)
Index of government corruption	low	high
Life expectancy at birth (years)	78	58
Under 5 mortality (per 1,000)	7	120
Rural population (% of total population)	10	70
Agriculture's share in GDP (%)	5	25

Source: *World Development Indicators* (World Bank, 2005)

Allied to education is health. Life expectancy at birth in rich countries is now 78 years, whereas it is about 58 years in poor countries. Some 120 children among every 1,000 of those under 5 years of age die each year in the poor world; the corresponding figure for rich countries is 7 (Table 1).

Relatedly, clean water and good hygiene have reduced morbidity in rich countries greatly. About one-quarter of the population in the poor world suffer from undernourishment, whereas the corresponding figure in rich countries is negligible. As undernutrition and vulnerability to infections reinforce each other, poor nourishment and morbidity go together. There is evidence that undernourishment in early childhood affects the development of cognitive faculties. Taken together, the average person in the rich world is capable of supplying work of far higher quality and for many more years than his counterpart in a poor country. Education and health go by the name *human capital*. A literature pioneered by the economists Theodore Schultz and Gary Becker reveals that the accumulation of human capital has been a significant factor behind the high standard of living people in Becky's world enjoy today. This could be the factor *Y* that was mentioned in the Prologue.

Many economists, however, regard the production of new ideas as the prime factor behind economic progress. They say that rich countries have become rich because people there have been successful in producing ideas not only for new products (printing press, steam engine, electricity, chemical products, the electronic computer), but also for cheaper ways of producing old products (transportation, mining). Of course, education and advances in science and technology combine as an economic force. Primary and secondary education alone can't take a society that far today. A country where tertiary education is low would not have a population capable of working with the most advanced technology. Nor are scientific and technological advances capable of being achieved today by people with no advanced education. Ideas could be the factor *Z* that was mentioned in the Prologue.

Related to this is an issue that has proved to be far more contentious than it should have been: population growth. Even unaided intuition suggests that if numbers grow quickly, the rate at which capital assets must increase would need to be high in order to maintain living standards. If the desire to accumulate physical and human capital is the same in two countries, and if rising numbers don't reduce the cost of accumulating that capital, the country where population grows at a slower rate can be expected to enjoy a higher living standard in the long run. Since the mid-1960s, population in what is today the poor world has grown at an average annual rate of about 2.4%, while the corresponding figure in today's rich world has been about 0.8% (Table 1). This is a big difference. Statistical demographers now agree that, controlling for other factors, countries where population increase has been large in recent decades have experienced slow growth in real GDP per capita. Later in this book we will note that high population growth in today's poor countries has also put enormous pressure on their ecology, creating further problems for rural people.

A country's population growth is affected not just by net reproduction, but by net immigration and the age distribution too. In order to isolate net reproduction, it is common practice to work with the *fertility rate* (more accurately, the *total fertility rate* or *TFR*), which is the number of live births a woman expects to deliver over her life. Suppose parents desire to have a certain number of surviving children. Then the fertility rate should decline once the mortality rate among children under 5 starts to decline. Demographers have puzzled why reductions in fertility rates in today's poor world have been slower than they had expected. The first known decline in fertility rates in northwestern Europe (England and France especially) occurred in the 17th century, when the rate fell from about 7 to 4 (Chapter 6). The fertility rate in the rich world today is 1.8 (below 2.1, the figure at which population would stabilize in the long run), whereas it is 3.7 in the poor world (Table 1). Despite a significant decline in child mortality rates, the TFR in a number of countries in sub-Saharan Africa continues to be between 6 and 8. We should ask whether there have been countervailing forces at work to keep fertility rates high in that continent. We should ask too whether the resulting population growth has been a factor in its terrible economic performance over the past four decades. We will study the question in greater detail in Chapter 6, but one implication of high fertility rates for women's conditions follows at once.

In sub-Saharan Africa, extended breastfeeding has been a traditional practice for controlling pregnancies. Among the !Kung San nomads of the Kalahari Desert, children have been known to be breastfed until they are 4 years old. Even if we were to ignore such extreme cases, successful reproduction in Africa would involve two years of pregnancy and breastfeeding. This means that in societies where female life expectancy at birth is greater than 45 years and the fertility rate is 8, girls can expect to spend more than half their fecund life (say, 15–45) in pregnancy or nursing; and we have not allowed for unsuccessful pregnancies. Under these circumstances, women such as Desta's mother are unable ever to seek employment outside subsistence agriculture.

No economist has ever claimed that there is a single driving force behind economic growth. All would appear to agree that the accumulation of manufactured capital, human capital, and the production, diffusion, and use of new scientific and technological ideas go together, each contributing positively to the contributions of the others. In the contemporary world, an accumulation of, say, manufactured capital goods raises real GDP, other things being equal. This enables societies to set aside more of their incomes for education and health, triggering a reduction in both fertility and child mortality. Education increases GDP further, other things being equal, while reduced fertility and child mortality typically lower population growth; which, taken together, enable societies to set aside more of their incomes for the production of new ideas. This raises the productivity of manufactured capital; which in turn brings forth further accumulation of manufactured capital; and so on, in a virtuous cycle of prosperity. The flip side of this is, of course, a vicious cycle of poverty. The polarization that separates the rich and poor worlds today is a manifestation of those two movements. Economists use the terms *virtuous* and *vicious* cycles to characterize polarization (a few of us refer to vicious cycles as *poverty traps*); mathematicians say instead that the poor and rich worlds are in two different *basins of attraction*.

It is possible to discover the relative importance of the various factors responsible for economic growth. No doubt the answer is different in different places and in different periods of history; but five decades ago, Robert Solow showed us how to investigate the question, by devising a way to decompose recorded changes in an economy's real GDP into their measurable sources. In contrast to the empirical exercise on *cross* country statistics that I described in the Prologue, the idea here is to measure *changes* in *X*, *Y*, *Z* over a period of time in a given country and estimate the relative importance of those changes for growth in real GDP there over that same period. Suppose that over an interval of time a country's real GDP has increased. Solow, and subsequently others, showed how to attribute that growth to increases in labour force participation (population growth; increases in women's employment in paid labour), the accumulation of human skills and manufactured capital, improvements in the quality of machinery and equipment, and so on. Now suppose that when we have added up all the contributions made by these factors of production, we find that the sum falls short of real GDP growth. We are entitled then to interpret that shortfall as an increase in the overall productivity of the economy's capital assets; by which we mean that more output can be produced now than earlier, even if the amounts of such factors of production as machines and equipment and skills had remained the same. This is a formal way of acknowledging that there has been a general rise in the efficiency with which goods are produced. Economists call that rise growth in *total factor productivity*.

How does that latter growth come about? It comes about when people acquire knowledge and make use of it, or when people make better use of what they already know. Which is why economists often refer to growth in total factor productivity as *technological progress*. But there are other changes in an economy that could leave an imprint on total factor productivity, such as improvements in the workings of institutions. Growth in total factor productivity may be an ungainly way to convey an idea, but it reflects the unexplained bit of real GDP growth pretty well. In the economics literature the name has come to stay.

Since the Second World War, growth in total factor productivity in the rich world has been considerable. It has been estimated, for example, that during 1970–2000 the average annual rate of growth of total factor productivity in the United Kingdom (UK) was 0.7%. Economists have estimated that, in contrast, total factor productivity *declined* slightly in a number of countries in sub-Saharan Africa during that same period.

What do these figures mean? Take the case of the UK. The country's real GDP grew at an average annual rate of 2.4%, which means about 29% of that growth (that is, 0.7/2.4) could be attributed to increases in total factor productivity. At 2.4% growth rate, real GDP in year 2000 was twice the real GDP in 1970. Nearly one-third of that increase can be attributed to growth in total factor productivity. In contrast, the economies in sub-Saharan Africa where total factor productivity declined during that period became less efficient in their use of such factors of production as machines and equipment, skills and labour hours. It's hard to believe that people in those countries systematically forgot technical knowledge they had known in the past. So the decline in total factor productivity there must have been due to a deterioration in local institutions, precipitated by civil wars and bad governance.

These statistics raise a puzzle. Today's poor countries lie mainly in the tropics, whereas the rich countries are mostly in temperate zones. No doubt the tropics are a breeding ground for many diseases, but they also harbour vast quantities of natural resources (timber; minerals; and conditions suitable for the production of spices, fibres, coffee, and tea). During the past several centuries, the countries that are rich today have been importing those very resources and products to fuel their factories and mills, and to make their meals enjoyable. They accumulated machines, human capital, and also produced scientific and technological knowledge. Why didn't the poor world take advantage of their resource endowments to enrich themselves in the same way?

Colonization is a possible answer. Historians have shown that, from the 16th century, European powers have extracted natural resources from the colonies – including cheap (read, slave) labour – but have mostly invested the proceeds domestically. Of course, one should ask why it is that the Europeans managed to colonize the tropics; why colonization didn't take place the other way round. As noted earlier, Jared Diamond has offered an answer. That said, many of the most prominent of those ex-colonies have been politically independent for decades now. During that time real income per head in the rich world has increased over and over again. With the exception of a few striking examples in South and South East Asia, though, most of the ex-colonies have either remained poor or become poorer still. Why?

Institutions

Economic historians such as Robert Fogel, David Landes, and Douglass North have argued that the rich world is rich today because, over the centuries, it has devised institutions that have enabled people to improve their material conditions of life. This is a deeper explanation. It says that people in rich countries work with superior technologies, are healthier, live longer, are better educated, and produce many more productive ideas, *because* they have been able to get on with their lives in societies whose institutions permit – even encourage – the economy-wide accumulation of such factors of production as machines, transport facilities, health, skills, ideas, and the fruits of those ideas. The accumulation of productive capital assets is only a proximate cause of prosperity, the real cause is progressive institutions.

One can peel away the conceptual onion some more, and ask how and why past people in today's rich countries were able to fashion their institutions in ways that enabled those proximate causes of prosperity to explode there. One can even ask whether institutions did it, or whether it was the enlightened policies of the rulers that were responsible for the explosion. But then, policies aren't plucked from air, they emerge from consultations and deliberations within institutions. Nor is it likely that a policy designed to bring prosperity to a country will actually work unless the institutions there are capable of implementing it.

These dilemmas are of enormous importance for today's poor countries. What institutions should they adopt and what policies should their governments be encouraged to follow? There is little point in embarking on grandiose projects (steel mills, petrochemical plants, land reform, public health programmes, free education) unless a country's institutions have the necessary checks and balances to limit corruption and wastage. This brings us back to our earlier question: how did those institutions that promoted economic growth in today's rich countries become established and flourish? Despite the attention the question has received from the world's most outstanding economic historians, the matter remains unsettled. In the next chapter I shall show why it is inherently so difficult to find a satisfactory answer (which, I guess, is itself a mark of increased understanding). In view of the difficulties, it is safest to regard institutions as the explanatory factor when we seek to understand why Becky's and Desta's worlds differ so much in terms of the standard of living.

The Oxford English Dictionary defines *institution* as 'an established law, custom, usage, practice, organization, or other element in the political or social life of a people'. We shall follow that lead, but recast it so as to stress the role of institutions in economic life. By institutions I shall mean, very loosely, the *arrangements* that govern collective undertakings. Those arrangements include not only legal entities, like the firm where Becky's father works, but also the *iddir* to which Desta's father belongs. They include the markets in which Becky's family purchase goods and services, and the rural networks Desta's household belongs to. They include the nuclear household in Becky's world and the extended kinship system of claims and obligations in Desta's world. And they include that overarching entity called *government* in both their worlds.

Institutions are defined in part by the rules and authority structure that govern collective undertakings, but in part also by the relationships they have with outsiders. The rules on the factory floor (who is expected to do which task, who has authority over whom, and so on) matter not only to members of the firm, they matter to others too. For example, rich countries have laws relating to working conditions in factories. Moreover, environmental regulations constrain what firms are able to do with their effluents. In every society there are layers of rules of varied coverage. Some rules come under other rules, many have legal force, while others are at best tacit understandings.

The effectiveness of an institution depends on the rules governing it and on whether its members obey the rules. The codes of conduct in the civil service of every country include honesty, but governments differ enormously as to its practice. Social scientists have constructed indices of corruption among public officials. One such index is based on the perception private firms have acquired, on the basis of their experience, of the bribes people have had to pay officials in order to do business. The index (see Table 1) – which is on a scale of 1 (highly corrupt) to 10 (highly clean) – is less than 3.5 for most poor countries (African countries and Eastern Europe are among the worst) and greater than 7 for most rich countries (Scandinavian countries are among the best). It used to be argued that bribery of public officials helps to raise national income because it lubricates economic transactions. It does so in a corrupt world: if you don't pay up, you don't get to do business. But corruption isn't an inevitable evil. There are several poor countries where corruption is low. Having to pay bribes raises production costs; so less is produced. Citizens suffer, because the price they have to pay for products is that much higher.

Economists have speculated that government corruption is related to the delays people face in having the rule of law enforced. The thought is that delays are a way of eliciting bribes to hasten legal processes. To enforce a contract takes 415 days in the poor world, as against 280 days in the rich world. It may be that corruption is also related to government ineffectiveness. To register a business takes 66 days in the poor world, 27 days in the rich world. In poor countries, registering property takes 100 days on average, while in rich countries the figure is 50 days. Some economists have suggested that government officials in poor countries create lengthy queues (that's government ineffectiveness) so as to elicit bribes from applicants if they want to jump those queues (that's corruption).

How do government corruption, ineffectiveness, and indifference to the rule of law translate into the kind of macroeconomic statistics we have been studying here? They leave their imprint on total factor productivity. Other things being equal, a country whose government is corrupt or ineffective, or where the rule of law is not respected, is a country whose total factor productivity is lower than that of a country whose government suffers from fewer of those defects. Some scholars call these intangible but quantifiable factors *social infrastructure*, others call them *social capital*.

Institutions are overarching entities. People interact with one another *in* institutions. A more basic notion is that of *engagements* among people. The possibility of engagements gives rise to a fundamental problem in economic life. We study that next.

Chapter 2
Trust

Imagine that a group of people have discovered a mutually advantageous course of actions. At the grandest level, it could be that citizens see the benefits of adopting a constitution for their country. At a more local level, the undertaking could be to share the costs and benefits of maintaining a communal resource (irrigation system, grazing field, coastal fishery); construct a jointly useable asset (drainage channel in a watershed); collaborate in political activity (civic engagement, lobbying); do business when the purchase and delivery of goods can't be synchronized (credit, insurance, wage labour); enter marriage; create a rotating saving and credit association (*iddir*); initiate a reciprocal arrangement (I help you, now that you are in need, with the understanding that you will help me when I am in need); adopt a convention (send one another Christmas cards); create a partnership to produce goods for the market; enter into an instantaneous transaction (purchase something across the counter); and so on. Then there are mutually advantageous courses of action that involve being civil to one another. They range from such forms of civic behaviour as not disfiguring public spaces and obeying the law more generally, to respecting the rights of others.

Imagine next that the parties have agreed to share the benefits and costs in a certain way. Again, at the grandest level the agreement could be a social contract among citizens to observe their constitution. Or it could be a tacit agreement to be civil to one another, such as respecting the rights of others to be heard, to get on with their lives, and so forth. Here we will be thinking of agreements over transactions in goods and services. There would be situations where the agreement was based on a take-it-or-leave-it offer one party made to another (as when Becky's mother accepts the terms and conditions set by the firm called in by her to fix the plumbing). In other contexts, bargaining may have been involved (as when Desta's mother purchases household fineries at the regional fair, which is not altogether different from a Middle Eastern bazaar). Later in this book (Chapter 4) we will study an idealized version of prices in the markets Becky's family visits, where both buyers and sellers face take-it-or-leave-it offers. But we will not study how agreements are reached when bargaining is involved in either Becky's or Desta's worlds, nor look for principles of equity that might have been invoked during negotiation. To do that would take us into bargaining theory, a beautiful but difficult branch of the theory of games. We ask instead a question that is pertinent in both Becky's and Desta's worlds: *under what circumstances would the parties who have reached agreement trust one another to keep their word?*

Because one's word must be credible if it is to be believed, mere promises wouldn't be enough. (Witness that we warn others – and ourselves too – not to trust people 'blindly'.) If the parties are to trust one another to keep their promise, matters must be so arranged that: (1) at every stage of the agreed course of actions, it would be in the interest of each party to plan to keep his or her word if all others were to plan to keep their word; and (2) at every stage of the agreed course of actions, each party would believe that all others would keep their word. If the two conditions are met, a system of beliefs that the agreement will be kept would be self-confirming.

Notice that condition (2) on its own wouldn't do. Beliefs need to be justified. Condition (1) provides the justification. It offers the basis on which everyone could in principle believe that the agreement will be kept. A course of actions, one per party, satisfying condition (1) is called a *Nash equilibrium*, in honour of the mathematician John Nash – he of *The Beautiful Mind* – who proved that it is not a vacuous concept. (Nash showed that the condition can be met in realistic situations.) The way I have stated condition (1) isn't due to Nash, though, but to John Harsanyi, Thomas Schelling, and Reinhard Selten, three social scientists who refined the concept of Nash equilibrium so that it could be applied to situations where Nash's own formulation is not adequate.

Notice that condition (1) on its own wouldn't do either. It could be that it is in each one's interest to behave opportunistically if everyone believed that everyone else would behave opportunistically. In that case non-cooperation is also a Nash equilibrium, meaning that a set of mutual beliefs that the agreement will not be kept would also be self-confirming. Stated somewhat informally, a Nash equilibrium is a course of actions (*strategy*, in economic parlance) per party, such that no party would have any reason to deviate from his or her course of actions if all other parties were to pursue their courses of actions. As a general rule, societies harbour more than one Nash equilibrium. Some yield desirable outcomes, others do not. The fundamental problem every society faces is to create institutions where conditions (1) and (2) apply to engagements that protect and promote its members' interests. When we come to study what economics has to say about the ideal role of the state (Chapter 8), we will have much to add about those interests.

Conditions (1) and (2), taken together, require an awful lot of coordination among the parties. In order to probe the question of which Nash equilibrium can be expected to be reached – if a Nash equilibrium is expected to be reached at all – economists study human behaviour that are *not* Nash equilibria. The idea is to model the way people form beliefs about the way the world works, the way people behave, and the way they revise their beliefs on the basis of what they observe. The idea is to track the consequences of those patterns of belief formation so as to check whether the model moves toward a Nash equilibrium over time, or whether it moves about in some fashion or other but not toward an equilibrium.

This research enterprise has yielded a general conclusion. Suppose the economic environment in a certain place harbours more than one Nash equilibrium. Which equilibrium should be expected to be approached – if the economy approaches an equilibrium at all – will depend on the beliefs that people held at some point in the past. It also depends on the way people have revised their beliefs on the basis of observations since that past date. But this is another way of saying that history matters. The narrative style of empirical economics that I spoke of earlier becomes necessary at this point. Model-building, statistical tests on data relating to the models, and historical narratives have to work together synergistically if we are to make progress in understanding our social world. Unfortunately, the study of disequilibrium behaviour would lengthen this monograph greatly. So I shall only allude to it from time to time. We will discover that, fortunately, a study of equilibrium behaviour takes us a long way.

We started this chapter by observing that mutual trust is the basis of cooperation. In view of what we have learned about the multiplicity of Nash equilibria, we are now led to ask what kinds of institution are capable of supporting cooperation. To answer that, it will prove useful to classify the contexts in which the promises people make to one another are credible.

Mutual affection

Consider the situation where the people involved care about one another and it is commonly known that they care about one another. The household is the most obvious example of an institution based on affection. To break a promise we have made to someone we care about is to feel bad. So we try not to do it. From time to time, though, even household members are tempted to misbehave. As people who live together can observe one another closely, the risk of being caught misbehaving is high. This restrains household members even when the temptation to misbehave is great.

That said, the household can't engage in enterprises that require people of many and varied talents. So households need to find ways to do business with others. The problem of trust reappears at the interhousehold level. This leads us to search for other contexts in which people can trust one another to keep their word.

Pro-social disposition

One such situation is where people are trustworthy, or where they reciprocate if others have behaved well towards them. Evolutionary psychologists have suggested that we are adapted to have a general disposition to reciprocate. Development psychologists have found that pro-social disposition can be formed by communal living, role-modelling, education, and receiving rewards and punishments (be it here or in the afterlife).

We don't have to choose between the two viewpoints; they are not mutually exclusive. Our capacity to have such feelings as shame, guilt, fear, affection, anger, elation, reciprocity, benevolence, jealousy, and our sense of fairness and justice have emerged under selection pressure. Culture helps to shape preferences, expectations, and our notion of what constitutes fairness. Those in turn influence behaviour, which are known to differ among societies. But cultural coordinates enable us to identify the situations *in* which shame, guilt, fear, affection, anger, elation, reciprocity, benevolence, and jealousy arise; they don't displace the centrality of those feelings in the human makeup. The thought I am exploring here is that, as adults, we not only have a disposition for such behaviour as paying our dues, helping others at some cost to ourselves, and returning a favour, we also ease our hurt by punishing people who have hurt us intentionally; and shun people who break agreements, frown on those who socialize with people who have broken agreements, and so on. By internalizing norms of behaviour, a person enables the springs of his actions to include them. In short, he has a disposition to obey the norm, be it personal or social. When he does violate it, neither guilt nor shame would typically be absent, but frequently the act will have been rationalized by him. Making a promise is a commitment for that person; and it is essential for him that others recognize it to be so.

People are trustworthy to varying degrees. When we refrain from breaking the law, it isn't always because of a fear of being caught. The problem is that although pro-social disposition isn't foreign to human nature, no society could rely exclusively on it. How is one to tell to what extent someone is trustworthy? If the personal benefits from betraying one's conscience are large enough, almost all of us would betray it. Most people have a price, but it's hard to tell who comes at what price.

Societies everywhere have tried to establish institutions where people have the incentives to do business with one another. The incentives differ in their details, but they have one thing in common: *those who break agreements without cause are punished.* Let us see how that is achieved.

Laws and norms

There are two ways. One is to rely on an external enforcer, the other on mutual enforcement. Each gives rise to a particular type of institution. Depending on the nature of the business they would like to enter into, people invoke one or the other. The coded term for one is the *rule of law*; for the other, it is *social norm*. People in the rich world rely heavily on the former, while in the poor world people depend greatly on the latter. Subsequently we will study the claim that it is *because* they have been able to depend extensively on the former for centuries that people in the rich world are now rich.

I shall illustrate the two methods of enforcement with the help of a numerical example of bilateral agreement. The numbers will allow us to draw insights without fuss. The example itself is based on the 'putting-out system' of production, widely practised in Europe in the 17th and 18th centuries and prevalent in poor countries today in the crafts. The system amounted to a patron–client relationship, but for our purposes here it can also be thought of as a partnership.

Imagine that person *A* owns some working capital (raw material, say), worth $4,000 to him. *A* knows *B*, who has the skills to use that capital to produce goods worth $8,000 in the market. *A* doesn't have those skills. However, *A* has access to the market, which *B* doesn't. *A* proposes to advance his capital to her, with the understanding that he will sell the goods once *B* produces them and share the proceeds with her. If *B* was not to work for *A*, she would use her time to produce goods for her home, worth $2,000 to her. In order to get her to accept his offer, *A* proposes a sharing rule that is hallowed by their tradition: the $8,000 would be used first to compensate both parties fully – $4,000 for *A* (the amount *A* would enjoy from the best alternative use of his working capital, which economists call the working capital's *opportunity cost*) and $2,000 for *B* (which is the opportunity cost of *B*'s time and effort); the remaining $2,000 would then be divided equally between the two. *A* would receive $5,000 and *B* $3,000. Each would gain $1,000 from the arrangement.

B regards the proposal as fair, but is worried about one thing: why should she trust *A* not to renege on the agreement by keeping the entire $8,000 for himself?

External enforcement

Here is one possible way to ensure that *B* could trust *A*: the agreement is enforced by an established structure of power and authority. In many societies, tribal chieftains, village or clan elders, and warlords enforce agreements and rule on disputes. Here we imagine that the external enforcer is the state and that the agreement is drawn up as a legal contract. We include on this list the implicit 'social contract' among citizens not to break the law. However, if contracts are to offer a viable means of doing things, breaches must be *verifiable*; otherwise, the external enforcer would have nothing to go by if asked to rule on it. To be sure, lawyers, like Becky's father, make a handsome living precisely because verification is fraught with difficulties. Rough estimates suggest that in the US, expenditure on the legal profession (lawyers, judges, investigators), on people who work in insurance (loss adjusters, insurance agents), and on those in law enforcement (the police) make up $245 billion a year, which is about 2% of the US's GDP; and I haven't included the defensive measures people take against possible litigations, burglary, and theft.

We leave aside the problems that arise in verifying breach of contract (but see Chapters 4–5) and note that if the punishment the state imposes for a violation is known to be severe relative to the temptation *A* faces to violate, *A* will be deterred from going that route. If *B* is aware of the force of that deterrence, she will trust *A* not to renege. And *A* will trust *B* not to renege, because he knows *B* doesn't fear that he will renege. In Becky's world, the rules governing transactions in the market place are embodied in the law of contracts. Becky's father's firm is a legal entity, as are the financial institutions through which he is able to accumulate his retirement pension, save for Becky's and Sam's education, and so on. He has an employment contract with his firm. The agreements he has reached with the saving and pension institutions are legal contracts. Even when someone in the family goes to the grocery store, the purchases (paid in cash or by card) involve the law, which provides protection for both parties (the grocer, in case the cash is counterfeit or the card is void; the purchaser, in case the product turns out on inspection to be substandard). Formal markets, from which people enter and exit when they need to or wish to, are able to function only because there is an elaborate legal structure that enforces the agreements known as 'purchases' and 'sales'. Moreover, it is because Becky's family, the grocery store's owner, and the credit card company are confident that the government has the ability and willingness to enforce contracts that they do business together.

Given that enforcing contracts involves resources, what is the basis of that confidence? After all, the contemporary world has shown that there are states and there are states. One answer – in a functioning democracy – is that the government worries about its reputation. A free and inquisitive press helps to sober the government into believing that incompetence or corruption would mean an end to its rule, come the next election. Notice how this involves a system of interlocking beliefs about one another's abilities and intentions. The millions of households in Becky's country trust their government (more or less!) to enforce contracts, because they know that government leaders know that not to enforce contracts efficiently would mean being thrown out of office. In their turn, each side of a contract trusts the other not to renege (again, more or less!), because each knows that the other knows that the government can be trusted to enforce contracts. And so on. Trust is maintained by the threat of punishment (a fine, a jail term, dismissal, or whatever) for anyone who breaks a contract, be the contract legal (Becky's father's employment contract) or social (the contract between the voters and the government in Becky's world to maintain law and order). We are in the realm of beliefs that are held together by their own bootstraps (our earlier condition (2)).

What I have presented is only the sketch of an argument. The complete argument is similar to the one which shows that social norms also offer a way to enforce agreements. So I turn to that for details.

Mutual enforcement

Although the law of contracts exists in Desta's country, her family can't depend on it. The nearest courts are far away and there are no lawyers in sight. As transport is very costly, her village is something of an enclave. Economic life is shaped outside a formal legal system. Nevertheless, Desta's parents do business with others. Saving for funerals involves saying, 'I accept the terms and conditions of the *iddir*'. As there are no formal credit markets where they live, villagers practise reciprocity so as to smooth consumption. A recent study has found that in a sample of villages in Nigeria nearly all credit transactions were either between relatives or between households in the same village. No written contracts were involved, nor did the agreements specify the date of repayment or the amount repaid. Social codes were implicitly followed. Less than 10% of the loans were in default.

Why do the villagers trust one another? They do, because agreements are mutually enforced: a threat by members of a community that stiff sanctions will be imposed on anyone breaking an agreement would deter everyone from breaking it. This is a common basis for doing business in the poor world. Among the Kofyar farmers in Nigeria, for example, agricultural land is privatized, but free-range grazing is permitted once the crops have been harvested. Like Desta's household, Kofyar households are engaged in subsistence farming, so labour isn't paid a wage. However, unlike Desta's village, where household farms manage on their own labour, the Kofyars have instituted communal work on individual farms. Although some of this is organized in clubs of eight to ten individuals, there are also community-wide work parties. A household that doesn't provide the required quota of labour without good excuse is fined (as it happens, in jars of beer). If fines aren't paid, errant households are punished by being denied communal labour and subjected to social ostracism. In a different context, systems of codes have served to protect fisheries in coastal villages of northern Brazil. Violations are met with a range of sanctions that include both shunning and sabotaging fishing equipment. And so on.

How is mutual enforcement able to support agreements? It is all well and good to say that sanctions will be imposed on opportunists, but why should the threats be believed? They would be believed if sanctions were an aspect of social norms of behaviour. To see why, assume for the moment that whether an agreement has been kept by each party is *observable* by all parties. No doubt this is a strong assumption, but as with 'verifiability', it is a useful starting point. Once we draw conclusions from it, we will be able to infer how communities could modify their institutions in situations where the assumption doesn't hold even approximately. That said, anyone who has visited villages in poor countries will know that privacy is not a fundamental right there. In tropical villages that I have visited, cottages are designed and clustered in such a fashion that it must be hard for anyone to prevent others from observing what they are about.

By a social norm we mean an accepted rule of behaviour. A rule of behaviour reads like: 'I will do *X* if you do *Y*'; 'I will do *P* if *Q* happens'; and so forth. For a rule of behaviour to *be* a social norm, it must be in the interest of each person to act in accordance with the rule if all others act in accordance with it; that is, the rule should correspond to a Nash equilibrium. To see how social norms work, let us return to our numerical example to study whether cooperation based on a *long-term relationship* can be sustained between *A* (we now call him the patron) and *B* (we now call her the client).

Imagine that the opportunity for *A* and *B* to do business with each other is expected to arise over and over again; say, annually. The time taken for *B* to produce her output is assumed to be well within a year. Let *t* denote time. So *t* assumes the values 0, 1, 2, . . . , and so on, *ad infinitum*; with 0 standing for the current year, 1 standing for the following year, 2 standing for the year following that, and so on, *ad infinitum*. Although the future benefits from cooperation are important to both *A* and *B*, they will typically be less important than present benefits. After all, there is always the chance that one of the parties will not be around in the future to continue the relationship, or that circumstances may change in such ways that *A* does not have access to his capital flow. To formalize this idea, we introduce a positive number *r*, which measures the rate at which either party discounts the future benefits from cooperation. (We will see that in the present example, it doesn't matter what *B*'s discount rate is. For expositional ease, though, I assume that both individuals discount their future costs and benefits at the rate r.) The assumption is that, when making calculations in the current year (which is $t = 0$), each divides his or her benefits in any future year t by a factor $(1 + r)^t$. (The term $(1 + r)^t$ denotes $(1 + r)$ multiplied to itself t times.) So, if r is positive, $(1 + r)^t$ exceeds unity for all future t; and since benefits in year t are divided by $(1 + r)^t$ when making calculations in the current year, the importance of those benefits decays by a fixed percentage r each year when viewed from today. The smaller is r, the greater is the weight placed on the benefits of future cooperation. We now show that, provided r is small, the pair could in principle enter a successful long-term relationship, where each year *A* advances $4,000 to *B*, sells the goods *B* has produced for $8,000, and pays her $3,000. The formal theory of long-term relationships was developed by the mathematicians Robert Aumann and Lloyd Shapley, and extended by the economists Drew Fudenberg, Eric Maskin, Ariel Rubinstein, and others. What I present here is an illustration of how the theory works.

Consider the following rule of behaviour that *A* might adopt: (i) begin by advancing $4,000 to *B*, (ii) sell the goods if she produces them during the year, (iii) share the proceeds according to the agreement, and (iv) continue doing so every year so long as neither party has broken the agreement; but (v) end the relationship permanently the year following the first defection by either party. Similarly, consider the following rule of behaviour that *B* might adopt: so long as neither party has reneged on the agreement, work faithfully for *A* each year; but refuse ever to work for him the year following the first violation of the agreement by either party.

The two rules embody a common idea: begin by cooperating and continue to cooperate so long as neither party has broken their word, but withdraw cooperation permanently following the first defection from the agreement by either party. Withdrawal of cooperation is the sanction. Game theorists have christened this most unforgiving of rules the 'grim strategy', or simply *grim*. We show next that grim is capable of supporting the long-term relationship if r is not too large.

First consider B. Suppose A has adopted grim and B believes that he has. He will advance her the capital at the beginning of year 0. B's best course of action is clear: keep to the agreement. For suppose she reneges on the agreement. She would lose \$1,000 (her share of \$3,000 minus the \$2,000 she would earn producing home goods), but gain nothing in any future year (remember, A has adopted grim). This means that no matter what B's discount rate is, she couldn't do better than to adopt grim if A has adopted grim.

The harder piece of reasoning is A's. Suppose B has adopted grim and A believes she has. If he has advanced the working capital to her, she will have worked faithfully for him in year 0. A now wonders what to do. If he reneges on the agreement, he would make a \$4,000 profit (\$8,000 minus the \$4,000 he could have earned with his capital even if he had not entered into the relationship with B). But since he believes B to have adopted grim; he must also believe that B will retaliate by never working for him again. So, set against a single year's gain of \$4,000 is a net loss of \$1,000 (the forgone profit from the partnership) every year, starting in year 1. That loss, calculated in year 0, is the sum, $\$(1{,}000/(1+r) + 1{,}000/(1+r)^2 + 1{,}000/(1+r)^3 + \ldots$ *ad infinitum*), which can be shown to add up to $\$1{,}000/r$. If $\$1{,}000/r$ exceeds \$4,000, it isn't in A's interest to break the agreement, which means that he can't do better than to adopt grim himself. But $\$1{,}000/r$ exceeds \$4,000 if and only if r is less than ¼, or 25% (per year). We have therefore proved that if r is less than 25%, it is in each party's interest to adopt grim if the other party adopts grim. But if both adopt grim, neither would be the first to defect, which implies that the agreement would be kept. We have therefore proved that grim can serve as a social norm to maintain a long-term relationship between the patron (A) and the client (B).

Economists have found evidence of grim in social interchanges, but it would appear to be in force mostly where people also have access to formal markets. In Desta's world, though, grim is not in evidence. Sanctions are graduated, the first misdemeanour being met by a small punishment, subsequent ones by a stiffer punishment, persistent ones by a punishment that is stiffer still, and so forth. How are we to explain this?

Where formal markets and long-term relationships co-exist, grim could be expected to be in operation. Grim involves permanent sanctions, which is a needed device for preventing people from engaging in opportunistic behaviour when good short-term opportunities appear nearby from time to time. But if, as in Desta's village, there are few alternatives to long-term relationships, communitarian arrangements would be of high value to all. Adopting grim would be an overkill in a world where people discount the future benefits from cooperation at a low rate. For that reason, the norms that are adopted involve less draconian sanctions than grim. A single misdemeanour is interpreted as an error on the part of the defector, or as 'testing the water' (to check if others were watching). This is why graduated sanctions are frequently observed.

Here then is our general finding: social norms of behaviour are able to sustain cooperation if people care sufficiently about the future benefits of cooperation. The precise terms and conditions will be expected to vary across time and place; what is common to them all is that cooperation is mutually enforced, it isn't based on external enforcement.

There is, however, a piece of bad news: people could end up not cooperating even if they care a lot about the future benefits of cooperation. To see how, imagine that each party believes that all others will renege on the agreement. It would then be in each one's interest to renege at once, meaning that there would be no cooperation. Even if r is less than 25% in our numerical example, behaviour amounting to non-cooperation is also a Nash equilibrium: *A* doesn't advance the $4,000 worth of raw material to *B*, because he knows that *B* won't work for him; she would refuse because of the fear that *A* won't keep his promise to share the proceeds; a fear that is justified, given that *A* intends not to share the $8,000 with her once she has produced those goods; and so on. Failure to cooperate could be due simply to an unfortunate pair of self-confirming beliefs, nothing else. No doubt it is mutual suspicion that ruins their chance to cooperate, but the suspicions are internally self-consistent. In short, even when appropriate institutions are in place to enable people to cooperate, they may not do so. Whether they cooperate depends on mutual beliefs, nothing more. I have known this result for many years, but still find it a surprising and disturbing fact about social life.

Could the pair form a partnership if *r* exceeds 25%? The answer is 'no'. As grim is totally unforgiving, no other rule could inflict a heavier sanction for a single misdemeanour. The temptation *A* faces to defect is less if *B* adopts grim than if she were to adopt any other rule of behaviour; which implies that no rule of behaviour could support a partnership if *r* exceeds 25%. Studying grim is useful, because it allows us in many examples, such as the present one, to determine the largest value of *r* for which cooperation is possible.

We now have in hand a tool to explain how a community can skid from cooperation to non-cooperation. Ecological stress – caused, for example, by increasing population and prolonged droughts – often results in people fighting over land and natural resources (Chapter 7). Political instability – in the extreme, civil war – could in turn be a reason why both *A* and *B* become concerned that *A*'s source of capital will be destroyed or confiscated. *A* would now discount the future benefits of cooperation with *B* at a higher rate. Similarly, if the two fear that their government is now more than ever bent on destroying communitarian institutions in order to strengthen its own authority, *r* would rise. For whatever reason, if *r* were to rise beyond 25%, the relationship would break down.

Mathematicians call the points at which those switches occur *bifurcations*. Sociologists call them *tipping points*. Social norms work only when people have reasons to value the future benefits of cooperation.

Contemporary examples illustrate this. Local institutions have been observed to deteriorate in the unsettled regions of sub-Saharan Africa. Communal management systems that once protected Sahelian forests from unsustainable use were destroyed by governments keen to establish their authority over rural people. But Sahelian officials had no expertise at forestry, nor did they have the resources to observe who took what from the forests. Many were corrupt. Rural communities were unable to switch from communal governance to governance based on the law: the former was destroyed and the latter didn't really get going. The collective vacuum has had a terrible impact on people whose lives had been built round their forests and woodlands.

Ominously, there are subtler pathways by which societies can tip from a state of mutual trust to one of mutual distrust. Our model of the partnership between A and B has shown that when r is less than 25%, both cooperation and non-cooperation are equilibrium outcomes. The example therefore tells us that a society could tip over from cooperation to non-cooperation owing merely to a change in beliefs. The tipping may have nothing to do with any discernible change in circumstances; the entire shift in behaviour could be triggered in people's minds. The switch could occur quickly and unexpectedly, which is why it would be impossible to predict and why it would cause surprise and dismay. People who woke up in the morning as friends would discover at noon that they are at war with one another. Of course, in practice there are usually cues to be found. False rumours and propaganda create pathways by which people's beliefs can so alter that they tip a society where people trust one another to one where they don't.

The reverse can happen too, but it takes a lot longer. Rebuilding a community that was previously racked by civil strife involves building trust. Non-cooperation doesn't require as much coordination as cooperation does. Not to cooperate usually means to withdraw. To cooperate, people must not only trust one another to do so, they also have to coordinate on a social norm that everyone understands. That is why it's a lot easier to destroy a society than to build it.

How does an increase or decrease in cooperation translate into macroeconomic statistics? Our numerical example captured a salient point, that an increase in cooperation raises incomes by permitting a more efficient allocation of resources: *A*'s working capital was put to better use under cooperation, as was *B*'s labour. Consider now two communities that are identical in all respects, excepting that in one people have coordinated at an equilibrium where they trust one another, while people in the other have coordinated at an equilibrium where they don't trust one another. The difference between the two economies would be reflected in their total factor productivity, which would be higher in the community where people trust one another than in the one where they don't. Enjoying greater income, individuals in the former economy are able to put aside more of their income to accumulate capital assets, other things being equal. So GDP growth there is higher. Mutual trust would be interpreted from the statistics as a driver of economic growth.

Communities and markets

How did people who now interact with one another get to connect in the first place? In Desta's village the answer is simple: mostly they have known one another from birth. People engaged in long-term relationships based on social norms – *communities*, for short – have to know one another, at least indirectly, through people they know personally. Desta's father, for example, knows most members of the *iddir* to which he belongs. The family know all those with whom they share the local commons. Communities are *personal* and *exclusive*. Members have names, personalities, and attributes. An outsider's word isn't so good as an insider's.

In contrast, the hallmark of transactions enforced by the law of contracts is that they can take place among people who don't know one another. In Becky's world, people are mobile, a pattern of behaviour not unrelated to the fact that they are able to do business even with people they don't know. Becky frequently doesn't know the salespersons in the department stores of her town's shopping mall, nor do they know Becky. When Becky's parents borrow from their bank, the funds made available to them come from unknown depositors. Literally millions of transactions take place each day among people who have never met and will never meet. Often, the exchanges take place only once, unlike exchanges based on long-term relationships. *Markets* are prime examples of institutions offering such opportunities. In contrast to communities, markets are *impersonal* and *inclusive*. Witness the oft-used phrase: 'My money is as good as yours'.

Property rights

Property rights to a commodity are the rights, restrictions, and privileges regarding its use. The subject is central to economics because it is closely related to the incentives people have to use goods and services in one way rather than another. Ill-defined property rights to a commodity usually spell bad news, because no one is fully able to capture the benefits that can be obtained from it; which is another way of saying that, all things considered, no one has an incentive to put the commodity to its most efficient use. For brevity, we will assume that ownership of a commodity includes (i) the right to use it in the way the owner chooses and (ii) the right to exchange it for some other commodity (by selling or leasing it) or to offer it as a gift.

In talking of property rights, we shouldn't only mean *private* property. There are a number of commodities in Desta's village that

5. **Children gathering fuelwood from the local commons**

are *communally* owned. Desta's community has historical rights to them. They are called 'common property resources' (*CPRs*), or simply the 'local commons'. CPRs are frequently natural resources (grazing fields, ponds, woodlands, coastal fisheries, mangrove swamps). But produced goods can be CPRs too. For example, villagers in the microwatersheds of poor countries have been known to build catchments that serve both as irrigation tanks and as fisheries. The tanks were built and are maintained by collective effort. They are regarded by villagers as CPRs. Where they are communally managed, CPRs aren't open to all, but only to those having historical rights. As the transactions involving them are typically not mediated by market prices, their fate can go unreported in national economic accounts (Chapter 7).

There is, however, a bad piece of news about institutions that regulate the use of CPRs. Entitlements to products from CPRs are frequently based on private land holdings: richer households enjoy a greater proportion of the benefits from the local commons. Access to the more productive bits of CPRs in India are not infrequently restricted to caste Hindus. That women are sometimes excluded has also been recorded – for example, from communal forestry. Communities can be as ruthless as markets.

CPRs are to be distinguished from goods to which there is *open access*. The latter category consists of commodities that belong to everyone, meaning that they belong to no one. Except for the case of knowledge about 'facts of nature' (Chapter 5), it is unusual for someone to produce something and then allow free access to it; which is why commodities to which there is open access are typically unconfined natural resources, such as the atmosphere and the open seas.

Even when ownership isn't in dispute, it can be that a property is managed badly. This can happen if, for example, those who own it are unable to cooperate (an unmanaged CPR), or if those who manage the property resort to corrupt practices (inflating a firm's profits by dubious accounting practices), or if directors of companies make decisions that are not in the interest of shareholders. So long as community members don't discount the future benefits of cooperation at too high a rate, collective agreements over the use of CPRs can be made credible by recourse to social norms of behaviour. Why then do people typically fail to reach agreement on the use of open access resources? The answer is that cooperation would involve too many people with differing needs and intentions. Moreover, as cheaper ways for extracting natural resources are discovered and economic growth is accompanied by ever increasing waste material that must find room somewhere, the extraction rate under open access increases. These factors explain why fisheries in the open seas and the atmosphere as a sink for carbon emissions are under severe stress today. Open access resources are overused, because no one has to pay for the right to use them.

Whether ownership is private, communal, or whether it is 'open access' depends in part on the commodity's characteristics. Mobile resources are difficult to privatize, but some can be prevented from becoming open to free access. Communities have been known to share river water, and coastal fisheries are often CPRs. Agreements are kept either by an external enforcer or by mutual enforcement. The context matters.

It is no accident that as much as 20% of Desta's household income is from the local commons, whereas the CPR in Becky's neighbourhood provides households there with the opportunity at best to picnic. Historical studies tell us that CPRs decline in importance as economies grow. They decline because the relative scarcities of goods and services change with economic growth. Compared to manufactured capital and human capital, land is pretty much fixed in size. Moreover, scientific and technological advances make available more and more productive uses for land. Some people want to develop the land for one set of purposes, others for other purposes. As it becomes ever harder for communities to reach agreement over the use of land-based CPRs, the urge to privatize grows.

Goods and services: classifications

It is good practice to distinguish one object from another if they happen to be distinct. Goods and services are commonly distinguished from one another by their physical and chemical properties (for example, potable water is different from wheat). People generally acknowledge that goods and services should be distinguished from one another also by their location, as is implicit in the disparagement that someone is 'bringing coals to Newcastle'. Thus, potable water in the Sahara is a different commodity from potable water in Alaska. The economist Erik Lindahl showed many years ago that to make sense of borrowing, saving, lending, and investing (Chapter 6), we should distinguish goods and services from one another also by the date of their appearance. As potable water today is a different commodity from potable water tomorrow, we should acknowledge the difference. It follows from Lindahl's account that a durable commodity should be regarded as the stream of services it is expected to provide over time.

The economist Kenneth Arrow showed that commodities should be distinguished from one another even more finely. He argued that in order to make sense of insurance and the stock market, we should distinguish goods and services from one another also by the uncertain contingencies in which they appear. It follows from Arrow's account that potable water tomorrow in case the weather will be cold is a different commodity from potable water tomorrow in case it will be hot.

Planning for the future requires that we make provisions of goods and services at future dates. When a trader in Becky's world buys wheat forward – that is, he pays now for a bushel, to be delivered in six weeks' time, say – he buys wheat of a certain composition (kernel size, moisture content, and so forth), to be delivered in six weeks' time, no matter what. By storing maize in their home, Desta's parents try to ensure that the household is able to consume maize until near the next harvest, no matter what. In terms of Lindahl's classification, both the trader and Desta's parents are purchasing 'dated commodities'. But the future is inevitably uncertain. By paying an annual insurance premium on their home, Becky's parents purchase a replacement for their home during the following year *if and only if* their home is damaged. (They don't get the premium refunded should their home remain undamaged at the end of the year.) The commodity they are buying is a home that replaces the present one during the following year if and only if their present home is damaged. In Arrow's terminology, they are purchasing a 'contingent commodity'.

Private goods, public goods, and externalities

By a *private good* economists mean a commodity whose use is both rivalrous and excludable. Food is a quintessential private good. If someone consumes an additional unit of food from a given amount, all others taken together will have a unit less to consume (that's 'rivalrous'); and so long as the rights to the food someone possesses are protected, he or she can exclude others from consuming any of it (that's 'excludable'). Most of the goods we consume or use are, in this sense, private. In sharp contrast, a *public good* is a commodity whose use is *non*-rivalrous and *non*-excludable. National defence comes readily to mind. If a nation has the equipment to protect itself against attack, it not only protects all who live there, it would cost nothing more to protect anyone else who comes to live there (that's 'non-rivalrous'); moreover, it wouldn't be possible to exclude anyone who comes to live there from that protection (that's 'non-excludable'). There are public 'bads' as well. Effluence from paper mills is a ready example.

Public goods are the mirror image of resources to which access is open. In contrast to open access resources, which are overused, public goods are undersupplied if people are left to their own devices. The economists Knut Wicksell and Paul Samuelson traced the reason for that undersupply to the incentives people have to *free-ride* on the provisions others happen to make. The point is that once a public good is supplied, it is a commodity to which access is open. But the private incentive to supply the good won't take that benefit into account. Wicksell and Samuelson argued that the problem can be overcome only by collective action. That action can take one of two forms: (i) public provision; (ii) publicly subsidized private provision. Where the geographical reach of a public good is confined (forest cover in microwatersheds; local sewage systems), 'public' may mean the community or the local government. In either case we are in the realm of local politics. In Desta's world, local public goods are usually supplied by the community; in Becky's, they are the responsibility of local government. In neither world does the market take the lead. Where the public good is confined within a national boundary (national defence), collective action means state involvement, and so, national politics. When the public good is unconfined (the global circulation system governing climate), collective action can only mean involvement of the international community, and so, international politics.

The private provision of public goods confers an extreme form of an effect known as *externalities*. By an externality, we mean the effects that decisions have on people who have not been party to the decisions. In some cases the effects are beneficial (they are known as *positive* externalities); in other cases they are detrimental (*negative* externalities). Primary education and public health measures confer positive externalities. If I become literate, I benefit; but so do others who are literate, because they can now communicate with me via non-oral means. Similarly, if I get inoculated against an infectious disease, I benefit; but so do others who are susceptible to the disease, because they are no longer in danger from me. Imagine now that education and inoculation are institutionalized as private goods. Each household would underinvest in both, because none would take into account the benefits they would be conferring on others.

In contrast, crowding on highways and sulphur oxides in a city's airshed involve negative externalities. If you drive your car on the highway, presumably you benefit; but you add to congestion and so cause others to suffer on the highway. Similarly, when your car emits sulphur oxides, others living under the airshed suffer a loss. Each such case involves the free-rider problem, much referred to by political commentators today. The idea that free-riding and externalities are related is old. The economist A. C. Pigou noted the problem in the 1920s and advocated the use of taxes and subsidies, respectively, for reducing the private supply of negative externalities and increasing the private supply of positive externalities.

Money

By subsistence agriculture, economists mean self-sufficient agrarian households. Desta's household isn't quite like that, but it is close enough. Becky's household is very different. Her parents' income is used to obtain the goods and services her household consumes. The household does that by trading in the market. If you were to itemize the number of transactions Becky's household makes each year, the vast majority – consisting mostly of very small items, such as groceries – are for immediate consumption. Payments in Becky's world are made in money, expressed in US dollars. The notes and coins that form a part of what goes by the name 'money' possess no intrinsic worth. So why do people hold them? Why do we need a medium of exchange in the first place?

Imagine a world where everyone is known to be utterly trustworthy; where people don't incur any cost in computing, remembering, and recognizing people; and where every transaction – whether here and now, or across time, space, and uncertain contingencies – can be carried out costlessly. In that world people would be able to do business with one another merely on the basis of their word. There would be no need for money.

We don't live in that world. To see why money is a necessary medium of exchange in the world we live in, imagine that person *A* possesses wheat, person *B* rice, and person *C* maize. Let us suppose also that *A* likes rice, *B* maize, and *C* wheat. Bilateral exchanges of goods (more commonly known as 'barter') would be impossible because of an absence of what economists call a 'double-coincidence of wants': *A* wants *B*'s rice but can't barter with *B* because *B* doesn't care for *A*'s wheat; and so on. The example is stark, but the problem it poses is very general. The use of money as a medium of exchange enables people to do business with one another even in the absence of a double-coincidence of wants. Money is a legal tender in both Becky's and Desta's worlds because the governments in their countries say it is a legal tender and back that statement with the power of their authority. Paul Samuelson constructed a model not dissimilar to the one we studied earlier (of a partnership between persons *A* and *B*) to show that, although money is intrinsically valueless, people hold money because they want to be able to purchase goods and services without possessing goods and services with which to barter. So money is not only a medium of exchange, but also a store of value. Becky's household wouldn't be able to survive if it didn't live in a monetary economy. Desta's household, being nearly self-sufficient, could just about survive. However, we should avoid imputing causality when there is none. If Becky's household lived in a place where markets were absent, it too would try to be self-sufficient. The family would be destitute if her father tried to live on his skills as a lawyer. Of course, even Desta's parents need money to purchase the goods available in the few markets that exist in their village environment. They accept money in exchange for the liquor Desta's mother brews and the teff her father grows.

Notes and coins issued by the government are not the only kind of money in Becky's world. Business transactions most often use cheques drawn from one bank to another. As current account balances also serve as a medium of exchange, they are also money. When signing a contract, the relevant parties entertain certain beliefs about the dollar's future value, by which I mean beliefs concerning the bundles of goods and services a dollar will purchase in the future. Those beliefs are based in part on their trust – more accurately, *confidence* – in the US government to manage the value of the dollar. Of course, the beliefs are based on many other things besides, but the important point remains that money's value is maintained only because people believe it will be maintained. Similarly if, for whatever reason, people fear that the value will not be maintained, then it won't be maintained. Currency crashes, such as the one that occurred in Weimar Germany in 1922–3, are an illustration of how a loss in confidence can be self-confirming. Bank runs share that feature, as do stock market bubbles and crashes. There are multiple social equilibria, each supported by a set of self-confirming beliefs. One of the most important purposes of monetary policy is to maintain the value of money.

Money enables transactions to be anonymous. Those anonymous transactions are concluded in one go, as when Becky buys CDs in the department store of her town's shopping mall and pays for the purchases in cash. Millions of transactions take place each day between people who have never met and will never meet. The problem of trust is in great part solved in Becky's world by building confidence in the medium of exchange: money.

Because of an absence of good roads, electricity, and running water, markets are unable to penetrate Desta's village. Becky's suburban town, in contrast, is embedded in a gigantic world economy. Becky's father is able to specialize as a lawyer only because he is assured that his income can be used to purchase food in the supermarket, water from the tap, and heat from cooking ovens and radiators. Specialization enables people to produce more in total than they would be able to if they were each required to diversify their activities. Adam Smith famously remarked that the division of labour is limited by the extent of the market. Earlier we noted that Desta's household doesn't specialize, but produces pretty much all daily requirements from a raw state. Moreover, the many transactions it enters into with others, being supported by social norms, are of necessity personalized, thus limited. There is a world of a difference between markets and communities as the basis of economic activities because there is a world of a difference between laws and social norms.

Culture

The models we have been studying capture those all-too-familiar situations where cooperation requires institutions (arrangements for implementing agreements, which specify who is to keep an eye on whom, who is to report to whom, and so forth), but where non-cooperation is a possible outcome even when those institutions are in place. We know that certain institutions work smoothly in some places, but not in others. A nation may adopt an enlightened constitution, but whether its citizens can bring themselves to work within it is a different matter. What people choose to do depends, among other things, on their beliefs about one another. The theory I am developing here doesn't explain those beliefs; what it does is to identify those that are self-confirming. Economists call them *rational beliefs*. Nothing philosophically deep is meant by the term 'rational' here: rational beliefs are beliefs that are self-confirming, nothing more. The models have also told us that, in a wide variety of everyday situations, rational beliefs are not unique. Some give rise to outcomes that protect and promote human well-being, others thwart it. What gives rise to one set of rational beliefs rather than another? Could it be culture?

In his famous work on the influence of culture on economic development, the sociologist Max Weber took a community's culture to be its shared values and dispositions, not just beliefs. Studies as widely cast as Weber's can't easily be summarized, but the causal mechanism Weber himself would seem to have favoured in his work on the Protestant ethic and the spirit of capitalism leads from religion, through personal practices and political culture, to institutions, and thereby to economic outcomes.

Using culture to explain economic performance hasn't been popular among social scientists in recent decades; but there has been a revival. For example, economists have constructed a measure of trust in societies from the World Values Survey, which in the early 1980s and 1990s surveyed 1,000 randomly selected individuals in each of 40 countries and asked them if, generally speaking, they would say that most people could be trusted or that they could not be too careful in dealing with people. Trust was measured by the percentage who replied that most people could be trusted (the percentages were found to be pretty much the same in the two surveys). The investigators controlled for differences in GDP per head among the countries that were surveyed. The data revealed that trust, on the one hand, and judicial efficiency, tax compliance, bureaucratic quality, civic participation, infant survival rate, educational achievement, the performance of large firms, and growth in GDP per head, on the other hand, moved together. In statistical jargon, they were positively (and significantly) correlated. Not surprisingly, the data also revealed that trust and government corruption moved together, but in opposite directions. The two variables were negatively (and significantly) correlated.

We could conclude from the World Values Survey that trust is good for economic growth and several other good things besides. But the survey didn't identify the reasons why the degree of trust in each of the countries sampled was what it was. Nor *could* it identify the reasons. This poses a problem. As trust doesn't get created in a vacuum, its presence cries out for explanation. Which means that the presence of trust shouldn't be used to explain the presence of something else. What the statistical findings tell us is that such emergent features of an economy as the degree of trust people have in one another go hand in hand with economic progress, they tell us nothing more. Statisticians remind the rest of us repeatedly that correlation isn't the same as causation. It is an instruction social commentators have all too often ignored.

That said, to have observed a positive correlation between trust and economic progress is informative because the theory we have been developing here predicts positive correlation. If the correlation had been *negative*, we would have been utterly surprised. We would have questioned the finding and gone back to the drawing board, either by redoing the survey, or by trying to identify hidden variables in the data that could account for it.

All this is in line with a train of thought regarding institutions that I have been exploring here, that long-term relationships are often *substitutes* for trust in government officials to deliver public services or for confidence in the ability of formal markets to function adequately. Perhaps people enter into long-term relationships when the other institutions that could serve similar purposes are unreliable.

In addition to questions on trust, the World Values Survey contained a list of character traits and practices, including thrift, saving money and objects, determination, obedience, and religious faith. The survey asked people to identify the one they regarded as the most important. Based on their responses, political scientists have constructed an index of culture that reflects the personal motivation to achieve. Controlling for other factors, differences in economic growth and the index of personal motivation were found to go together – they were positively and significantly correlated.

This finding shouldn't be given a causal interpretation either. The motivation to advance oneself could depend on one's expectations regarding the chance that hard work pays off. Parents would instil personal ambition in their children only if they were sanguine that such ambition would not be thwarted by the social order. Women wouldn't rise beyond their station if they (rationally!) feared retaliation against them for their temerity. Even an attitude can be a determined rather than determining factor. When it's the former, an observed statistical link between the culture of, say, thrift and economic progress should be interpreted as a relationship, nothing more. I am using the term 'culture' here to denote differences in the beliefs people hold about one another. Culture in this view is a coordinating device.

Attitudes toward others and toward one's institutions are significant aspects of a society's culture. The models we have studied so far have focused on the latter. In what follows we look at the former, by studying socially influential behaviour.

Socially influential behaviour

The fertility rate (TFR) in Desta's world is more than twice as high as in Becky's world (Table 1). What accounts for the huge difference?

In Chapter 6 we will explore such factors as the costs and benefits parents experience from having children and the relative ease with which households have access to modern reproductive technology and health care. Here we focus on socially influential behaviour as a possible factor. Conformity is one example. By conformity, I mean imitative, or herd, behaviour. Reproductive behaviour is *conformist* if, other things being equal, each household's most desired size is larger, the greater is the average household size in the group with which it identifies.

In Figure 6, I have drawn a hypothetical curve, AB, which reflects the dependence of the average household's desired fertility rate (*Y*) on the community's fertility rate (*X*). It is upward-sloping, reflecting conformist behaviour. I have so drawn AB that it intersects the 45-degree line at three values of *X*: 2, 4, 7. The hypothetical community would be at a reproductive equilibrium at each intersection: as long as the community's fertility rate is 7, the average household would most desire 7; but if it is 2, the average household would desire 2. So, conformism can be the reason for the

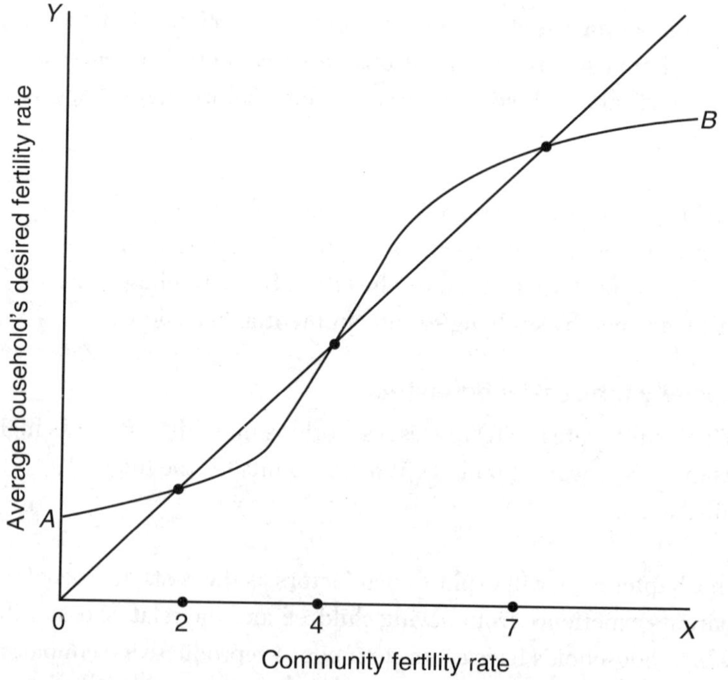

6. The relationship between the average household's desired fertility rate and the community's fertility rate

existence of multiple reproductive equilibria. This means that communities that are separated from each other, but are otherwise identical, could behave very differently. In our example, it could be that the TFR in some communities is 2, while in others it is 7. (A TFR of 4 is also a reproductive equilibrium, but it is unstable, meaning that if a community's TFR were ever so slightly different from 4, it would diverge from 4 even more with time.)

People tend to identify with more than one group. Often, our food habits have been acquired from our parents, our work habits influenced by those in our profession, our leisure habits by our class, and our reproductive goals by our religion or ethnic background. It may be that we conform because we care about our status, and our actions signal our willingness to be a part of our group. No matter what the basis of conformism happens to be, there would be practices encouraging high fertility rates that no household would unilaterally wish to break. Those practices could have had a rationale in the past, when mortality rates were high, rural population densities were low, the threat of extermination from outside attack was large, and mobility was restricted. But practices can survive even when their original purposes have disappeared, especially perhaps if people look over their shoulders at what others are doing before deciding what they themselves will do.

Conformist behaviour would change over time if the reference group on whose behaviour households base their own decisions changes. Even within a group there are those who experiment, take risks, and refrain from joining the crowd. They are the tradition-breakers, often leading the way. Demographers have noted that educated women are among the first to make the move towards smaller families. Middle-class behaviour can also be the trigger for change. A possibly even stronger pathway is the influence newspapers, radio, television, and the internet exert by transmitting information about lifestyles elsewhere. In other words, the media can be a vehicle by which conformism increasingly becomes based on the behaviour of a wider population than the local community:

the reference group widens. Increased conformity with the behaviour of people in distant lands can even be mistaken for growth in individualism. We now have the beginnings of a theory of *demographic transitions*, by which we mean a relatively brief period of time during which the TFR cascades down from a high figure to a relatively low figure. In recent years there have been signs of demographic transitions even in parts of sub-Saharan Africa, where the TFR has dropped from 7–8 to 4–5. But there remain parts of the continent where the TFR remains nearly 8.

In her study of demographic change in Western Europe over the period 1870–1960, Susan Cotts Watkins found that in 1870, before the large-scale declines in marital fertility had begun in most areas of Western Europe, demographic behaviour differed greatly within countries. The fertility rate among provinces (counties, cantons) differed considerably, even while differences within provinces were low. There were spatial clusters within each country, suggesting the importance of the influence of local communities on behaviour. By 1960, though, differences within each country were less than they had been in 1870. Watkins explained this convergence in behaviour in terms of increases in the geographical reach national governments enjoyed over the 90 years in question. The growth of national languages could have been the medium through which reproductive behaviour spread.

More transient forms of herd behaviour are fads and fashions. Imagine that each person can choose one of two actions, *P* and *Q*. Suppose that everyone has an intrinsic preference for *P*, but that people also like to conform. To model this, imagine that each person would choose *P* over *Q* if the proportion of people choosing *Q* is expected to be less than 65%, but that each person would choose *Q* over *P* if the proportion is expected to exceed 65%. The figure 65% is a *critical mass*. (Mathematicians would call the critical mass a *separatrix*.) Once again, simple herd behaviour could lead everyone to adopt *Q*, even though they would all have preferred that everyone had adopted *P*. A dynamics similar to the one I have just sketched to describe demographic transitions shows that fads and fashions can disappear without much prior notice.

Competitiveness (trying to 'beat the Jones's') can also lead to socially influential behaviour. Surveys in which people in Desta's world were asked to report how happy they were as compared to the past have confirmed that income matters to the very poor: reported happiness was found on average to have increased with rising incomes. But similar surveys have found that income doesn't contribute to happiness among people who have a good deal more than the basic necessities of life. Those who are poorer in Becky's world are certainly less happy; but even though there was economic growth in the periods covered by the samples, the distribution of declared happiness remained pretty much the same.

A possible explanation is that, when income levels are reasonably high, the extent to which someone feels happy is influenced by his income *relative* to the average income of his reference group. In the presence of such a competitive urge, a 'rat race' ensues and resources are wasted. The multiple equilibria are of growth rates in incomes. In each equilibrium people grow richer on average and consume more, but don't feel any happier.

Chapter 3
Communities

People throughout history have been known to devise ingenious ways to cooperate. One way is to make the benefits and burdens in one engagement depend not only on what takes place there, but also on what happens in some other engagement. In Desta's village the same set of households share the local commons, offer one another loans, join the *iddir*, and help one another out in times of need. The interesting point isn't that the same group of people are in a number of long-term relationships (who else is there to form long-term relationships with?), but that the relationships are tied to one another.

Tied engagements

To see how ties can help, suppose that in the patron–client relationship we studied in the previous chapter, the discount rate *A* (the patron) uses to value the future benefits of cooperation with *B* (the client) exceeds 25% (or ¼) per year. We know that for want of trust, the pair would be unable to form a partnership. But now imagine that, in addition to the annual flow of $4,000 worth of working capital *A* has access to, he has access to an annual flow of a different type of working capital, worth $3,000 to him. *B* doesn't have the skills to work with that capital, but someone named *C* does. The time *C* would need to work *A*'s capital into a marketable product is worth $1,000 to her. Like *B*, person *C* doesn't have access to the market for products. The product can fetch $6,000 in the market and *A* is in a position to procure it. *A* considers approaching *C* with a proposal to form a partnership: the $6,000 would be used first to compensate the pair; the surplus would then be divided equally between them. Each would enjoy a profit of $1,000 annually. For what values of *r* is a partnership between them viable?

As *C*'s motivations in the potential relationship are similar to *B*'s in the previous example, we needn't study them again. But we do need to work through *A*'s reasoning, because the numbers matter. So let us start in year 0. Suppose *C* has adopted grim. If *A* advances his capital to her but reneges on the agreement once she has produced the output, he gains $3,000 ($6,000 minus $3,000) that year. Set against it is the $1,000 he would lose every year, starting in year 1. That loss, calculated in year 0, is $1,000/*r*. If 1,000/*r* is less than 3,000, *A* will renege. If, on the other hand, 1,000/*r* exceeds 3,000, *A* can do no better than to adopt grim himself. Since 1,000/*r* exceeds 3,000 if and only if *r* is less than 1/3 (approximately 33%), the pair are able to form a long-term relationship if *A*'s discount rate is less than 1/3 per year. So suppose *r* *is* less than 1/3. Then *A* is able to form a relationship with *C*, but not with *B* (*r* exceeds ¼, remember; and 1/3 exceeds 1/4).

We are now able to show that *A* could form a relationship with *B* if the three were to tie the pair of undertakings. Let the proposal be to create both partnerships, but with the understanding that if any party in any year was to act opportunistically, *both* relationships would be terminated. In order to formalize this, let the rule of behaviour adopted by *B* (respectively, *C*) now read: begin by cooperating with *A* and *C* (respectively, *B*) and continue to cooperate so long as *no one* has broken their agreement, but cease cooperating with everyone following the first defection by any one in either relationship. Similarly, let the rule of behaviour adopted by *A* now read: begin by cooperating with *B* and *C* and continue to cooperate so long as *no one* has broken their agreement, but cease cooperating with everyone following the first defection by any one in either relationship. Each of the parties has adopted grim once again, but grim here comes with an added sting.

It's easy enough to confirm that *B* would adopt grim if *A* and *C* adopt grim and that *C* would adopt grim if *A* and *B* adopt grim. The interesting exercise is to determine *A*'s incentives to cooperate if *B* and *C* adopt grim. As both clients would terminate their relationship with him if he behaved opportunistically with either, *A* would defect from both relationships if he defects at all. What remains is to calculate *A*'s gains and losses if he defects from both relationships in year 0. If he does, he gains $7,000 now ($4,000 from his partnership with *B*; $3,000 from his partnership with *C*). Set against that is the value of all the future benefits from cooperation he will have to forgo. That loss is $\$(1{,}000 + 1{,}000)/r$. It follows that *A* can't do better than to adopt grim himself if $7,000 is less than $\$2{,}000/r$; which is to say, if r is less than $2/7$. Since $2/7$ exceeds $1/4$ (it lies between $1/4$ and $1/3$), the condition under which *A* and *B* are able to cooperate is weaker. Suppose r is less than $2/7$ (per year), but greater than $1/4$ (per year). By tying the relationships, both can be created; whereas, if they are kept separate, only the one between *A* and *C* can form. The intuition behind the finding is clear. *A* faces greater temptation to defect from his agreement with *B* than the one with *C*, which is why the circumstances under which a relationship could form with *B* are more restricted than they are with *C* ($1/4$ is less than $1/3$). By tying the two relationships, *A*'s temptation to break his relationship with *B* is reduced ($2/7$ exceeds $1/4$).

While *C* doesn't lose from the move to tie the partnerships, she doesn't gain either. Only *A* and *B* gain. So *B* has every reason to offer solidarity to *C*, whom she now regards as a professional comrade. *B* may even offer a small compensation to *C*, so as to give her a positive incentive to agree to having the two partnerships tied. In return, *C* promises to stick by *B* should *A* mistreat her. He doesn't do that, of course, but only because he is smart enough to know that *C* would break up their relationship if he did.

Further refinements are needed when people who wish to trade with one another are separated by distance. Community responsibility systems in Italy during the 12th and 13th centuries helped people to obtain credit and insurance. Transgressions by a party were met in a collective way: the group to which the injured party belonged imposed sanctions on the group of which the transgressor was a member. In such arrangements it is communities, not individuals, that acquire a reputation for honesty. Tying relationships in this manner creates incentives for members of a peer group to keep an eye on one another. The institution reduces the costs people incur in keeping an eye on one another.

The drawback of tied relationships among people having different interests is that they require further coordination. If, in our numerical example, *B* possessed not only her own skills but those of *C* as well, and if she had the time to work for *A* in both ventures, it would be simpler for *A* to offer both partnerships to *B*, with the proposal that *they* be tied. The relationship would involve only *A* and *B*, requiring less coordination.

Networks

The distinction between personal and impersonal transactions is not sharp. Even in a sophisticated market (modern banking), reputation plays a part (credit rating of the borrower). But the distinction is real. Meeting new people in Becky's world is often accidental, but people spend resources in order to make new acquaintances. Why? One reason is that new acquaintances may be in a position to provide *information*.

One can think of interpersonal networks as systems of communication channels linking people to one another. Networks include as tightly-woven a unit as a nuclear family or kinship group, and one as extensive as a voluntary organization, such as Amnesty International. We are born into certain networks and enter new ones. Personal relationships, whether or not they are long-term, are emergent features within networks.

The clause 'personal relationships' in the notion of networks is central. It involves trust without recourse to an external enforcer of agreements. Scholars have argued that civic engagements in Becky's world and communal activities in Desta's world heighten the disposition to cooperate. The idea is that trust begets trust and that this gives rise to a positive feedback between civic and communal activities and a disposition to be so engaged. That positive feedback is, however, tempered by the cost of additional engagements (time), which, typically, rises with increasing engagements. The economist Albert Hirschman has observed that trust is a *moral good*, in that it grows with use but decays with disuse; which means that we don't need to 'economize' on trust, in the way we need to with 'bread and butter goods' like bread and butter. Trust shares this feature with skills: the more one practises a skill, the better one gets at it.

Weak ties

Relationships can be strong or weak. One can be misled by this into thinking that weak ties are not valuable. In fact they can be very valuable. While working at his previous job, Becky's father learnt through word of mouth that the firm he now works for was looking to hire someone with his qualifications. There is much empirical evidence that weak ties are useful because they connect people to a wide variety of other people, and so, to a large information base. Engagements among people with weak ties in Becky's world are untied. Becky's father has little to do with the Parent-Teacher Association (PTA), of which her mother is an active member. Similarly, Becky's mother has nothing to do with the association of lawyers to which Becky's father belongs. Moreover, neither the PTA nor the Bar Association play any role in their social life.

Strong ties

In Desta's world ties are mostly strong because they involve tied engagements in long-term relationships. As this sort of arrangement sets limits on the range of people with whom people are able to do business, it offers few opportunities for material advancement. In Chapter 6 we will confirm that strong ties among kinship hinder economic progress in the contemporary world, by limiting the amount of insurance coverage households are able to obtain, by maintaining a low rate of return on investment, and by stimulating fertility. But if used wisely, strong ties can be of help in seeking economic opportunities in the outside world. Consider migration. One enterprising member of the rural community moves to the city, supported by those with whom he has strong ties at home while he searches for work. He is followed by others in a chain-like fashion, as information is sent home of job prospects. Migrant workers even recommend village relations to their bosses. Bosses in turn favour their employees' kin, because doing so reduces the risks involved in hiring people they don't know. This would explain why city mills in poor countries have been found to employ disproportionate numbers of workers from the same village. Markets and communities are capable of functioning in such ways as to offer mutual benefits.

Why do networks in Desta's world operate along ethnic or kinship lines and why are they multi-purpose and dense, unlike the specialized professional networks such as those of academic economists and psychotherapists in Becky's world? Our previous analysis offers an answer. As membership is defined by birth, entry into ethnic or kinship networks is impossible, nor is exit possible. Moreover, membership is easily verifiable. Proximity within the village enables individuals to know one another's characteristics and dispositions well. Consequently people there don't suffer much from a problem known in the insurance industry as *adverse selection*. In the insurance context, firms are said to face a problem of 'adverse selection' when people who are bad risks are indistinguishable from people who are good risks and are able to displace the latter. Proximity within the village also enables people to observe one another and see what they are about. Consequently people there don't suffer much from a problem known in the insurance industry as *moral hazard*. In the insurance context, firms are said to face a problem of 'moral hazard' when insurees don't take those precautions against bad outcomes that may have been agreed upon. Tied long-term relationships make the networks multi-purpose and dense. In contrast, people enter and exit professional networks out of choice, with the result that the networks have sharp, limited goals. Membership doesn't impose constraints on what people can do with other aspects of their lives, such as where to shop, what to eat, which school to send their children.

We shouldn't be surprised that the networks people bequeath their children in Desta's world frequently amount to ethnic or kinship networks, for who else is there in rural societies with whom one can form links? However, even though it is true that exit from one's ethnicity or kinship is literally impossible, children do have a choice of not *using* the networks they have inherited. Why then do people

7. Teff threshing in Ethiopia

maintain so many inherited networks even in Becky's world? The reason they do is that one can't costlessly re-direct relationships once they have been established. Such investments are specific to the relationships. Moreover, as trust begets trust, the cost of maintaining a relationship declines with repeated use (witness that we often take our closest friends and relatives for granted). The benefits from creating new relationships are low if one has inherited a rich network of relationships, which is another way of saying that the cost of not using inherited networks is high. Outside opportunities have to be especially good before it is in someone's interest to cease making use of inherited links. This explains why we maintain so many of the relationships we have inherited from our family and kinship, and why norms of conduct pass down the generations. We are, so to speak, locked in from birth.

Chapter 4
Markets

Just as communities differ from one another, markets differ from one another. Markets come in so many varieties, that it makes good sense to determine their ideal form and examine why and how actual markets differ from the ideal.

Ideal markets

Economists refer to departures of markets from their ideal form as 'market failure'. Each kind of market failure offers society a reason to explore how other institutions, such as households, communities, and government, could improve matters. The argument works the other way too. Understanding ideal markets enables us to uncover clues as to how markets could improve matters in situations where households, communities, and government don't work so well. Of course, all this presupposes that ideal markets are a good thing. One of our tasks here is to explore the sense in which they are a good thing.

A single market

It helps to begin the formal study of markets by isolating a commodity and developing the account of an ideal market for it. Let us denote the commodity as *X*. For concreteness, we will suppose that *X* is a non-durable consumption good, meant for consumption now. As we are studying ideal markets, I assume that *X* is a private good, implying that there are no externalities associated with its consumption or production. For convenience I will use X also to denote its quantity.

Imagine that there are many firms that could potentially supply X and many households that are potential consumers of X. Firms are owned by households. By a *market* for X we mean a clearing house for X. Firms bring their supplies of X to the market and households arrive there to make their purchases of X. As the markets for goods and services are interconnected (the demand for tea would be expected to increase if the price of coffee was to increase), we would be justified in studying the market for X in isolation only if (i) the resources devoted to the production of X are small compared to the resources devoted to the production of all the other goods and services in the economy, and (ii) the expenditure on X by each household is but a small fraction of its total budget. We make both assumptions here and suppose in addition that all other goods and services are transacted in their own markets. Assumptions (i) and (ii) imply that the prices of all other goods and services are pretty much uninfluenced by what happens in the market for X. That being so, we can value the remaining goods and services in the economy in terms of their prices and sum them so as to create an aggregate index in terms of which X is priced. Let us call that index *wealth*, expressed in, say, dollars. In the language of economics, wealth is our *numeraire*. Purchases and sales of X take place at the price quoted in the market for X.

You will no doubt have noticed the circularity in the reasoning I have deployed here. How can we justify assuming in advance of any analysis of the market for X that the production and purchases of X involve, respectively, only a small proportion of the economy's resources and only a small proportion of each household's budget? By now though, you will have grown used to circular reasoning in economics (Chapter 2). Our previous discussions have shown us that it is a powerful method of analysis. Here we have begun by assuming (i) and (ii). If we now were to discover empirically that near an equilibrium of the market for X (defined below) the assumptions are correct, the basis for the analysis will have been justified.

In an ideal market households and firms are all price-takers. We may imagine that an auctioneer cries out the price of X and that firms and households make their respective decisions on the basis of that price. The quantities purchased by each household and sold by each firm are assumed to be verifiable, as is the quality of X. Payments are enforced by an external agency (government). People neither steal X nor renege on their payments for X. If they tried to do either, they would be caught and punished by the enforcer (Chapter 2).

Suppose the price of X is P. By a household's *demand* for X we mean the quantity of the good it would wish to purchase at P. If a household's willingness to pay for each unit of X declines as the number of units it purchases increases, it would demand the good to the point where its willingness to pay for the marginal unit of X equals P. (If it demanded more, the household would have to pay more than it was willing to pay for the last unit demanded, meaning that the household would reduce its demand; whereas, if it demanded less, the household would be paying less than it was willing to pay for the last unit demanded, meaning that it would demand still more.) As X is a private good, the *market demand* for X at price P is the sum of all household demands at P. We have just argued that if P were 'high', market demand would be 'low'; if it were 'low', market demand would be 'high'. This feature gives rise to a downward sloping market demand curve, drawn hypothetically as DD' in Figure 8. Market demand for X is measured along the horizontal axis, while P is measured along the vertical axis.

It can be that firms own different technologies for producing X. We suppose, though, that all technologies display diminishing returns in production, by which I mean that the cost of producing an additional unit of X (the cost being computed at the prices that

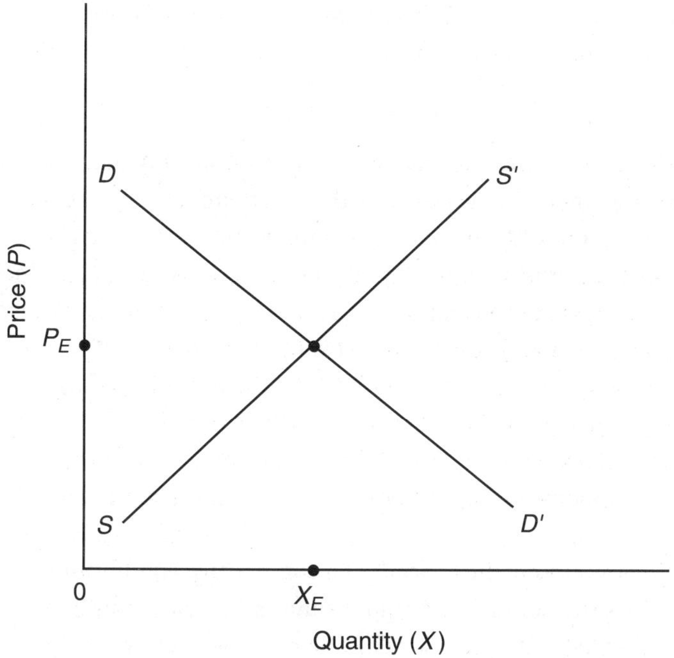

8. Demand and supply curves

prevail for all the inputs required to produce X) increases if the quantity produced was to increase. As firms are owned by households, the objective of every firm is to maximize its profit in the market for X. By a firm's *supply* of X at P we mean the quantity it would be willing to sell at P. A firm would produce the good to the point where the cost it incurs for the last unit produced – its *marginal cost of production* – equals P. (If the firm produced more, it would make a loss on the last unit it produced, which means that it ought to reduce production; whereas, if it produced less, the firm could increase its profit by producing a bit more.) In short, each firm would plan to produce to the point where its marginal cost of production equals P. The *market supply* of X at P is the total quantity of X that all the firms in the economy are willing to supply at P. We have just argued that if P were 'high', market supply would be 'high'; if it were 'low', market supply would be 'low'. This feature gives rise to the upward sloping market supply curve, drawn hypothetically as *SS′* in Figure 8. Market supply of *X* is measured along the horizontal axis, while *P* is measured along the vertical axis.

Figure 8, which was the creation of the economist Alfred Marshall, brings together what is probably the most famous pair of curves in all of economics: the demand and supply curves. The curves intersect at a unique point (X_E units of the good, at price P_E), which is an *equilibrium* of the market for *X*. It is an equilibrium, because at P_E, market demand equals market supply, implying that the market for *X* clears. Economists frequently add the adjective 'competitive' to the word 'equilibrium', because, as the market being studied involves many firms, they are all price-takers. Which is why we say that P_E supports a *competitive equilibrium* in the market for *X*.

Notice how closely the concept of a competitive equilibrium resembles the notion of an equilibrium in the communities we studied earlier. At P_E, those who wished to be active participants in the market for *X* – whether as suppliers or purchasers – discover that their intentions can be carried out. Those who chose not to enter the market at that price discover that they were right not to have entered: the market clears at P_E, leaving nothing over which anyone could bargain. P_E enables a set of expectations on the part of households and firms to be fulfilled. Notice too the parsimony of information that households and firms need to have in order to participate effectively in the market for *X*. A household needs to know its own 'mind' (that is, what it is willing to pay for the good) and the price *P*. It doesn't need to know anything about other households, nor about the cost conditions facing firms. Similarly, a firm needs only to know the technology available to it, the prices it has to pay for its inputs in production, and the price of *X*. It doesn't need to know anything about households' willingness to pay, nor anything about the technologies of rival firms. The equilibrium price, P_E, acts as a coordinating device for allocating *X* and the resources needed to produce *X*. P_E is an emergent feature of the market for *X*.

In what sense is the market I have just described 'ideal'? It is ideal in the sense that the equilibrium supplies and demands would have been chosen by a planner (or regulator), whose objective was to promote household interests by maximizing their joint wealth, and who proceeded to do just that by instructing each firm on how much X to produce and each household on how much X to consume. The proof requires a little bit of patience, but is worth rehearsing. Let us suppose first that the plan the regulator proposes is one in which the marginal costs of production of a pair of firms, 1 and 2, differ; say, the marginal cost for firm 1 exceeds that for firm 2. Total wealth could be increased by a slight change in the regulator's plan: reduce firm 1's output by one unit and raise firm 2's output by one unit. Total output would remain the same, but it would be produced more cheaply, thus increasing the total wealth of households. So, the regulator's best plan – we will call it the *efficient* plan – would involve equality in the marginal cost of production among all those firms that are instructed to produce X.

Turning to households, let us suppose that the plan the regulator proposes is one in which the willingness to pay for the marginal units to be purchased by a pair of households, say 1 and 2, differ. Imagine that household 1's willingness to pay for the marginal unit it is to consume exceeds that of household 2. Total wealth could be increased by a slight change in the regulator's plan: reduce household 2's consumption of X by one unit and raise household 1's consumption by one unit. No additional resources would be involved in this reassignment; but total wealth of households would increase, because household willingnesses to pay are measured in terms of wealth. So, we have proved that the efficient plan involves equality in the marginal willingness to pay among all households. A similar argument shows that the efficient plan also has the property that each household's marginal willingness to pay equals each firm's marginal cost of production. But the regulator would want to ensure that the total quantity produced equals the total quantity consumed. (Wealth would be wasted if total production exceeded total consumption; and the whole purpose of the planner would be frustrated if total production fell short of total consumption.) It is simple to confirm that there is a unique plan satisfying each of the above requirements.

Let the common value of the marginal costs of production and the marginal willingnesses to pay be *P*. The regulator could implement the efficient plan by setting the price of *X* at *P* and requiring that households and firms transact on the basis of *P*. That *P* is, of course, the P_E of Figure 8. This completes the proof.

Although highly abstract, what I have sketched here was the basis of a far reaching debate that took place among economists during the 1930s: markets versus central planning. Advocates of the institution of central planning, such as Oscar Lange and Abba Lerner, argued that an enlightened planner could help to realize all the virtues of markets while avoiding the weaknesses of actual markets, such as lapses from competition. The term *market socialism* has been associated with the Lange-Lerner vision. Advocates of markets, such as Friedrich von Hayek, argued, on the other hand, that the equivalence in the *outcomes* achieved doesn't amount to an equivalence in the amounts of *information* required in the two systems for achieving the desired outcome. Von Hayek observed that enlightenment on the part of the central planner in market socialism amounts also to omniscience. If the planner is to implement the efficient outcome, he or she needs to know each household's demand curve and each firm's supply curve. That's a lot of information. How is the planner to obtain it? Perhaps by sending polite questionnaires to households and firms. But why should respondents tell the truth about themselves and their circumstances? Even if ingenious mechanisms could be devised for eliciting that information, there are costs involved in collating and transmitting the information. Markets are far more parsimonious in the use of information.

One can argue though that the job of the planner shouldn't be to mimic the market, but to select policy weapons (such as taxes and subsidies) that require less information than is available to an omniscient being. Even with limited knowledge, a planner could help to bring about states of affairs that are superior to those brought about by unbridled markets (Chapter 8).

Interdependent markets

Marshall's famous demand and supply curves mislead in one important way. Figure 8 could lead one to think that in an ideal market, the equilibrium price of X is unique. We confirmed that it is unique (it was P_E), but we had assumed the prices of all other goods and services in the economy to be given. If those prices were to be different, the demand and supply curves of X would be different, which in turn would imply that the equilibrium price would be different. But all those other prices depend on demand and supply in their respective markets. As markets are interdependent, we should study them together, not one by one, separately.

We continue to assume that transactions are verifiable, as is the quality of the goods produced, sold, and bought. In other words, ideal markets don't suffer from problems of adverse selection and moral hazard. Moreover, markets open *now* for *every* commodity, including primary factors of production, intermediate goods, and final consumption goods. Most commodities would be future goods, which means that contracts over their purchases and sales are signed in *forward* markets. Contracts in forward markets involve agreements over purchases and sales today for delivery at specified future dates. Saving and investing for the future and borrowing from the future would take place in those markets. Many of the commodities would be contingent goods. Contracts over their purchases and sales would be signed in *contingent* markets. Contracts in contingent markets involve agreements over their purchases and sales today for delivery at specified future dates, *if and only if* certain contingencies arise. The purchase and sale of insurance would take place in contingent markets. There is uncertainty about future events, but in contingent markets people are able to purchase or sell goods and services at quoted prices that are tied to each and every eventuality. As payments have to be made now, no one faces uncertainty over their budget, nor do firms face any uncertainty over their profits.

What is the point of studying a world in which there is a market for every conceivable good? There are three reasons. First, studying it enables us to appreciate that certain features of economic life in the world we live in arise because of missing markets (such as bankruptcy; performance-related pay; limits imposed on you by firms on the amount of insurance or credit you can purchase even if you have the resources to buy more; unemployment (see below)). Second, we can gauge how much societies lose from the fact that there are missing markets. And third, we can explore policies and institutions that could partially compensate for the absence of certain markets. That is why it makes sense to begin the study of interdependent markets in our world by investigating a world where there is a competitive market for every commodity.

We are studying a private ownership economy here. Firms are owned by households. Firms' profits are distributed to households on the basis of the shares they own. Each household has a legal right also to a set of commodities (their human capital). Therefore, for any given set of prices, each household is able to compute its wealth. Households are price-takers and are obliged to purchase goods and services they can afford: their total expenditure must not exceed their wealth. Firms are price-takers and choose their production outlays so as to maximize their profits, which in the present context means the capitalized value of the flow of profits. (Traders can be thought of as firms too. Their purchases can be regarded as 'production' inputs, their sales as outputs.) A *market equilibrium* – economists call it a *competitive equilibrium* – is a set of prices quoted today for each and every commodity, such that the total demand for each equals its total supply. In equilibrium the information households and firms need to have in order to participate effectively is parsimonious. A household needs to know its own 'mind', its endowment of goods and services, and the equilibrium prices – nothing else. Similarly, a firm needs only to know the technology available to it, the prices it has to pay for its inputs in production, and the prices of whatever it produces – nothing else. Equilibrium prices coordinate the production and allocation of all goods and services (who produces what and who consumes what).

Are there circumstances in which an equilibrium exists? Economists' search for an answer to the question has a history, dating back to the 19th century. The definitive answer was provided in the early 1950s, when several economists identified conditions (on households' and firms' characteristics) under which a competitive equilibrium exists. It was also shown that there is a close, but subtle, connection between the notion of a competitive equilibrium and that of an equilibrium agreement in a community (Chapters 2–3).

Excepting under very special circumstances, a competitive equilibrium is not unique. It isn't unique for much the same sort of reason as why equilibrium outcomes in communities are not unique (Chapter 2). Agreements in communities are mutually enforced by the use of social norms. The existence of more than one communitarian equilibrium reflects the fact that there is usually more than one set of self-confirming beliefs that people can harbour about one another's intentions. In ideal markets, agreements between buyers and sellers are enforced by the state exercising the rule of law. The existence of more than one competitive equilibrium reflects the fact that there is usually more than one set of prices at which demands for goods and services equal their supplies. Beliefs in communities and prices in markets are emergent features in two very different types of institutions. In Chapter 2, I explained the sense in which we don't yet have a satisfactory understanding of how beliefs form. You shouldn't be surprised that we don't yet have a satisfactory understanding of how prices would emerge in ideal markets.

The efficiency of ideal markets

Even though equilibrium in a market economy isn't unique, every competitive equilibrium is 'efficient'. As we are now studying all the markets together, the notion of efficiency is not as simple as in the market for a single commodity (X), but it can be stated in words.

By an *allocation* of goods and services we mean a complete specification of who produces what and who consumes what. We say that an allocation is *feasible* if, given the economy's endowments of assets, it can in principle be created in the economy. Let α be a feasible allocation. We say that α is *efficient* if there is no feasible allocation that *all* households would choose over α. The concept was introduced by the economist-sociologist Vilfredo Pareto, which is why efficiency in the above sense is widely known as *Pareto-efficiency*. It can be shown that a competitive equilibrium is Pareto-efficient.

As with households, so with nations. If there were no restrictions in international trade, competitive equilibria of the world economy would be Pareto-efficient. Details aside, this is at the heart of the theoretical case for free trade.

Market failure

Just as communities can fail to advance the interests of their members, markets can fail to allocate resources well. What households are able to achieve even in ideal markets depends on what they bring to the market place. Presumably, some households would be poorly endowed in goods and services, others richly so. Those endowments are inheritances from the past and they influence the outcome in the market place. Even though market allocations in competitive equilibrium are Pareto-efficient, they aren't necessarily equitable or just. It shouldn't be surprising that Pareto-efficiency is silent on distributive justice. Equity and efficiency are different ethical properties of allocations. An allocation of goods and services where one self-regarding household is assigned everything is Pareto-efficient, whereas an allocation in which households have equal shares is more equal. An allocation could be at once egalitarian and not be Pareto-efficient; it could be both egalitarian and Pareto-efficient; and there are allocations that are neither egalitarian nor Pareto-efficient. It is this sort of reasoning, though abstract and technical, that lies at the heart of a widely accepted role for government (Chapter 8): devising and implementing policies that would be expected to bring about outcomes that are Pareto-efficient (for practical purposes, read 'tolerably non-wasteful') and egalitarian (for practical purposes, read 'free of hunger, ill-health, and illiteracy').

Even if we were to leave distributional issues aside, markets don't operate ideally in the world we know. Why? Three reasons stand out. First, as the production of public goods is vulnerable to the free-riding problem, markets are less than effective in supplying them. That said, there are deeper problems than 'free-riding' in the case of public goods. Take the rule of law, which is a public good. In the absence of the rule of law markets couldn't function (Chapter 2), which means that it would be absurd to allow it to be a marketable commodity. There are also cases involving environmental services (Chapter 7), where market transactions create externalities that can't be eliminated no matter how audaciously the state tries to redefine private property rights.

Monopoly

The second reason is that in some industries there is a single producer (monopoly) or at best only a few producers (oligopoly). Firms in an ideal market don't have anything left over after every production input has been paid for (wages, salaries, raw materials, repair and maintenance, charges imputed to machinery and equipment, interest payments on loans, and so on). Because a monopolist doesn't face competition from other firms, it's able to charge a price higher than P_E (Figure 8) and enjoy a profit.

Monopolists have a bad press in consequence. However, we need monopolists because profits from sales are the incentives firms must have if they are to spend resources in research and development (R&D), so as to create new products and invent cheaper ways of producing old products (which is a good thing). Moreover, monopolists try to maintain their leading position by engaging in R&D, thereby forestalling entry by rivals (a not-so-good thing). Unless they are curbed, though, monopolists would wish to more than just recoup those R&D expenses. In rich countries anti-trust laws have been legislated so as to prevent firms from doing that.

Monopolies are a necessary evil for another reason. There are commodities whose cost of production per unit produced declines with output. Economists call this phenomenon *economies of scale.*

9. A shopping mall in Becky's world

Infrastructure (road networks, rail tracks, power, sewage systems) provides examples. Communities can't afford to produce them because communities are small. In contrast, the market would produce them if its reach was large enough and the costs of collecting fees from users was small enough. A firm that produces infrastructure has to be large in order to enjoy low production costs. So private producers of infrastructure are often monopolies, or at best oligopolies. As Becky's world has grown richer and the reach of the market has widened, societies there have increasingly relied on private firms to supply infrastructure even as they have directed their governments to regulate producers in order that they don't earn monopoly profits. Transport networks are a case in point. Of course, when households make use of such infrastructure as a modern sewage system, they confer benefits on others (positive externalities), which may be why in Becky's world the local government usually provides the service. In Desta's world

10. A market in Desta's world

infrastructure, such as durable roads, are often absent because of a vicious causal circle: in the absence of a reliable network of roads, markets can't extend their reach; in the absence of markets, households are unable to engage in anonymous transactions; and because government corruption is rampant in the construction sector, roads that would last don't get built; so households remain in poverty.

Macroeconomic fluctuations

The third reason markets are far from ideal arises from a fact we noted earlier, that markets can support transactions only when transactions are verifiable. Markets for different qualities of a product, for example, can form only if quality can be verified. Moral hazard and adverse selection prevent markets from being formed, which is why few forward and contingent markets exist in the world we know. Households and firms are obliged to make decisions on the basis of the current value of their assets, the spot prices they face for goods and services, and the expectations they harbour about the prices (including wages) they will face when spot markets form in the future. As expectations can be held together by their own bootstraps, there can be more than one set of self-confirming expectations in the short run. Some lead to a reasonable utilization of the economy's productive capacity, others to slumps.

Analyses of slumps are the stuff of *macroeconomics*, which is concerned with the study of (national) economies considered in aggregate terms (Chapter 1). Historically, though, macroeconomics as a subject was devised to study *short-run* fluctuations in aggregate economic activity as measured in terms of such indices as output (GDP), employment, and the price level (which is the level of commodity prices, in the aggregate, in terms of money).

What are those fluctuations? Consider that since the Second World War, Becky's world has enjoyed improvements in the standard of living in a fairly uninterrupted way (Chapter 1). But GDP has been periodically less than potential GDP, which is the aggregate output the economy would have produced if all the installed machinery, equipment, and all the available labour force at the time were to have been employed. During the Great Depression of the 1930s, the economic slump in Europe and the US was so deep that not only did factories and equipment lie idle, some 25–30% of the labour force couldn't find a job in the market place. What is the explanation behind slumps and the labour unemployment that can go with them?

Economists have offered many explanations. They are often seen as reflecting different schools of thought: Keynesian, new-Keynesian, Classical, new-Classical, Real Business Cycle theories, and so on; which is as it should be, because it would be most odd if all slumps were the same. Throughout the 1990s that post-war economic miracle, Japan, experienced an economic slump that has only now begun to show signs of ending. Over the past decade the official unemployment rate in France and that other post-war economic miracle, Germany, has been about 10%, while in the UK it has been 4–5%. The unemployment rate in the US has been in the region of 6% for a number of years. As you might expect, the countries differ in regard to labour laws, taxation, unemployment benefits, and social security; and Germany reunified at the beginning of the 1990s. Countries in Becky's world differ also in the mundane matter of what criteria to use for registering someone as unemployed. We should be astonished if one account could cover all slumps. Limitations of space forbid that we discuss macroeconomic fluctuations and the government's potential role in smoothing them at a high level of economic activity. That's a subject deserving of its own very short introduction. Nevertheless, it will be instructive to sketch a model that shows how that ubiquitous mental state, *expectations*, can play a role in bringing about slumps in the market place.

So consider a situation where, for one reason or other (perhaps because of rumours: Chapter 2), producers believe demand for their products will be low. It would then be in each producer's interest to cut back production, run down inventories, and reduce the demand for labour. If the supply of labour is constant, there would be excess labour in the market place. If adjustments occur quickly, wages would fall. But if wages fall, then incomes fall, which then leads to a decline in the demand for goods and services at the level of prices with which we began our account. That decline in turn causes the price level to fall. But lower prices lead employers to lower their demand for labour, so that the original short-run expectations on the part of employers are confirmed. To put it another way, when producers expect prices and wages to move together, aggregate output doesn't respond much to a change in the price level. Each producer heaves a sigh of relief that he hadn't made a mistake in his (short-run) economic forecast, but would be justifiably anxious that times were bad.

In contrast, suppose for one reason or other producers believe demand for their products will be high. Then it would be in each producer's interest to maintain (even raise) production and build up inventories. An analogous piece of reasoning suggests that such beliefs could be self-confirming in the short run. Each producer would heave a sigh of relief that he hadn't made a mistake in his economic forecast, and would feel justifiably jubilant that times were good.

Problems are exacerbated if prices or wages are sticky. The economist Joseph Stiglitz has shown that the phenomena of moral hazard and adverse selection in the labour market can create conditions where real wages are rigid in the downward direction. If the real wage for a particular type of work is downwardly rigid and the demand for workers at that wage is less than the supply, obviously some workers will fail to get hired. Those who are fortunate to be hired are better off than those who are rejected. Economists call that state of affairs *involuntary unemployment*, to distinguish the situation from one where, say, someone is temporarily unemployed because he is searching for a better job than the one he had earlier. That wage rigidity will not bite if producers, buoyed by high expectations, demand lots of labour. which is why exuberant expectations can lift an economy by their own bootstraps to full employment.

John Maynard Keynes, Michal Kalecki, and Bertil Ohlin were prominent among those economists who, in the 1930s, recommended active government engagement for reviving depressed economies. Their ideas were extended greatly by the economists James Meade, Paul Samuelson, and James Tobin, among others. One way to interpret the need for fiscal and monetary policies during severe slumps (taxes and subsidies, public investment, interest rates, credit facilities) is that they help to change the expectations people hold about the future. But finding the right combination of public policies can be a nightmare: different slumps require different palliatives, which is why macroeconomic stabilization continues to be a controversial subject.

Chapter 5
Science and Technology as institutions

Institutions are public goods. The problem facing a society is to unearth what combination is likely to work best for it. In the rest of this book we explore how institutions interact with one another. To see what issues are involved, it will pay to begin by studying the institutions that have been created to produce a commodity that any reader of books would find interesting: *knowledge*.

Knowledge is a public good *par excellence*. It is non-rivalrous in use (when someone applies the calculus to a problem, no one else is prevented from applying the calculus to his or her problems). Unless the producer of a piece of knowledge is secretive, it is also non-excludable. Knowledge is a durable commodity, in that the same piece of knowledge can be used over and over again. If someone was to invent the wheel today, we would observe that he had merely 'reinvented the wheel'; he wouldn't contribute anything of value. Moreover, as no additional cost is involved when someone dips into a piece of knowledge, he shouldn't be charged for it.

These observations are truisms today, but they raise a problem. If knowledge is freely available to all, the only way discoverers and inventors could obtain a return on their efforts would be by being secretive or by earning profits from the head start they have with their ideas. Which means that the private incentives to produce knowledge would be low. The trick is to find more reliable ways to reward people who discover and invent.

In using the terms 'discoverers' and 'inventors', I don't mean to restrict the use of the word 'knowledge' to the products of science and technology; I want to include innovations in the arts, crafts, music, and literature. Nevertheless, in offering an account of the two overlapping institutions that have emerged in the modern era for producing knowledge, I shall rely on examples drawn from science and technology, conventionally defined. Along the way, we will discover that our analysis applies also to other forms of creative work.

By scientific and technological knowledge I mean, roughly speaking, what the classical Greeks meant by them, namely, *episteme* (speculative, theoretical, or abstract knowledge) and *techne* (art or practical knowledge), respectively. As far as I can tell, Aristotle regarded it impolite to discuss *techne*, even to enumerate achievements in that sphere. His discourses focused on *episteme*. In contrast, modern economists have attended to *techne*, which is evident from our frequent use of the term 'technological progress' when we offer reasons for continued economic growth in Becky's world (Chapter 1).

Research and development (R&D) are inputs in the production of knowledge. Publicly funded R&D is the Wicksell-Samuelson solution (Chapter 2) to the problem of incentives in knowledge production. For reasons that will become clear presently, I shall call the institution of publicly funded R&D, *Science* (with upper case S). For concreteness, the agency that funds R&D will be taken to be the state, even though private foundations and large corporations in Becky's world augment the resources that flow into Science from the state.

So that the knowledge that is produced with public funds is freely available to all, employment contracts include the condition that discoveries and inventions are to be disclosed publicly. But knowledge often involves technical material. How is the state to prevent quacks and charlatans from muddying the enterprise? Modern societies have solved this adverse selection problem by insisting that public disclosure involves publication in peer-reviewed journals. Vetting by peers greatly reduces a problem society faces, namely, its inability to distinguish good products from bad products.

But there are further problems in Science. As a good deal of creative work is conducted in the head and success in R&D is chancy, it isn't possible to verify whether someone has complied with the agreement to work hard. How is the paymaster to know that scientists are thinking, not day-dreaming? After all, even lazy scientists could claim that they were unlucky, not lazy. Society therefore faces a moral hazard, implying that payment should not be based on time or effort. An alternative is a fixed payment for practising science, but that too has a problem. If scientists could collect the fee irrespective of whether they produced anything of interest, the incentive to work hard would be blunted; which is yet another moral hazard. If each of these hazards is to be reduced, payment has to be based in some way on performance. Such forms of payment are called *piece rate*. In the present context, 'piece rate' means payment on the basis of the quality of the product of R&D.

For reasons similar to the ones I have just enumerated, piece rates used to be a commonplace for casual labour in agricultural harvest. Today, machines set the pace, which means that human effort is verifiable. That is why piece rates have become less common even in agriculture. But performance bonuses, often in the form of stock options, are today a commonplace in large corporations, for reasons of the moral hazards facing shareholders (Chapter 6). In the knowledge sector, a special version of piece rate payment is alive and well and has played an enormously significant role in the economic transformations that have led to Becky's world.

In order to understand the version of piece rates prevalent in Science, let us recall that a piece of knowledge need not be produced more than once. If we were to interpret this literally, it would mean that those who produce a piece of knowledge after it has already been made public by someone else contribute nothing of value. That in turn implies that only the first with a discovery or invention should be rewarded. So as to encourage scientists to make fruitful discoveries, the payment schedule also needs to have the feature that, the better the discovery, the bigger is the reward. The idea therefore is to transform research into *contests*.

It can be argued that, in order to encourage entry into scientific contests, losers ought to be rewarded too. The problem is that losers could make inflated claims about their own progress once the winner discloses his or her finding. This possibility would create another moral hazard for the paymaster. The scheme that avoids each of these problems and has been adopted by Science is the *rule of priority*. Under that rule, the winner takes all that the paymaster has on offer. Science doesn't pay runners-up.

What I have just written isn't literally true of course. First, scientists are inevitably a garrulous lot, which means that colleagues usually know roughly how far behind the winner the losers were at the time the discovery was made public. Second, no two scientists follow exactly the same trail, which means that losers also produce material of interest. So, losers are rewarded too. The 'winner takes all' version of the rule of priority is simply a stylized way of saying that in Science, winners are rewarded disproportionately.

The rule of priority is ingenious, in that it elicits public disclosure of new findings by creating a private asset from the very moment a scientist relinquishes exclusive possession of the discovery. In Science, priority *is* the prize. In the words of the biologist Peter Medawar, it awards *moral* possession of discoveries to winners, even though no one obtains legal possession of them.

But there are problems with the rule of priority. It places all the risks that are inevitable in R&D firmly on the shoulders of scientists. This can't be an efficient system if scientists, like lesser mortals, are risk-averse. It would seem, after all, that in order to encourage entry into Science, scientists should be paid something whether or not they are successful in the contests they choose to enter. It is in this light that Kenneth Arrow's remark, that 'the complementarity between teaching and research is, from the point of view of the economy, something of a lucky accident', assumes its full significance. That 'complementarity' explains why so many scientists are employed in universities, and it explains why in recent centuries universities have been the place where some of the greatest advances in science have been made. Tenure in university appointments, a much debated feature of employment contracts, is a way society ties its hands not to interfere when a scientist has reasons to follow one research lead rather than another and other people have reasons to disagree with the scientist.

Although the reasoning I have deployed in arriving at the rule of priority draws on the language of modern economics, the rule itself became established much earlier than my discipline. (Societies are usually a lot cleverer than social thinkers.) The Royal Society of London (chartered in 1662) and similar Academies in Paris, Rome, and Berlin were established in order to facilitate the exchange of scientific knowledge and to confirm new discoveries and inventions. Those Academies also legitimized the rule of priority, administered it, and became the arena for struggles over conflicting claims to priority. The dispute between Newton and Leibnitz over moral possession of the calculus is only the most famous example.

But neither the rule of priority nor the Academies appeared in a vacuum. The economic historian Paul A. David has traced their origins to a problem rulers in the late Renaissance Italy faced increasingly: how to choose men of science who would adorn their courts. No doubt the evolution of institutions doesn't follow the dictates of analytical reasoning, but it is analytical reasoning that explains what evolutions amount to. Even the notion of moral ownership of creative works predates the Academies. For example, it was common practice among bards in medieval India to refer to themselves in their poems by name in the third person. By doing that, the poet left a signature on his creation (mostly they were men) – the better the poet, the greater his fame, the larger his audiences, and so, the greater his pecuniary benefits. Scribes, philosophers, and scholars in Eurasia had practised the open transfer of knowledge even earlier. The anthropologist, Jack Goody, has uncovered the ingenious ways in which creators even in pre-literate societies left markers on their works so as to be remembered. But those earlier practices were haphazard. What the rule of priority did was to put the stamp of an institutional imprimatur on creative works.

There are limitations to Science. An exclusive dependence on the public purse to finance R&D is problematic, because knowledge has two further properties: no one truly knows what the commodity to be produced is until it has been produced; nor does anyone really know in advance how to produce it. Of course, experts are likely to have a better idea than others of which problems are solvable, by what means. If society wants to ensure that a wide portfolio of scientific and technological problems is on the table, it ought to encourage R&D activity not only in Science, but also in a parallel institution, where discoveries and inventions are privatized. Let us call that institution, *Technology* (with an upper case T).

One way to keep knowledge from being used by others is to keep it secret. In earlier times practitioners of alchemy, witchcraft, magic, and the material crafts (glass-making, metallurgy, the manufacture of precision instruments), and experts at solving complex accounting problems for merchants and businessmen (for example, the cossists of 16th-century Germany) kept their knowledge and skills secret. In the age of maritime discoveries, maps of trade routes were carefully guarded. Holders of secrets were able to earn profits from their knowledge, which is why secrecy was practised mostly over *techne*. But secrecy isn't reliable. Reverse engineering, to use a modern term, is a danger in the crafts, as is the possibility that rivals will make the same inventions. Monopoly rights to knowledge, or *patents*, is a remedy for that problem. The patent system – and relatedly, *copyright* for images and expressions – allows people to disclose their findings without obliging them to share the profits from those findings. It is a legal means of making a piece of knowledge an excludable commodity. The system offers a private reward for disclosure and makes the award on the basis of priority of disclosure. Like the rule of priority in Science, the patent system encourages contests in Technology.

The systematic use of patents began in Venice in 1474, when the Republic promised privileges of ten years to inventors of new arts and machines. But the forerunner of present day patent laws was the English Statute of Monopolies in 1623. This enunciated the general principle that only the 'first and true' inventor of a new

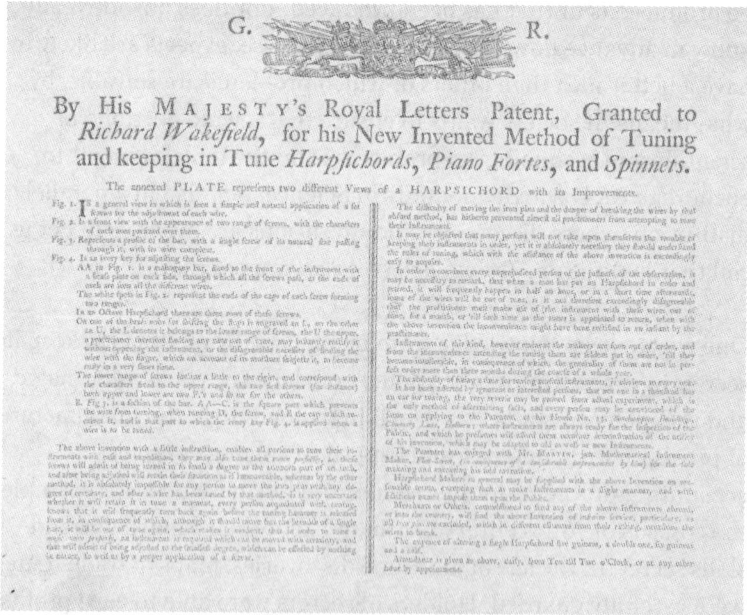
G. R.

By His MAJESTY's Royal Letters Patent, Granted to *Richard Wakefield*, for his New Invented Method of Tuning and keeping in Tune *Harpsichords*, *Piano Fortes*, and *Spinnets*.

The annexed PLATE represents two different Views of a HARPSICHORD with its Improvements.

11. An 18th-century patent for tuning harpsichords

manufacture should be granted a monopoly patent – in the case of the 1623 statute, for a period of 14 years. Even the forerunners of modern patent laws made it impossible to patent a 'fact of nature', which is why it is customary to regard patents as belonging to the realm of *techne*. But recent litigations over patents in biotechnology have shown that it isn't always easy to agree on what is a fact of nature.

Let me sum up in the language that was developed in earlier chapters: behaviour in Technology is market-driven and thus enforced by the *law*; whereas in Science, behaviour is community-ridden and thus enforced by *norms*. Both institutions produce knowledge; but in the former, it is regarded as a private good, whereas in the latter, it is viewed as a public good. The incentives in Science and Technology differ in ways that encourage scientists and technologists to regard their products in accordance with the mores of the institution to which they belong. It should then be no surprise that the character of what is produced also differs. The traditional distinction between Science and Technology, which sees the former as being concerned with basic research (whose output is an input in the production of further knowledge) and the latter with applied research (whose output is an input in the production of goods and services), interprets the two in terms of differences in their products. The viewpoint being advanced here, of regarding Science and Technology as institutions, seems to be me to be deeper. It helps to explain *why* their outputs would be expected to differ.

Today, we take it for granted that Science has in place incentives for scientists to disclose their findings. But the emergence of the social contrivances that embody those incentives was not inevitable. Nor did they emerge easily, for it required the collective efforts of scientists and their patrons. The role of Academies in subjecting claims to independent scrutiny, in adjudicating between rival claims for priority and in overseeing the quality of those who enter Science, has been substantial. Peer-group esteem, medals, and scrolls, being the currency in which scientists are rewarded, are remarkable innovations because they don't involve too many resources. In order that those social contrivances are effective, a good part of a scientist's education involves developing a taste for non-pecuniary rewards. That taste has enabled Science to produce knowledge on the cheap. Increasingly though, the taste for those social contrivances has to compete against the pecuniary rewards available in Technology. If the pecuniary rewards increase – and they have increased greatly in recent years – the taste for the mores in Science becomes more and more of a luxury to the research worker. Science embodies a set of cultural values in need of constant protection from the threat posed by its rival, Technology. That threat has proved to be so real, that in recent decades the two institutions have begun to blur into each other. Scientists increasingly behave like technologists, while technologists enjoy both the pecuniary rewards of Technology and the medals and scrolls that Science has to offer.

Despite the tensions, Science and Technology continue to progress in Becky's world. Today, expenditure on R&D amounts to 2.5% of the GDP of rich nations, while the corresponding figure in poor nations is a good deal less than 1%. Given that the GDP of rich nations is six times that of poor nations, we shouldn't be surprised that the bulk of scientific and technological advances are taking place in Becky's world, nor that Desta's world manages at best to be a limited user of those advances. And I haven't even mentioned the relative expenditures on education in the two worlds.

The institutional innovations in Science and Technology that I have just sketched, all too briefly, took place in Europe and emerged during the period historians refer to as the Age of Enlightenment. The latter term can grate if it is interpreted in an epistemological sense. And it does grate among intellectuals, because that's how the term is usually interpreted. They bristle at the suggestion that the analytic-empirical basis of knowledge – which is what both Science and Technology are built on – is a European invention. And they ask: 'what about those civilizations at earlier times, in other places, that nurtured scholars who made enduring contributions to knowledge?'

Let it be acknowledged, once and for all, that the analytic-empirical basis isn't an invention of Becky's world, and that the mystical-revelatory route to the acquisition of knowledge isn't restricted to Desta's world. Every society that I am even dimly familiar with has fielded both, often at the same time. Which may explain why people today from all parts of the globe are able to practise Science and Technology with ease when given half a chance; their 'cultural' background doesn't seem to be an intellectual bottleneck. Brandishing texts to show that scientific and technological progress was made in Desta's world at a time when Becky's was covered in darkness doesn't advance knowledge, it merely reiterates the commonplace. What Europe achieved during the Age of Enlightenment was far more remarkable than a revolution in epistemology, in that no place had managed to do it before. It created institutions that enabled the production, dissemination, and use of knowledge – in effect, the entire knowledge industry – to be transferred from *small elites* to the *public at large*, a transfer that so sharpened the analytic-empirical mode of reasoning that it became routine. That achievement explains a good deal of the macroeconomic statistics I reported in Chapter 1

Chapter 6
Households and firms

Communities and markets are overarching institutions. People operate in them not only directly, but also through a number of smaller institutions, of which households and business enterprises are the most prominent. In exploring these institutions it will pay to ask what it is that people seek to achieve through them. Admittedly, the household is so deeply rooted in humankind that it may seem odd to enquire after its economic purpose. But even that most ubiquitous of institutions has been known to undergo changes in response to resource scarcities. I shall not elaborate on the more obvious roles households and business enterprises play in enabling people to survive and, if they have coordinated well with one another and have been lucky, even to prosper. Instead, we will study some of their more distinctive features so as to get a better understanding of the huge differences between Becky's and Desta's lives.

Households

Among sedentary communities, the family is the institution that has traditionally harboured the strongest personal ties. Economists and statisticians find it useful to work with a more contemporary notion – the *household* – which is a smaller unit than the family. The household is usually taken to mean a unit of housekeeping or consumption. Its members eat meals together or share meals that are derived from a common stock of food.

We assume that parents wish to protect and promote household well-being, by which I mean the well-beings of its members, taken together. But the parents may have different notions of what 'taken together' means. In Desta's world, where the extended family influences household decisions, not only do the parents matter, grandparents (even the wider network of kin) also influence household decisions.

Social scientists have discovered that the allocation of basic needs – leisure, food, health care, and education – are distributed unequally within households in Desta's world. Some of those inequities are borne out of sheer necessity. Consider the allocation of food. About 60–75% of the daily energy intake of a person in nutritional balance goes toward maintenance (blood circulation, brain activity, tissue repair, metabolism, and so forth), while the remaining 25–40% is spent in discretionary activities (work and leisure). The 60–75% is rather like a 'fixed' need: over the long run people need it as a minimum no matter what they do. We should therefore expect food to be distributed unequally in very poor households, even though it would have been distributed equally in those same households had they been rich. To see why, suppose the energy requirement for daily maintenance is 1,500 kilocalories (kcal). Consider a household of four that has access only to 5,000 kcal. Equal sharing would mean that no one would have sufficient energy to spare. Sharing food unequally enables the most productive member to work and increase the chances that the household's future will be better. On the other hand, if the household had access to a lot more than 6,000 kcal, it would be able to share food equally without jeopardizing its future. When food is very scarce, the younger and weaker members of Desta's household are given less to eat than the others, even after allowance is made for differences in their age. In good times, though, Desta's parents can afford to be egalitarian. In contrast, Becky's household can always afford enough food. Her parents allocate food equally every day – again, allowing for differences in nutritional needs.

Gender inequalities

The considerations I have just outlined can't on their own explain the persistence and magnitude of household inequalities in the poor world. In a notable article, the demographer Pravin Visaria observed that the female–male ratio in India had shown a decline since the Indian Census of 1901; worse, it has been considerably less than 1. According to the most recent census, there are 93 women to every 100 men in India. In the rich world today, the ratio is 106 to 100. In answering a question the epidemiologist Lincoln Chen posed in response to Visaria's finding, namely, 'Where have the women gone?', he and his collaborators collected gender-based mortality and anthropometric statistics from villages in the Indian sub-continent and discovered male bias in the allocation of food and health care in poor households. The suspicion is that parents not only practise female infanticide, but also withhold postnatal health care so as to reduce the number of girls in the household.

Health discrimination against girls isn't limited to the Indian sub-continent; it exists in other countries too. When social norms insist that parents pay crippling dowries and that sons look after their elderly parents, a preference for male children is inevitable among poor households. However, if we suppose that mothers are likely to have greater empathy than fathers have with daughters, we should expect discrimination against female children over food and health care to be less in households where women are educated, or have access to paid employment, or control the household budget, other things being equal. There is evidence that this is so, both in the Indian sub-continent and in sub-Saharan Africa.

The ratio of females to males in sub-Saharan Africa is 102 to 100, which means the female–male imbalance in India isn't exclusively a reflection of poverty. The demographer Esther Boserup observed that women have a prominent role in agriculture involving hoe farming (such as in sub-Saharan Africa), in contrast to regions (such as the Indian sub-continent) where plough farming is predominant. Boserup drew a connection between the technology of food cultivation and the position of women. Gender discrimination in the Indian sub-continent varies across ecological zones. Women are much involved in paddy cultivation, where manual dexterity, not so much brawn, is needed. Women are less involved in wheat cultivation, where brawn is an essential input (working with the plough requires physical strength). In India the female–male ratio is higher in rice producing states (they are in the south and east) than in wheat producing states (they are, in the main, in the north).

Gender imbalances in health within households in the poor world are related to fertility choice. Since women bear the far greater cost in bearing and rearing children, we should expect men to desire more children than women. On the other hand, if women are economically more vulnerable than men, they would desire more children than men because children offer an insurance against particularly bad circumstances. Either way, birth rates would be expected to be lower in societies where women are more empowered. Data on the status of women in Desta's world display an unmistakable pattern: high fertility, high rates of female illiteracy, low women's share of paid employment, and a high percentage of women working at home for no pay, go hand in hand.

Property rights and fertility

We have now studied two factors that shape fertility behaviour: conformism and gender relations. The two together go some way toward explaining the striking differences in fertility rates between Becky's and Desta's worlds. But there are significant differences in fertility behaviour between the Indian sub-continent and sub-Saharan Africa also, owing probably to differences in property rights in the two regions. (In recent decades fertility rates there have differed by about 2.) Parental costs of procreation are lower when the cost of rearing the child is shared among the kinship (another case of strong ties). In sub-Saharan Africa fosterage within the kinship is a commonplace.

Children are not raised solely by their parents; the responsibility is more diffuse within the kinship group. Fosterage in the African context doesn't break ties between parents and children. The institution affords a form of mutual insurance protection (see below). Because opportunities for saving are few in the low-productivity agricultural regions of sub-Saharan Africa, it may be that fosterage also enables households to smooth their consumption across time. In parts of West Africa up to half the children have been found to be living with kin at any given time. Nephews and nieces have the same rights of accommodation and support as do biological offspring. If the parents' share of the benefits from having children exceeds their share of the costs, the arrangement creates a free-rider problem. From the point of view of parents, taken as a collective, too many children would be produced in these circumstances.

In sub-Saharan Africa, communal land tenure within the lineage social structure has in the past offered further inducement for households to procreate. Large families are (or, at least were, until recently) rewarded by a greater share of land belonging to the lineage or clan. Communal land tenure and a strong kinship support system of children, taken together, are a source of reproductive externalities, stimulating fertility. In contrast, agricultural land is not held communally in the Indian sub-continent, which is probably a reflection of greater land scarcity there. Large family size leads to fragmentation of landholdings, which dampens the incentive to procreate.

Transaction needs of households

(i) Insurance

To insure oneself against a risk is to act in ways to reduce the risk. People do that by exchanging goods and services across uncertain contingencies, paying small sums no matter what (the premia) and receiving compensation in case of bad luck. Avoiding risk would seem to be a universal urge. If Desta's parents had a choice between $5,000 for certain and an even chance of either $4,000 or $6,000, they would choose the sure income. Although the mean income in the two alternatives is the same ($5,000), the latter involves risk while the former doesn't. But what if they were offered a choice between $5,000 for sure and an even chance of either $3,000 or $11,000? The latter option is risky, but its mean (or average) is $7,000 (namely, $(3,000 + 11,0000)/2), which is a lot higher than $5,000 dollars. Which option they would choose isn't clear. Risk-averse people do take risks, but only if those risks offer correspondingly higher expectations of income. In the present example, the lower value, $3,000, could compromise the household's future. In which case the risky option would be rejected. Similarly, people pay to lower the risks they face, but only if what they have to pay isn't too high.

Households in Desta's village have no access to insurance companies; nor does the government offer insurance against calamities. Villagers insure one another by practising reciprocity (Chapter 2). The problem is that communities are able to offer individual households very little cushion against risks. When Desta's father's crops fail because the rains have let him down or because there has been an infestation of pests, the crops in neighbouring fields don't do well either. Desta's household needs help precisely when others in their community need help. Similarly, when Desta's household has enjoyed a good harvest, other households have, too. In statistical language, agricultural risks within the village are 'positively correlated'. So, although communities are essential for survival in Desta's world, they are unable to offer households much opportunity to improve their lot. Because people can't insure themselves sufficiently against failure, they are reluctant to undertake activities offering a chance of huge success if there is also an accompanying chance of large failure. Desta's world has remained poor in part because they haven't created institutions that enable people to engage in productive, but risky activities.

As the insurance they are able to obtain against crop failure is very limited, households in Desta's village adopt additional risk-reducing strategies, such as diversifying their crops. Desta's parents plant maize, teff, and enset (an inferior crop), with the hope that even if maize were to fail one year, enset wouldn't let them down. That the local resource base in Desta's village is communally owned could well be in part due to a mutual desire to pool risks. Woodlands are spatially non-homogeneous ecosystems. In one year one group of plants bears fruit, in another year some other group does. If the woodland were divided into private parcels, each household would face a greater risk than it would under communal ownership. The reduction in individual household risks owing to communal ownership may be small, but as average incomes are very low, household benefits from communal ownership are large.

Many social practices in the poor world reflect the common desire to reduce risks. For example, patrilocal residence and patrilineality enable men to exploit the knowledge they have gained from childhood of the idiosyncrasies of their soil. Both practices are the established norm in most agrarian cultures that are based on the plough. Relatedly, the larger is the distance between a pair of villages, the smaller is the likely correlation between their agricultural outputs. We should expect rural households facing greater risks of crop failure to form marriage alliances with households in villages located at greater distances. There is scattered evidence of this as well.

Becky's parents, in contrast to Desta's, have access to an elaborate set of insurance markets that pool the risks of hundreds of thousands of households across the country (even the world, if the insurance company is a multinational). Moreover, the government comes to the rescue if there are uninsured emergencies (earthquakes, floods). This helps to reduce individual risks a lot more than Desta's parents are able to realize. Why? First, spatially distant risks are more likely to be unrelated to one another than risks nearby. Second, Becky's parents can pool their risk with many more households. With enough households and enough independence of risks from one another, mutual insurance can pretty well guarantee each household a low risk outcome. This is an implication of the famous Law of Large Numbers in probability theory. Bad luck experienced by one household is almost surely matched by good luck in another household living far away under different circumstances. What the Law of Large Numbers says is that if insurance firms are made to compete against one another, the premia that households would be charged would equal the sum of the average liability and the cost of administering insurance. Of course, those costs can be large, for they include not only the time and resources spent in the inevitable paper work, but also the resources needed to screen out bad risks (protection of the insurance firms against adverse selection) and monitoring that due care has been taken by insurees against bad outcomes (protection against moral hazard). By being able to take advantage of the Law of Large Numbers, markets and the government, taken together, are far superior to communities, despite those administration costs. People are able to cover their risks to a remarkable degree in markets. Being able to do so, they are emboldened to accept ventures that are risky but offer high expected yields. This is one reason why Becky's world is now so rich.

(ii) Borrowing, saving, and investing

If you don't take out insurance, your income will depend heavily on whether you are lucky or unlucky. Purchasing insurance helps to reduce dependence on luck. The human desire to reduce that dependence is related to the equally common desire to smooth (that is, equalize) consumption across time. You don't want to feast and fast or experience booms and busts periodically; you want to eat and drink moderately every day, enjoy vacations on a regular basis, and so on. Of course, people do incur large expenditures at certain periods of their life, such as buying a home, paying children's school fees, celebrating marriages, and meeting funeral costs. The flow of income over a lifetime tends not to match expenditure needs. So, people look for ways to transfer expenditure across time.

Mortgages, saving for children's education, and pensions help to do that. Becky's parents took out a mortgage on their house, because at the time of purchase they couldn't finance it without a loan. The resulting debt decreased their future consumption but enabled them to buy the house at the time they did. Becky's parents also pay into a pension fund, which transfers present consumption to their retired future. Desta's father joined the *iddir* in order to pay for funerals. Borrowing for current consumption transfers future consumption to the present; saving and investing achieve the reverse. Since capital assets are productive, a dollar invested today becomes something more than a dollar tomorrow. This is one reason why in Becky's world borrowing involves having to pay interest, saving in financial institutions means receiving interest, and investing in the stock market yields positive returns (hopefully!).

In order to formalize these ideas about market economies, let us ignore uncertainty and imagine that you can buy a piece of machinery – say from abroad – for $100,000, which, after annual costs have been met for labour, intermediate goods, maintenance and replacement of parts, and marketing, will yield you a net income of $5,000 every year. This means that if you buy the machinery, your investment will yield a return of 5% (5,000/100,000) a year. Imagine now that there are large numbers of investment opportunities. For you to purchase the machinery and put it to work, it must be that no available investment opportunity yields a return greater than 5% a year. Presumably there are lots of projects that yield less than 5% a year. Those you simply dismiss out of hand.

You happen to have lots of money (in fact, you are a bank!) and someone comes to you for a loan of $100,000 to finance the purchase of a home. You should charge the borrower an interest rate of 5% on the capital you advance. Anything less and you would lose income (you would be better off investing in another one of those pieces of machinery or any other investment opportunity yielding 5% a year); anything more and a rival bank will attract the borrower by undercutting you with a lower interest rate. But you like to specialize as a banker. So you don't want to go into production yourself; rather, you lend money to entrepreneurs who wish to go into production. What interest rate do you charge those entrepreneurs? 5% of course. If you charge less, you will face an unlimited demand for loans; if you charge more, no one will come to you for a loan.

A simple way to formulate the issues Becky's parents face when they deliberate over their consumption and saving decisions is to imagine that they regard themselves as members of a dynasty. This is another way of saying that Becky's parents are concerned not only with their own well-being and that of Becky and Sam, but also the well-being of their potential grandchildren, great grandchildren, and so on. They don't do that explicitly of course. Becky's parents take only their children's well-being directly into account; but (and this is the point) they know that Becky and Sam, when they in turn come to make their consumption and saving decisions, will take into account the well-being of *their* children, that the grandchildren in turn will take into account the well-being of the great grandchildren, and so on, down the generations. Becky's parents make a considerable investment in their children's education; but they don't expect to be repaid for this, nor do they set aside funds for their grandchildren's education, for the latter are regarded as Becky's and Sam's future responsibilities. In Becky's world, resources are transferred from parents to children. Children are a direct source of parental well-being; they are not investment goods. Needless to say, expectations about future events play a huge role in these intergenerational deliberations.

There is evidence that people prefer to consume now rather than wait, other things being equal. This is a way of saying that we are impatient. It may be that we are so disposed because of the small chance that there will be no tomorrow for us, or it may be because we fear that the consumption prospect may not be available if we wait (recall the expression: 'a bird in the hand is better than two in the bush'). Whatever the innate reason, impatience means that we discount future consumption simply because it is to appear in the future. But people also have a desire to equalize their consumption across time, other things being equal; which is another way of saying that we have less of a want for a marginal increase in consumption when consumption is already high than when consumption is low. However, neither impatience nor the desire for smoothing consumption squares with the fact that in Becky's world people have been growing richer and richer and consuming more and more over many decades, nor with the fact that they expect to continue doing so over the foreseeable future. Why didn't people save less in the past so as to smooth consumption? Equally, why don't Becky's parents raise their current consumption at the expense of some of their children's future consumption?

In order to find an explanation, we assume, realistically, that the rate of return on saving is greater than the rate at which people are impatient to consume now. For theoretical purposes we may as well then imagine that the rate of impatience is negligible and that the capital market offers a positive return on saving – say, 5% a year. Consider now a household that can afford a consumption level of $120,000 this year and $120,000 next year (which we write as ($120,000, $120,000)). As the rate of return on saving is 5% a year, the household can certainly also afford the prospect ($119,999, $120,001). The desire for equality of consumption over time means that the household regards ($120,000, $120,000) to be a bit more desirable than ($119,999, $120,001). So, if the household were asked to consume $119,999 worth of goods and services now, it would desire something in excess of $120,001 worth of goods and services next year as compensation. Is there a consumption prospect that the household can afford and that it regards to be more desirable than ($120,000, $120,000)? The answer is 'yes'. We can even say something more: the desire for smoothing and the prospect of a positive return on saving mean that of all those consumption prospects a household can afford, the one it would find most desirable would have consumption rising over time.

To prove that, it will help to define a new term. Let us call the percentage rate at which the household is willing to substitute this year's consumption for consumption next year the household's *consumption discount rate* between the two years. If that rate is r, the household requires $\$(1 + r)$ worth of additional consumption next year for a reduction in \$1 worth of consumption this year. Which is another way of saying that an extra dollar's worth of consumption for the household next year is worth $\$1/(1 + r)$ of consumption this year (a reasoning we deployed in Chapter 2). The magnitude of r depends on the consumption prospect. For example, the consumption discount rate of a household facing the prospect (\$120,000, \$120,000) is *zero* (the household is not impatient, remember, and desires to smooth consumption over time, other things being equal); whereas the consumption discount rate of a household facing the prospect (\$120,000, \$125,000) is *positive* (the household is not impatient and desires to smooth consumption over time, other things being equal).

We can now state a general result, whose present form is due to the economist Irving Fisher and the mathematician-philosopher-economist Frank Ramsey: among all consumption prospects the household can afford, the most desirable is the one along which, at every date, the consumption discount rate equals the rate of return on saving. The proof is simple: if the consumption discount rate is less than the rate of return on saving, the household would wish to save a bit more now. But to save a bit more now is to consume a bit less today, and this tilts consumption more toward the future, which in turn raises the consumption discount rate. Alternatively, if the discount rate is greater than the rate of return on saving, the household would wish to save a bit less now. But to save a bit less is to consume a bit more now, and that tilts consumption more toward the present, which in turn lowers the consumption discount rate. We have therefore proved that the best consumption prospect is the one along which the household's consumption discount rate equals the rate of return on saving.

The desire for consumption smoothing and an absence of impatience mean that the household's consumption discount rate is positive only if consumption increases with time. This explains why the desire to smooth consumption over time translates into growing consumption in a productive economy. We can generalize the result further: if the rate of impatience to consume is less than the rate of return on saving, then a household that desires to smooth its consumption would save so as to enjoy increasing consumption over time.

For Desta's parents the calculations are very different. Their household is heavily constrained in its ability to transfer consumption across time because they have no access to capital markets. Admittedly, Desta's parents invest in their land (clearing weeds, leaving portions fallow, and so forth), but that's to prevent the productivity of land from declining. Moreover, the only way Desta's family is able to consume maize following each harvest is to store the produce. The cruel fact is, though, that rats and moisture are a potent combination. Stocks depreciate, which means that the rate of return on storage is *negative* (a kilogram of maize stored today becomes less than a kilogram of maize tomorrow). An argument identical to the one we have just invoked for Becky's parents can now be used to show that Desta's parents would find it best to consume more in the weeks immediately following each harvest than in later weeks. This explains why Desta's family consume less and less and become physically weaker as the next harvest grows nearer. But Desta's parents have realized that the human body is a more productive bank than the floor where they store their maize. So the family consume even more maize than they otherwise would during the months following each harvest, but draw on the accumulated body mass during the weeks before the next harvest, by which time maize reserves will have been depleted. Across the years maize consumption assumes a saw-tooth pattern, a practice that has been observed widely among households in subsistence agriculture. As Desta and her siblings contribute to daily household production, they are economically valuable assets. The transfer of resources in Desta's household, in contrast to Becky's, will be from the children to their parents.

Earlier we noted several reasons why people in sub-Saharan Africa aim to have large numbers of children. Desta has five siblings. Unfortunately, high population growth has placed so much additional pressure on the local ecosystem, that the local commons that used to be managed reasonably well are now deteriorating. That they are is reflected in Desta's mother's complaint that the daily time and effort required to collect from the local commons has increased in recent years.

Firms

We define firms as institutions whose sole purpose is to produce goods and services for the market. Firms that move savings from those whose income and liquid assets exceeds their expenditure (young households, such as Becky's) and transfer them to those who wish to spend more than their income and liquid assets (retired people, such as Becky's grandparents) make up an economy's financial system. Financial institutions include banks, credit card companies, and savings and loan associations (in the UK they are known as 'building societies'). Similarly, insurance firms enable people to transfer income across uncertain contingencies. Then there are firms that produce commodities (machine tools, repair services, food, and so on). Bankruptcy is a widespread phenomenon among firms. To give you a sense of the order of magnitude in Becky's world, although about 646,000 new businesses were incorporated in the US in 1990, about 642,000 businesses filed for bankruptcy that year. Evidently, firms appear and disappear.

Limited liability and joint stock companies

As with infrastructure (Chapter 4), manufacturing industries and even the retail sector enjoy economies of scale. In order to grow, a firm typically has to make large investments, meaning that it needs to spread its financial source of new investments widely. Proprietorships (single owners) and partnerships are unable to do that. A firm's owners are able to absorb greater risks if they acquire a charter that gives them the privilege of *limited liability*; which is when the firm is called a *corporation*. Corporations can raise capital by going 'public' and issuing shares (known as the firm's stock). By purchasing a corporation's stock, an investor is entitled to a share of the firm's dividends. The corporation is liable for all its debts. In case it goes bankrupt, its assets are sold. The money obtained by selling its assets goes first to creditors (banks, bondholders); following which, if there is any money left, it goes to shareholders. If a corporation goes bankrupt, shareholders could well lose all the money they invested by purchasing its shares, but they won't lose any more than their original investment (that's limited liability).

That a firm has gone public means that its shares can be traded in the stock market. By allowing people to buy shares in diverse firms and to sell them when they wish to, the stock market enables investors to spread their risks even while saving for the future. The return from buying shares in a corporation is the dividend plus the capital gains (or losses) on the shares.

Corporations are able to finance new investments by (i) borrowing from the financial sector or by issuing bonds; (ii) retaining some of their earnings; or (iii) issuing more shares. From the point of view of shareholders, the ideal behaviour on the part of a corporation's management would be one that maximizes the firm's stock market value. The problem is that no two shareholders are likely to agree what that ideal behaviour is, nor is the management likely to agree with shareholders. Moreover, shareholders face a moral hazard because many of the management's activities are likely to be

12. Trading at the Frankfurt Stock Exchange

unverifiable. Share prices in the stock market aggregate the investors' beliefs about the risks involved in purchasing shares. The ratio of a corporation debt to equity influences its management's incentives: too little debt, and management has little incentive to work hard for greater efficiency; too much debt, and the greater risk of bankruptcy disrupts the firm's behaviour. A corporation's financial structure is therefore a signal to the outside world. It influences the market's beliefs about the firm's prospects. Seen from the point of view of management, issuing debt signals to stockholders that management have the incentives to work hard to protect and promote the firm's prospects. Moreover, in the US, interest payments on a firm's debt are tax deductible, but until recently dividends were not. These facts help to explain why established corporations finance most of their investments (in excess of retained earnings, that is) by borrowing from banks and issuing bonds. Today in the US more than 90% of new investment in corporations is financed by debt.

The emergence of the joint stock company with limited liability, which was consolidated in 1855 by the British Parliament's Limited Liability Act, is widely regarded to have been one of the most significant institutional innovations in business history. In the public's mind corporations reflect Big Business. That isn't entirely unjustified, but it misses much of the point. In the US, the number of corporations is less than 20% of the number of private firms, but they earn over 80% of the revenue. That said, the ability of households to spread their risks even while investing in far off places via the agency of corporate firms is an enormous advantage to society. It has been a significant factor behind the economic success of Becky's world.

Chapter 7
Sustainable economic development

Economic growth is a good thing. It may not buy happiness (Chapter 2), but it usually purchases a better quality of life. Table 1 showed that growth in real GDP per capita comes hand in hand with improvements in the way people are able to live. But can economies grow indefinitely, or are there limits to growth? To put the question in a more contemporary form, is growth in real GDP compatible with sustainable economic development?

Conflicting viewpoints

The question is several decades old. If discussions on it continue to be shrill, it is because two opposing empirical perspectives have shaped them. On the one hand, if we look at specific examples of natural resources (fresh water, ocean fisheries, the atmosphere as a carbon sink – more generally, ecosystems), there is strong evidence that the rates at which we are currently utilizing them are unsustainable. During the 20th century world population grew by a factor of four to more than 6 billion, industrial output increased by a multiple of 40 and the use of energy by 16, methane-producing cattle population grew in pace with human population, fish catch increased by a multiple of 35 and carbon and sulphur dioxide emissions by 10. The application of nitrogen to the terrestrial environment from the use of fertilizers, fossil fuels, and leguminous crops is now at least as great as that from all natural sources combined. Ecologists have estimated that 40% of the net energy created by terrestrial photosynthesis is currently being appropriated for human use. These figures put the scale of our presence on Earth in perspective and reveal that Humanity has created an unprecedented disturbance in Nature in a brief period of a century or so.

On the other hand, it has been argued that just as earlier generations in Becky's world invested in science and technology, education, and machines and equipment so as to bequeath to her parents' generation the ability to achieve high income levels, they are now in turn making investments that will assure still higher living standards in the future. It has been argued as well that the historical trend in the prices of marketed natural resources, such as minerals and ores, has been so flat that there isn't any reason for alarm. Economic growth has allowed more people to have access to potable water and enjoy better protection against water- and air-borne diseases. The physical environment inside the home has improved beyond measure with economic growth: cooking in the Indian subcontinent continues to be a major cause of respiratory illnesses among women. Moreover, natural resources can be so shifted round today, that dwindling resources in one place can be met by imports from another. Intellectuals and commentators use the term 'globalization' to imply that location *per se* doesn't matter. This optimistic view emphasizes the potential of capital accumulation and technological improvements to compensate for environmental degradation. It says that economic growth, even in the form and shape it has taken so far, *is* compatible with sustainable development. Which may explain why contemporary societies are obsessed with cultural survival and on the whole dismissive of any suggestion that we need to find ways to survive ecologically.

Broadly speaking, environmental scientists and activists hold the former view, while economists and economic commentators maintain the latter. It is no doubt banal to say that our economies are built in and on Nature, but I wonder if you noticed that the list of productive assets I drew earlier (Chapter 1) didn't include *natural capital.* Nature didn't feature in our account of macroeconomic history because it doesn't appear in official publications of the vital statistics of nations. The extraction of minerals and fossil fuels is included in modern national accounts (though not depreciated), but with the exception of agricultural land, natural capital makes very little appearance. If Nature's services have appeared in this book so far only in passing, it is because that is how matters are in the literature on the theory and empirics of economic growth and the economics of poverty.

Natural capital: classification

Natural capital is of direct use in consumption (fisheries); of indirect use as inputs in production (oil and natural gas); or of use in both (air and water). The value of a resource is often derived from its usefulness (as a source of food, or as an essential actor in ecosystems – such as a keystone species); but there are resources whose value is aesthetic (places of scenic beauty), or intrinsic (primates, blue whales, sacred groves), or a combination of all three (biodiversity). The worth of a natural resource could be based on what is extracted from it (timber), or on its presence as a stock (forest cover), or on both (watersheds).

The ecologists and environmental scientists Paul Ehrlich, John Holdren, Peter Raven, and more recently Gretchen Daily, Jane Lubchenco, Pamela Matson, Harold Mooney, and others have taught us the economic significance of ecosystems. Interpreting natural capital in an inclusive way, as I am doing here, allows us to add ecosystems to our list of capital assets. The services they produce include maintaining a genetic library, preserving and regenerating soil, fixing nitrogen and carbon, recycling nutrients, controlling floods, filtering pollutants, assimilating waste, pollinating crops, operating the hydrological cycle, and maintaining the gaseous composition of the atmosphere. A number of them have a global reach (the atmosphere), but many are localized (microwatersheds).

Pollutants are the reverse of resources. Roughly speaking, 'resources' are 'goods' (in many situations they are the sinks into which pollutants are discharged), while 'pollutants' (the degrader of resources) are 'bads'. If over a period of time the discharge of pollutants into a sink exceeds the latter's assimilative capacity, the sink collapses. Pollution is thus the reverse of conservation. In what follows, we will use the terms *natural resources* and *environment* interchangeably.

Two simple exercises in environmental economics

In order to demonstrate that economics is capable of joining the environmental sciences in a seamless way, it will prove useful to begin with a discussion of two issues that are much in the news today. The first is the subject of an acrimonious debate between those who favour free trade and those who are opposed to it on grounds that it often hurts the poorest in Desta's world. The second is the belief that because the economic effects of carbon dioxide emissions into the atmosphere are likely to be felt by a generation or two further down from us, we needn't do anything about climate change now.

Trade expansion and the environment

There should be little doubt today that, other things being equal, freeing trade enables economies to grow faster. A large body of empirical work testifies to that. There is some evidence too that the poor, *as a group*, also enjoy the fruits of faster growth. However, as the environmental consequences of economic growth are rarely assessed, the case for freeing trade remains unclear. If those consequences hurt many of the poorest in society, there is room for discussion about the merits of freeing trade without at the same time taking precautionary measures. Here is an example of how trade expansion can hurt.

An easy way for governments in poor countries that are richly covered in forests to earn revenue is to issue timber concessions to private logging firms. Imagine that logging concessions are awarded for the upland forest of a watershed. Deforestation contributes to an increase in siltation and the risk of floods downstream. If the law recognizes the rights of those who are harmed, the logging firm would have to compensate downstream farmers and coastal fishermen. But there is a gulf between the law and the enforcement of the law. When the cause of damage is miles away, when the timber concession has been awarded by the state, and when the victims are a scattered group of poor farmers and coastal fishermen, the issue of a negotiated outcome usually doesn't arise. It can even be that those who are harmed do not know the underlying cause of their deteriorating circumstances. If the logging firm isn't required to compensate those suffering damage, the private cost of logging is less than the true cost of logging, the latter being the sum of the costs borne by the logging firm and all who are adversely affected. From the country's point of view, timber exports are underpriced, which is another way of saying that there is excessive deforestation upstream. It is also a way of saying that there is an implicit subsidy on the export, paid for by people who are evicted from the forest and by people downstream. The subsidy is hidden from public scrutiny; but it amounts to a transfer of wealth from the exporting country to those that import the timber. Some of the poorest people in a poor country would be subsidizing the incomes of the average importer in a rich country.

Unfortunately, I can give you no idea of the magnitude of those subsidies, because they haven't been estimated. International organizations have the resources to undertake such studies; but, to the best of my knowledge, they haven't done so. The example shouldn't be used to argue against free trade, but it can be used to caution anyone who advocates free trade while ignoring its environmental impacts.

Discounting climate change

My second example concerns the emission of greenhouse gases and the global climate change it is inducing, the subject of continuing study by the International Panel on Climate Change (IPCC).

The global concentration of carbon dioxide in the atmosphere stood at approximately 260 parts per million (ppm) for 11,000 years until the early 18th century, but is now 380 ppm. (We will ignore the concentration of methane, which is another greenhouse gas.) The most reliable evidence on climate change over geological time comes from ice cores in Antarctica, which reveals that until the early 18th century, the maximum concentration of carbon dioxide during the previous 420,000 years was 300 ppm. That long interval of time witnessed four glacial-interglacial cycles, each of about 100,000 years' duration. Those cycles are driven by rhythmic changes in the amount of solar radiation reaching Earth, the effects of which are amplified by the feedbacks and forces they in turn generate within Earth's environment.

We are living in an interglacial period, which means that Earth is experiencing a warm phase. If current trends in carbon emissions continue, carbon concentration is expected to reach 500 ppm (which is nearly twice the pre-industrial level) by the middle of this century, and could reach as high a figure as 750 ppm (which is nearly three times the pre-industrial level) by the year 2100. A doubling of present-day carbon concentration is expected to give rise to an increase in the mean global atmospheric temperature by 3 to 7 degrees Celsius. With a trebling of concentration, it could rise by 6 to 11 degrees. The temperature that would result even if the rise were limited to 3 degrees is beyond anything that has been experienced on Earth in the past 420,000 years. The *speed* of that change is of particular significance, because it would mean that a good portion of our capital assets will become less than useful long before their planned obsolescence. Some of our infrastructure will even disappear under the rising seas. In order to restructure our assets, humanity will need to make additional investments, diverting resources from consumption. If we add the impact of rapid climate change on ecosystems (changes in the disease environment to which human populations are not immune; degradation in the composition, geographic distribution, and productivity of ecosystems), the potential costs begin to look huge. Nevertheless, when in 2004 eight eminent economists were invited to Copenhagen to offer advice on how the world community could most usefully spend $50 billion over a five-year period, they placed climate change at the bottom of their list of ten alternatives.

Why did the economists do that? They did it because their reasoning was based on discounting future costs and benefits at a positive rate. Reducing global carbon emissions or investing in technologies for carbon sequestration would involve huge costs now, but the benefits from averting economic disruptions would be enjoyed only 50 to 100 years from now. Long-term interest rates on government bonds in the US have been 3–5% a year. When economists there evaluate *public* projects, they typically use such a figure to discount future benefits and costs, regarding it as the 'opportunity cost of capital', the term being applied to the rate of interest that could be earned by investing in government bonds rather than in the project whose benefits and costs are being evaluated. At discount rates of 3–5%, though, consumption benefits in the distant future look minute today. If you discount at 4% a year, a dollar's worth of additional consumption benefits 100 years from now would be worth less than 3 cents today; which is another way of saying that as a price for giving up $1 worth of consumption today, you would demand that more than $30 worth of consumption benefits be made available 100 years from now. A number of economic models of climate change have shown that if you use an annual discount rate of, say, 4%, the costs (which are negative benefits) are greater than the sum of the discounted benefits from curbing net carbon emissions. Doing something about climate change now, the calculations imply, would be to throw money away on a comparatively bad project.

Should the global community discount future consumption benefits at a positive rate? As with households at the private level (Chapter 6), so it is with households at the collective level: there are two reasons why it may be reasonable for the global community to discount future benefits at a positive rate. First, a future benefit would be of less value than that same benefit today if the global community is impatient to enjoy the benefit now. Impatience is a reason for discounting future costs and benefits at a positive rate. Second, considerations of justice and equality demand that consumption per capita should be smoothed across the generations. So, if future generations are likely to be richer than us, there is a case for valuing an extra dollar's worth of their consumption less than an extra dollar's worth of our consumption, other things being equal. Rising consumption per capita provides a second justification for discounting future costs and benefits at a positive rate.

Philosophers have argued that societal impatience is ethically indefensible, because it favours policies that discriminate against future generations merely on the grounds that they are not present today. Once we accept their argument, we are left with only the second reason for discounting future costs and benefits. But if rising per capita consumption provides the global community with a reason for discounting future consumption benefits at a positive rate, declining per capita consumption would provide it with a reason for discounting future consumption benefits at a *negative* rate. We noted the latter possibility at the household level in connection with the dilemma Desta's parents face when deciding how to spread the consumption of maize between harvests (Chapter 6).

Economists use positive discount rates in their models of climate change because the models *assume* that global consumption per head will continue to grow over the next 150 years and more even if net emissions of greenhouse gases follow current trends; which is to assume that climate change poses no serious threat to the future.

But an increase in the mean global temperature by 3–5 degrees Celsius would take the biosphere into a climatic zone that has not been visited in *millions* of years on Earth. The possible consequences of such changes to our productive base are so huge, that it isn't to be an alarmist to question forecasts of continual economic growth even after Earth enters that zone. Suppose you fear that if nothing substantial is done today to discover ways to sequester carbon and to find alternatives to fossil fuels as sources of energy, there is a sizeable chance that global consumption per head, suitably weighted across regions and income groups, will decline – owing, say, to a big increase in the frequency of extreme weather events, more severe droughts in the tropics, the emergence of new pathogens, and degradation of vital ecosystems. You should then use a negative rate to discount future consumption benefits. Notice though that applying a negative rate *amplifies* benefits in the distant future when viewed from the present, it doesn't attenuate them.

Let us perform a quick calculation to get a feel for orders of magnitude. Empirical evidence from societal and personal choices suggests that the rate a society ought to use to discount future consumption benefits is about three times the percentage rate of change of consumption per capita. Imagine that carbon emissions follow their current trends (which is often called 'business as usual'). Consider a scenario in which global consumption per capita increases at an annual rate of 0.5% for the next 50 years and declines at 1% a year for the following 100 years. Under that scenario, the global community ought to discount future consumption benefits at 1.5% a year for the next 50 years (3 times 0.5) and at *minus* 3% for the subsequent 100 years (3 times minus 1). A simple calculation now shows that a dollar's worth of additional consumption 150 years from now is worth $9 of additional consumption today. To put it another way, the global community should be willing to forgo $9 worth of additional consumption today for an extra dollar's worth of consumption benefits 150 years in the future. The calculation reverses the message that has been conveyed by economic models of climate change.

There should be little doubt that private investors would be using a positive rate to discount their personal earnings even under the above scenario. They would be doing so because the interest rate offered by commercial banks on deposits would most likely remain positive. But there is no contradiction here. Under 'business as usual', the atmosphere is an open access resource. So long as people are free to emit carbon dioxide, there will be a wedge between private rates of return on investment and the rates the world community ought to use to discount collective costs and benefits. The former could be positive even while the latter is negative. That wedge is a reason for controlling carbon emissions into the atmosphere and bringing the two rates closer to each other; it isn't a reason for claiming that the problem of global climate change should be shelved for the future.

GDP and the productive base

What we have just conducted are but a pair of finger exercises. Nevertheless, they have shown us how natural capital can be introduced in microeconomic reasoning. Let us see if it can be included in macroeconomic reasoning.

A famous 1987 report by an international commission (widely known as the Brundtland Commission Report) defined *sustainable development* as '. . . development that meets the needs of the present without compromising the ability of future generations to meet their own needs'. In this reckoning, sustainable development requires that relative to their populations each generation should bequeath to its successor at least as large a *productive base* as it had itself inherited. Notice that the requirement is derived from a relatively weak notion of intergenerational justice. Sustainable development demands that future generations have no less of the means to meet their needs than we do ourselves; it demands nothing more. But how is a generation to judge whether it is leaving behind an adequate productive base for its successor?

It is easy to see why focusing on GDP won't do. An economy's productive base is its stock of capital assets and institutions (Chapter 1). By capital assets, we now mean not only manufactured capital, human capital, and knowledge – which is what we limited ourselves to in Chapter 1 – but also natural capital. We will presently discover what to look for in order to check whether an economy's productive base is expanding or contracting. It is evident, though, that an economy's productive base will shrink if its stock of capital assets depreciates and its institutions aren't able to improve sufficiently to compensate for that depreciation. GDP is an acronym for *gross* domestic product. The word 'gross' means that GDP ignores the depreciation of capital assets. It is certainly possible for a country's productive base to grow while its GDP increases (this will be confirmed when we come to study Table 2), which is no doubt a path of economic development we all would like to follow; but it is also possible for a country's productive base to *shrink* during a period when GDP grows (this also will be confirmed when we come to study Table 2). The problem is that no one would notice the shrinking if everyone's eyes were riveted on GDP. If the productive base continues to shrink, economic growth will sooner or later stop and reverse sign. The standard of living will then decline, but no one would have suspected that a fall was in store. So, growth in GDP per head can encourage us to think that all is well, when it isn't. Similarly, it is possible for a country's Human Development Index (HDI; Chapter 1) to increase even while its productive base shrinks (Table 2). This means that HDI too can mislead.

Market prices as signals of resource scarcity

You could counter that a fixation on GDP or HDI shouldn't prevent anyone from looking up prices. You could even argue that if natural resources really were becoming more scarce, their prices would have risen, and that would have signalled that all is not well. But if prices are to reveal scarcities, markets must function well (Chapter 4). For many natural resources, markets not only don't function well, they don't even exist (we called them 'missing markets' earlier). In some cases, they don't exist because relevant economic interactions take place over large distances, making the costs of negotiation too high (for example, the effects of upland deforestation on downstream farming and fishing activities); in other cases, they don't exist because the interactions are separated by large temporal distances (for example, the effect of carbon emission on climate in the distant future, in a world where forward markets don't exist because future generations are not present today to negotiate with us). Then there are cases (the atmosphere, aquifers, the open seas) where the migratory nature of the resource keeps markets from existing – they are open access resources (Chapter 2); while in others, ill-specified or unprotected property rights prevent markets from being formed (mangroves and coral reefs), or make them function wrongly even when they do form (those who are displaced by deforestation aren't compensated). Earlier, we called the side-effects of human activities that are undertaken without mutual agreement, 'externalities'. Our dealings with Nature are full of externalities. The examples suggest that the externalities involving the environment are mostly negative, implying that the private costs of using natural resources are less than their social costs. Being underpriced, the environment is over-exploited. In such a situation, the economy could enjoy growth in real GDP and improvements in HDI for a long spell even while its productive base shrinks. As proposals for estimating the social scarcity prices of natural resources remain contentious, economic accountants ignore them and governments remain wary of taxing their use.

The environment: is it a luxury or necessity?

It isn't uncommon to regard the environment as a luxury good, as in the thought expressed in a prominent newspaper that 'economic growth is good for the environment because countries need to put poverty behind them in order to care'. But in Desta's world the environment is an essential factor of production. When wetlands, inland and coastal fisheries, woodlands, forests, ponds, and grazing fields are damaged (owing to agricultural encroachment, nitrogen overload, urban extensions, the construction of large dams, resource usurpation by the state, or whatever), it is the rural poor who suffer most. Frequently, there are no alternative sources of livelihood for them. In contrast, for rich eco-tourists or importers of primary products, there is something else, often somewhere else; which means that there are alternatives. Degradation of ecosystems is like the depreciation of roads, buildings, and machinery – but with two big differences: (i) it is frequently irreversible (or at best the system takes a long time to recover), and (ii) ecosystems can collapse abruptly, without much prior warning. Imagine what would happen to a city's inhabitants if the infrastructure connecting it to the outside world was to break down without notice. Vanishing water holes, deteriorating grazing fields, barren slopes, and wasting mangroves are spatially confined instances of corresponding breakdowns among the rural poor in Desta's world. The analysis in Chapter 2 can now be invoked to explain how an abrupt ecological collapse – such as the one that has been experienced in recent years in the Horn of Africa and the Darfur region of Sudan – can trigger a rapid socio-economic decline.

Sustainable development: theory and evidence

Economic development is sustainable if, relative to its population, a society's productive base doesn't shrink. How can one tell whether economic development has been sustainable? We have noted that neither GDP nor HDI will tell us. So what index would do the job? A society's productive base is its institutions and capital assets. As we are interested in estimating the change in an economy's productive base over a period of time, we need to know how to combine the changes that take place in its capital stocks and in its institutions. Let us keep institutions aside for the moment and concentrate on capital assets.

Intuitively, it is clear that we have to do more than just keep a score of capital assets (so many additional pieces of machinery and equipment; so many more miles of roads; so many fewer square miles of forest cover; and so forth). An economy's productive base declines if the decumulation of assets is not compensated by the accumulation of other assets. Contrarywise, the productive base expands if the decumulation of assets *is* (more than) compensated by the accumulation of other assets. The ability of an asset to compensate for the decline in some other asset depends on technological knowledge (for example, double glazing can substitute for central heating up to a point, but only up to a point) and on the quantities of assets the economy happens to have in stock (for example, the protection trees provide against soil erosion depends on the existing grass cover). Clearly, though, capital assets differ in their ability to compensate for one another. Those abilities are the *values* we would wish to impute to assets. We need to have estimates of those abilities. This is where an asset's *social productivity* becomes an item of interest. By an asset's social productivity, we mean the net increase in *social well-being* that would be enjoyed if an additional unit of that asset were made available to the economy, other things being equal. Putting it another way, the social productivity of an asset is the capitalized value of the flow of services an extra unit of it would provide society. An asset's value is simply its quantity multiplied by its social productivity.

As we are trying to make operational sense of the concept of *sustainable* development, we must include in the term 'social well-being' not only the well-being of those who are present, but also of those who will be here in the future. There are ethical theories that go beyond a purely anthropocentric view of Nature, by insisting that certain aspects of Nature have intrinsic value. The concept of social well-being I am appealing to here includes intrinsic values in its net if required. However, an ethical theory on its own won't be enough to determine the social productivities of capital assets, because there would be nothing for the theory to act upon. We need *descriptions* of states of affairs too. To add a unit of a capital asset to an economy is to perturb that economy. In order to estimate the contribution of that additional unit to social well-being, we need a description of the state of affairs both before and after the addition has been made. In short, measuring the social productivities of capital assets involves both evaluation and description.

Imagine now that you have adopted a conception of social well-being (by adding the well-beings of all persons) and that you have an economic scenario of the future in mind (business as usual). In principle you can now estimate the social productivity of every capital asset. You can do that by estimating the contribution to social well-being (that's the evaluative part of the exercise) an additional unit of each capital asset would make, *other things being equal* (that's the descriptive part of the exercise). Economists call social productivities of capital assets their *shadow prices*, to distinguish them from prices that are observed in the market. Although shadow prices pertain to commodities generally, not only to capital assets, we focus on capital assets here.

Shadow prices reflect the social scarcities of capital assets. In the world as we know it, estimating shadow prices is a formidable problem. There are ethical values we hold that are probably impossible to commensurate when they come up against other values that we also hold. This doesn't mean ethical values don't impose bounds on shadow prices; they do. Which is why the language of shadow prices is essential if we wish to avoid making sombre pronouncements about sustainable development that amount to saying nothing. Most methods that are currently deployed to estimate the shadow prices of ecosystem services are crude, but deploying them is a lot better than doing nothing to value them.

The value of an economy's stock of capital assets, measured in terms of their shadow prices, is its *inclusive wealth*. The term 'inclusive' serves to remind us not only that natural capital has been included on the list of assets, but also that externalities have been taken into account in valuing the assets. Inclusive wealth is the sum of the values of all capital assets. It is a number – expressed, say, in international dollars.

We can summarize by saying that an economy's inclusive wealth plus institutions constitute its productive base. If we now wish to determine whether a country's economic development has been sustainable over a period of time, we have to estimate the changes that took place over that period in its inclusive wealth and its institutions – relative to population of course. In Chapter 1 we noted that changes in knowledge and institutions over time are reflected in changes in total factor productivity. So we break up the procedure for estimating changes in an economy's productive base relative to population during any period of time into five stages.

First, estimate the value of changes in the amounts and compositions of manufactured capital, human capital, and natural capital – which we will call *inclusive investment*. (If inclusive investment is found to be positive, we may conclude that manufactured capital, human capital, and natural capital, taken together, grew over the period.) Second, estimate the change in total factor productivity. Third, transform the two figures in a way that enables us to calculate the effects of the two sets of changes on the productive base. Fourth, combine the two resulting estimates into a single number that can be taken to reflect the change that took place in the economy's productive base. Fifth, make a correction for demographic changes to arrive at an estimate for the change that took place in the economy's productive base relative to population.

I have so worded the five steps that they apply to a study of the past. But, of course, the five steps can be applied with equal validity to forecasts of the future. The procedure outlined here is essential for anyone who wants to know whether the economic pathways we are currently pursuing can be expected to lead to sustainable development.

Has economic development in recent decades been sustainable?

Recently, economists at the World Bank have estimated inclusive investment in different countries during the past few decades. They have done that by adding net investment in human capital to existing country-wide estimates of investment in manufactured capital, and then subtracting *dis*investments in natural capital from that sum. (That's step 1 above.) The economists used official estimates of net national saving as proxies for net investment in manufactured capital. For estimates of investment in human capital, they used expenditure on education as a proxy. To quantify disinvestments in natural capital, they considered net changes in the stocks of commercial forests, oil and minerals, and the quality of the atmosphere in terms of its carbon dioxide content. Oil and minerals were valued at their market prices minus extraction costs. The shadow price of global carbon emission into the atmosphere is the damage caused by bringing about climate change. That damage was taken to be $20 per tonne, which is in all probability a serious underestimate. Forests were valued in terms of their market price minus logging costs. Contributions of forests to ecosystem functions were ignored.

The World Bank's list of natural resources is incomplete. It doesn't include water resources, fisheries, air and water pollutants, soil, and ecosystems. Their notion of human capital is inadequate because health does not enter the calculus. And their estimates of shadow prices are very approximate. Nevertheless, one has to start somewhere, and theirs is a first pass at what is an enormously messy enterprise. What I want to do now is to study figures published recently by a group of ecologists and economists, who adapted the World Bank estimates of inclusive investment and then went on to determine whether economic development in some of the major countries and regions in Desta's and Becky's worlds has been sustainable in recent decades. Table 2 is a refinement of that publication. It remains a

Table 2. The progress of nations

Country/Region		*% Annual growth rate 1970–2000*				
	*I/Y** *(percentage)*	*Population (per head)*	*TFP†*	*Productive base (per head)*	*GDP (per head)*	*ΔHDI††*
Sub-Saharan Africa	–2.1	2.7	0.1	–2.9	–0.1	+
Bangladesh	7.1	2.2	0.7	0.1	1.9	+
India	9.5	2.0	0.6	0.4	3.0	+
Nepal	13.3	2.2	0.5	0.6	1.9	+
Pakistan	8.8	2.7	0.4	–0.7	2.2	+
China	22.7	1.4	3.6	7.8	7.8	+
United Kingdom	7.4	0.2	0.7	2.4	2.2	+
USA	8.9	1.1	0.2	1.0	1.1	+

*inclusive investment as a share of GDP (average over 1970–2000)
† total factor productivity
†† change in HDI between 1970 and 2000

Adapted from K. J. Arrow, P. Dasgupta, L. Goulder, G. Daily, P. R. Ehrlich, G. M. Heal, S. Levin, K.-G. Maler, S. Schneider, D. A. Starrett, and B. Walker, 'Are We Consuming Too Much?', *Journal of Economic Perspectives*, 2004, Vol. 18, No. 3, pp. 147–172.

crude beginning to the study of sustainable development, but it's a start.

The places in question are sub-Saharan Africa, Bangladesh, India, Nepal, and Pakistan (all poor countries); China (a middle-income country); and the UK and US (both rich countries). The period under study is 1970–2000. The first column of numbers in Table 2 consists of refinements of the World Bank's estimates of average inclusive investment as a proportion of GDP, expressed as percentages (step 1). The second column gives the average annual population growth rate. The third column gives estimates of annual growth rates of total factor productivity, which we are interpreting here as the annual percentage rate of change in a combined index of knowledge and institutions (that's step 2). I have used the figures in the first three columns to arrive at estimates of the annual percentage rate of change in the productive base per capita (that involves a combination of steps 3–5). They are given in the fourth column.

Before summarizing the findings, it will be useful to get a feel for what the numbers in the table are telling us. Consider Pakistan. During 1970–2000 inclusive, investment as a proportion of GDP was 8.8% annually. Total factor productivity increased at an annual rate of 0.4%. As both figures are positive, we can conclude that Pakistan's productive base was larger in 2000 than it had been in 1970. But take a look at Pakistan's population, which grew at a high 2.7% rate annually. The fourth column shows that Pakistan's productive base per capita declined in consequence, at an annual rate of 0.7%, implying that in 2000 it was about 80% of what it was in 1970.

In contrast, consider the US. Inclusive investment as a share of GDP there was 8.9% a year, which is only a tiny bit larger than Pakistan's figure. Growth in total factor productivity (an annual 0.2%) was even lower than Pakistan's. But population grew only at 1.1% a year, meaning that the productive base per capita of the US grew at an average annual rate of 1%. Economic development in the US was sustainable during 1970–2000, while in Pakistan it was unsustainable.

Interestingly, if you had judged their economic performances in terms of growth in GDP per capita, you would have obtained a different picture. As the fifth column of Table 2 shows, Pakistan grew at a respectable 2.2% rate a year, while the US grew at only 1.1% a year. If you now look at the sixth column, you will find that the United Nations' Human Development Index (HDI) for Pakistan improved during the period. Movements in HDI tell us nothing about sustainable development.

The striking message of Table 2, however, is that during 1970–2000 economic development in *all* the poor countries on our list was either unsustainable or barely sustainable. To be sure, sub-Saharan Africa offers no surprise. Its inclusive investment was *negative*, implying that the region *dis*invested in manufactured, human, and natural capital, taken together, at 2.1% of GDP. Population grew at 2.7% a year and total factor productivity barely advanced (annual growth rate: 0.1%). Even without performing any calculation, we should suspect that the productive base per capita in sub-Saharan Africa declined. The table confirms that it did, at 2.9% annually. If you now look at the fifth column of numbers, you will discover that GDP per capita in sub-Saharan Africa remained pretty much constant. But the region's HDI showed an improvement – confirming once again that studying movements in HDI enables us to say nothing about sustainable development.

Pakistan is the worst performer in the Indian subcontinent, but the remaining countries in the region just barely made it when judged in terms of sustainable development. Inclusive investment in each country (Bangladesh, India, and Nepal) was positive, as was growth in total factor productivity. The two together imply that the productive base expanded in each country. But population growth was so high, that the productive base per capita just about grew – at annual percentage rates 0.1, 0.4, and 0.6 respectively. Even these figures are most likely to be overestimates. The list of items the World Bank's economists used in order to estimate inclusive investment didn't include soil erosion and urban pollution, both of which are thought by experts to be problematic in the Indian subcontinent. Moreover, the human desire to reduce risk, mentioned earlier, implies that downside risks of natural capital degradation ought to be given a higher weight than a corresponding chance that things will turn out to be better than expected. So, if we allow for risk aversion, estimates of inclusive investment would be lowered. One cannot help suspecting that economic development in the Indian subcontinent was unsustainable during 1970–2000. But you wouldn't know that from figures for GDP per capita and HDI there. The former grew in each country in the region and the latter improved.

Inclusive investment in China was 22.7% of GDP, a very large figure in the sample of countries in Table 2. Growth in total factor productivity was a high 3.6% annually. Population grew at a relatively low 1.4% annual rate. We shouldn't be surprised that China's productive base per capita expanded – as it happens, at 7.8% annually. Per capita GDP also grew at an annual rate of 7.8%, and HDI improved. In China, GDP per capita, HDI, and the productive base per head moved parallel to one another.

There is little to comment on the UK and US. Both are rich, mature economies. Inclusive investment during 1970–2000 was modest, but then so was population growth low. Growth in total factor productivity was low. Although the figures imply that the productive base per capita expanded in both countries, we should be circumspect because, as noted earlier, the World Bank costed carbon emissions at too low a rate. GDP per capita increased in both countries and HDI improved there.

The figures we have just studied are all rough and ready, but they show how accounting for natural capital can make a substantial difference to our conception of the development process. In Table 2, I have deliberately made conservative assumptions about the degradation of natural capital. For example, a price of $20 per tonne of carbon in the atmosphere is almost certainly below its true social cost (or negative shadow price). If we were instead to take the shadow price to be the not unreasonable figure of $75 per tonne, all the poor countries in Table 2 would show a decline in their productive base per capita during 1970–2000. The message we should take away is sobering: over the past three decades, sub-Saharan Africa (home to 750 million people today) has become poorer if judged in terms of its productive base per capita; and economic development in the Indian subcontinent (home to over 1.4 billion people today) was either unsustainable or just barely sustainable. That said, it would be wrong to conclude that people in poor countries should have invested more in their productive base by consuming less. We have noted repeatedly in this book that in Desta's world the production and distribution of goods and services are highly inefficient. It would be wrong to regard consumption and investment in the productive base there as competing for a fixed quantity of funds. Better institutions would enable people in Desta's world to both consume more and invest more (inclusively, of course!).

Chapter 8
Social well-being and democratic government

During the 1970s, the economist Peter Bauer frequently wrote that if governments in today's poor countries had been diligent at what they are supposed to do – protect citizens from external threat by diplomacy, enforce the rule of law, provide public infrastructure (durable roads; ports; reliable administration; access to potable water and power), and enable markets to operate unhindered – they would have had no time nor resources left to mishandle their economies by interfering with trade, subsidizing favoured industries, procuring agricultural products from farmers at administered prices, and installing public industries that turned into white elephants. Bauer's was something of a lone voice among development economists; and although his list of government responsibilities was incomplete, by drawing attention to them he showed other development experts that economics has much to say about governance.

There are many pathways by which societies can muff their chances, but only a few by which they are able to prosper. In this monograph we began by identifying the contexts in which people who have agreed to do something can trust one another to keep their word. We then studied two micro institutions – households and firms – and two wide-ranging institutions within which households and firms are able to interact among one another, namely, communities and markets. We have now come close to getting a sense of the type of interplay among institutions and public policies that best enables people to flourish. In this chapter we will study the desirable motivation, reach and scope of an institution that in its ideal form supplements other institutions and arches over them in order that they are able to function well. That institution is *government*.

Freedom and democracy

The government is an agency of its nation's citizens. It is answerable to them. (In contemporary democracies the term 'civil *servant*' is applied to some of the most powerful people in the country.) Today we take those strictures to be self-evident, but it wasn't always so taken. In his 1949 (Alfred) Marshall Lectures at the University of Cambridge, the sociologist T. H. Marshall codified the modern concept of citizenship by identifying three social revolutions that took place in Europe: that of civil liberties in the 18th century, political liberties in the 19th, and socio-economic liberties in the 20th. Marshall's historical account could suggest that 'freedom' is a fetish peculiar to Becky's world, but that would be a mistake. I don't know of any evidence that people in Desta's world don't wish to choose their political leaders or that they appreciate being ordered to move on by the authorities when congregating to discuss life in general and the quality of public services in particular. It is true that intellectuals ask whether poor countries can *afford* political and civil liberties – in common parlance the term *democracy* is frequently taken to subsume both – but that question has to do with the possibility that democracy hinders economic growth (worse, that it encourages unsustainable economic development), something citizens in poor countries would be expected to care about and would be justified in doing so.

The political scientist Seymour Martin Lipset famously observed that economic growth promotes democratic practice. The converse, that democracy promotes material prosperity, has been suggested by a number of social thinkers. So democracy has been seen not only as an end in itself, some have seen it also as a means to economic progress. Given their predilection for autocratic behaviour, rulers in Desta's part of the world have thought otherwise. That democracy and economic growth involve trade-offs when countries are poor has been the stated belief of those in power in many of today's poorest countries.

Authoritarianism is superficially attractive because it's capable of offering firm governance. That a government should be firm isn't to be doubted; the difficult question is what the government should be firm *about*. The rule of law is a prime candidate. Among other things, it enables citizens to pursue their projects and purposes. Unhappily, in Desta's world authoritarian regimes have routinely violated that most fundamental of state obligations: respect for the rule of law. Earlier we noted that social norms of behaviour holding communities together can collapse if the government is bent on destroying them. Rulers have long known that terrorism is a means by which they could impoverish relationships within communities so as to prevent any challenge to their rule. In many instances autocracies in Desta's world have maintained their power by instilling fear among citizens. In more benign political climates, cronyism among public officials and government theft have kept citizens impoverished and those in authority in splendour.

But authoritarianism comes in all shapes and sizes. There are authoritarian regimes in the contemporary world that have enforced the rule of law and enabled citizens to prosper materially (Singapore is an example). They have been known to install checks and balances in public administration and correct policy errors. But they are exceptions. And the problem with exceptions is that they don't offer much guidance to others. After all, citizens can't be expected to will wise authoritarianism into existence, nor can they easily remove an authoritarian regime if the political leadership proves to be unsound or rapacious. On the other hand, democracy can't guarantee economic progress either. What democracy can do is to give citizens the chance to coordinate among themselves – say, by civic engagement (Chapters 2–3) – in order to make the state enforce the rule of law and provide those other essential public services that enable people to try to make something of their lives. But political pluralism can co-exist with civic irresponsibility even to an extent that no one has an incentive to do anything about the latter. In the language of Chapter 2, democracy allied to a chaotic social order is an equilibrium, just as democracy allied to a social order where citizens are decent to one another is an equilibrium. We have approximations to both in the contemporary world.

Statistical analysis of data covering the past four decades suggests that, among poor countries, those where citizens had enjoyed greater democracy had, on average, also enjoyed higher economic growth. Correlation isn't causation, but the finding hints at the possibility that democracy isn't a luxury in poor countries. That said, there have been few such empirical studies, so we don't know whether the finding is empirically robust. More importantly, no one so far has investigated whether there is a positive link between democracy and growth in the productive base per capita; which means that, as matters stand, we don't know the connection between democracy and sustainable development in the contemporary world. Democracy means many things at once – regular and fair elections, government transparency, political pluralism, a free press, freedom of association, freedom to complain about degradation of the natural environment, and so on. We still have little empirical understanding of which aspects are most instrumental in bringing about sustainable development. That being so, a commitment to democracy today can't be based on grounds that it promotes sustainable development. We should favour democracy because (i) it is innately a good thing and (ii) it isn't known to hinder economic progress and may possibly even help to bring it about.

Well-being: individual and social

What kinds of social institutions and what types of public policies are most likely to enable people to flourish? At the core of that question is the notion of a person's *well-being*, by which we mean, broadly speaking, the degree to which the person is able to exercise independence, choice, and self-determination. The centrality of social institutions in the realization of well-being is clear enough: social life is an expression of a person's sense of social unity, and commodities and an absence of coercion are the means by which people can pursue their own conception of the good. T. H. Marshall's three-way classification of freedom can be read as saying that the enjoyment of civil liberties, the ability to participate in the political sphere, and access to commodities (food, clothing, shelter, health care, education – more generally, wealth) are necessary if people are to flourish.

Constituents and determinants

Marshall's classification can be broken up into smaller components. Various kinds of civil liberty, various aspects of health, and so on, comprise the *constituents* of well-being. As well-being itself is an aggregate, measuring someone's well-being involves an aggregation exercise, which means acknowledging trade-offs among the constituents.

We have seen that there is another way to think about human well-being. It involves valuing well-being's *determinants*, by which I mean the commodity inputs that produce well-being. The determinants include not only such necessities as food and shelter, but also access to knowledge and information. One may think of the constituents and determinants of well-being as 'ends' and 'means', respectively. In practical applications it proves useful to aggregate the determinants of well-being into a single figure. In the previous chapter I argued that a person's inclusive wealth can be made to serve as an aggregate index of her well-being.

Revealed and stated preferences

How is one to assess someone's well-being? There are aspects that can be inferred from the choices people make. If someone is found to purchase and read an unusual number of books, it may be reasonable to assume that her well-being depends, among other things, on whether she has books to read. This kind of assessment is known as the method of *revealed preference*. The underlying logic here is that, other things being equal, a person reveals her wants and desires by the choices she makes, whether in markets or in communities.

There are, however, aspects of well-being that can only be ascertained by asking people to *state* them. They involve cases where the determinants are goods and services on which people are unable to express their preferences and interests because there is no opportunity for them to do so. Public goods and ecological services are examples. Care has to be taken to design questions in such ways as to minimize the risk that people don't respond truthfully. In recent years cunning methods have been devised by economists to ensure that people don't exaggerate their fondness for those goods, especially in circumstances where they don't have to pay for them.

Merit goods

There are aspects of well-being that can be measured objectively. The medical, nutrition, and education needs of people are routinely assessed by experts. We may express doubt that experts know what they are talking about, but deep down we know that they know more about certain aspects of ourselves than we do. The economist Richard Musgrave argued many years ago that inferring well-being exclusively from revealed preference is wrong because of the presence of what he called *merit goods*. Merit goods protect and promote human interests, they don't merely serve our preferences. Merit goods are therefore worth more than what would be revealed from the choices people make. Philosophers have argued, for example, that we shouldn't seek to justify democracy exclusively from the intensity of the desires citizens display for democracy. Democracy is a merit good. Relatedly, human rights constitute a class of merit goods, among which 'fundamental' rights are an extreme form, in that they aren't tradeable. Rights don't go against preferences, of course; what they do is to reinforce some preferences (such as the preference not to be coerced) against the claims of other, less urgent or vital, preferences and interests.

It isn't always possible to discover the merits of goods from stated preferences either. The problem in part lies in the possibility that individuals don't tell the truth when asked, but in part it lies elsewhere. It would be an odd thing, for example, to say that there is little need to invest in women's reproductive health programmes in Desta's world because poor women there are resigned to their fate and don't appear much to insist on them; or that governments there ought not to invest in primary education because parents there don't care for education, and the children, being unaware of education, don't care either. Nor have I ever heard anyone so argue.

That said, it is salutary to be cautious when attributing 'merit' to goods. An enthusiasm for seeing merit in goods can be a code for paternalism, even authoritarianism. The notion of 'false consciousness' has been used by both secular and religious tyrannies in Desta's world to justify their actions ('My people don't know what is in their real interest', or 'My followers depend on me to explain the Holy Book to them'). In an opposite vein, rights have proliferated in Becky's world to an extent that the very notion of rights is now debased. It is one thing to insist on the right not to be imprisoned indefinitely without being charged, it is quite another thing to claim that a 35-hour work week is a human right. The latter is an agreement won over the bargaining table, allied to some agitation; but it is a misuse of the term to call the outcomes of such agreements 'rights' without further qualification.

Aggregation across people and policy evaluation

Social well-being is an aggregate of individual well-beings. Economists have generally speaking aggregated individual well-beings by summing them. In the previous chapter I had adopted that viewpoint by regarding social well-being as the sum of the current generation's and all future generations' well-beings, although nothing conceptual depended on that mode of aggregation. We noted there that movements in inclusive wealth over time measure changes in intergenerational well-being over time in terms of the commodity determinants of well-being. Those determinants are valued in terms of their shadow prices. It can be shown that in order to evaluate *policy* (for example, a new public investment; a change in the structure of taxes), the government should value alterations to the mix of goods and services brought about by the policy in terms of shadow prices. Such an evaluative exercise is called *social cost-benefit analysis*. The idea is to estimate the (social) profitability of the policy in terms of shadow prices and to recommend the policy if (and only if) the net social profit is positive. Thus, shadow prices are of use both in assessing sustainable development (Chapter 7) and in evaluating policies. This is one of those beautiful facts that economists are fortunate to unearth from time to time.

Functions of government

The government is a major actor in every economy today. Its expenditure as a share of GDP is 18% in Desta's world and 28% in Becky's world. (The corresponding share in the European Union is 37%.) The figures include public production (roads, mail service, defence, the law, and so on), transfers (social security, unemployment benefits, and so forth), and servicing government debt. The overwhelming portion of that expenditure is financed by taxation.

One notable duty of government is to correct market failure.

Stabilizing the macroeconomy (Chapter 4) is part of that duty. But communities can fail too. Both markets and communities suffer from an inability to supply adequate levels of public goods; the rule of law, as opposed to the restraint of social norms, being a prominent example. Similarly, neither the market nor the community is able to restrict the production of public bads to the extent society would wish. Both institutions harbour externalities, be they beneficial or harmful. The role of the (ideal) state in each such case of institutional failure is clear enough.

Families can also fail. Although it may seem altogether too intrusive of the state to enter the family's domain, in Becky's world they do that regularly. And for good reason. Dysfunctional households in Desta's world are counselled by the community; but because there is often no community in their neighbourhood, Becky's world no longer has that option. That's one reason why government social workers and counsellors in Becky's world intervene on behalf of children against abusive adults and offer help to improve the behaviour of destructive children.

Markets and communities are both inadequate for supplying merit goods. Some merit goods are private commodities (personal health), some are public goods (information about potential pandemics), while others lie somewhere in between, involving as they do externalities (information about the dangers of smoking). Communities and markets ought ideally to be supplemented by government measures when transactions involve merit goods. The government can do that by taxing households and firms and providing the merit goods either by producing them or by subsidizing their production in the private sector.

The equality-efficiency trade-off

The allocations of goods and services realized in both markets and communities are shaped by the assets households have inherited from the past. It is a common complaint against markets that they harbour vast inequalities in wealth. In Becky's world that complaint has become urgent as the gap between the rich and the poor has increased greatly in recent decades. In the US, for example, the richest 10% of households in 1978 enjoyed 32% of GDP, whereas in 1998 the corresponding figure had risen to 41%. It is a complaint too in Becky's world that women suffer in the labour market relative to men. Earlier we noted that communities can also be rough on those who had the misfortune to inherit little and that they can be rough on women too. Visitors to communities may not notice those inequalities, but that's because in rural parts of Desta's world all people are very poor. Differences in wealth are reflected in the frequency and quality of their meals, the number of clothes they own, the quality of their bedding and kitchen utensils, and the durability of their homes (whether they are made of mud or brick). And women are often discreetly out of sight. None of those inequalities is quite as conspicuous as the ones visible in Becky's world today, but when households are desperately poor, small differences can be a matter of life and death. Which is why it is imprudent to wax lyrical about communities and rail against markets at the same time.

The distribution of goods and services is therefore a matter of government concern. However, if we revert to T. H. Marshall's three-way classification of well-being, it is an interesting fact that people today regard it axiomatic that everyone has an equal right to civil and political liberties, but don't make the same claim over the distribution of (inclusive) wealth. Why? It may be because generally speaking respecting the civil and political liberties of others doesn't cost anyone anything directly, whereas redistributing wealth costs those having to give up some of their wealth. The legal theorist Charles Fried has remarked that such aspects of civil rights as the right not to be interfered with in forbidden ways don't have natural limitations. ('If I am let alone, the commodity I obtain does not appear of its nature to be a scarce or limited one. How can we run out of people not harming each other, not lying to each other, leaving each other alone?') It is possible to honour civil rights, but it may not be possible to honour the right to health care: the economy may simply not have sufficient resources. The point is that, unlike wealth, democracy doesn't have to be created, it has only to be protected. The economist James Mirrlees was the first to show convincingly why in deliberating over distributions of wealth, we have to care about differences in individual talents to produce, worry about incentives and the concomitant notion of obligations (to honour agreements, not behave opportunistically, and so forth), consider people's needs, and take into account the related matter of deserts. An excessive government zeal to equalize wealth by means of taxes and subsidies could reduce household incentives to produce wealth to such an extent that everyone's interest is hurt. This is the classic equality-efficiency trade-off.

Market–community mediation

All societies rely on a mix of markets and communities. The mix shifts through changing circumstances, as people find ways to circumvent difficulties in realizing the benefits of cooperation. That communities help to make markets work should be a commonplace. No legal contract is air tight. There are incomplete specifications no matter how wily are the lawyers who have been called upon to draft them. A society that works well is a society that has a reached a tacit understanding of what are *reasonable expectations* about one another's dealings. Communities can play a big role in creating and sustaining reasonable expectations. They form the institution where households are able to deliberate matters and exchange information about the quality of market products and public services. Communities are also a place for political debate. They can discipline markets and government.

But they can also stifle the rise of markets. When ties are dense and intense, exit from communities is very costly. Someone wishing to 'buy' his way out of his long-term relationships within his community and leave for the market place elsewhere wouldn't be able to do so if he faced risk that the community would seek retribution from those of his family he would be leaving behind. In an opposite vein, the growth of markets can destroy communities and make certain vulnerable groups worse off. If markets grow in nearby towns, those with lesser ties in villages (young men) are more likely to be able to take advantage of them and make a break with those customary obligations that are enshrined in prevailing social norms. Those with greater domestic attachments would notice this and reason that the expected benefits from complying with agreements are now lower (Chapter 2). Either way, social norms of reciprocity could be expected to weaken, making certain groups of people (women, the old, the very young) worse off. To put the matter in the language we have developed here, when people take their engagements away from communities to markets, the transfer gives rise to externalities. We don't read much about them in economic commentaries, because they are not run-of-the-mill externalities like industrial production degrading the local environment. But they are real externalities. One task of government is to identify them and find ways to soften the blow on those who get hurt by them.

In countries where the rule of law doesn't work well, where officials regard the public sphere to be their private domain, where markets are often absent, communities are what keep people alive. That's why many intellectuals today find them to be an attractive alternative to (impersonal) markets. But we need to bear in mind that communitarian obligations can check the growth of markets. Moreover, personal obligations inherited from the past can prevent public officials from acting dispassionately. What appears as corruption in Becky's world could be social obligation in Desta's world. Similarly, one man's civic association in Becky's world is another man's special interest group. These differences in perception are a source of cultural clashes that have led to societal tragedies. It isn't unusual in Desta's world for communities to pit themselves against one another, but rushing the streets with weapons haven't led to economic progress.

Democratic voting rules

In a well-ordered society civic education seeks to inculcate a sense of citizenship in people. When shopping, we don't need to know who needs what and why. Markets help to save enormously on information costs, permitting citizens not to worry about one another when going about their daily business in the market place (Chapter 4). But even ideal markets are effective only with regard to transactions in private goods. Citizens *should* worry about one another in the *public* sphere, which includes externalities, and the supply of public and merit goods such as the distribution of wealth and the rule of law. Civic awareness is to recognize and embrace the dichotomy between the private and public spheres of our lives.

On a day-to-day basis, the difference between the private and public spheres depends on the reach of government. The concern someone has toward the poor in a society where the state only maintains the rule of law and protects citizens from foreign aggression – the Minimal State – would be different from the concern she would have in a Welfare State, of the kind now prevalent in Western Europe. The reason is that in the Welfare State she faces additional taxation to finance redistribution; whereas, in the Minimal State, redistribution can only be achieved by means of voluntary transfers. She shouldn't have to worry about the poor in the Welfare State (it is the government's task to enforce redistributive measures). In contrast, she will be active on their behalf in the Minimal State. Since the choices she faces in the two societies differ greatly, she chooses differently.

In democratic societies, candidates standing for election represent public policies. So, in voting for a candidate one votes for a public policy, or more accurately, a set of probable policies. Since public policies influence the production and distribution of goods and services – we will call them *outcomes* here – in voting for a candidate one votes for probable outcomes. Presumably, citizens differ in their interpretation of social well-being. If they do, they would rank candidates differently and therefore vote differently. But even if there was little disagreement among citizens over ethical values, their personal interests would typically differ, and it is most likely that they would differ in their beliefs about the way public policies influence outcomes. So citizens face the problem of combining their beliefs into an aggregate. Voting rules governing the selection of public officials aggregate citizens' ethical preferences. Formally, a *voting rule* is a method for choosing from a set of alternatives (for example, political candidates) on the basis of voters' *rankings* over those alternatives.

Why voters should insist on ranking all candidates

Over the centuries people have devised many voting rules – majority rule, plurality rule, rank-order voting, unanimity rule, approval voting, instant run-off, and so on – and their advantages and drawbacks are not always apparent from casual inspection. Is there an ideal voting rule? We will study this question presently, but we should note at once that many national electoral systems are a far cry from being ideal because voters are required to record only their favourite candidate rather than rank them all. The problem with those systems is that they suppress information on how voters rank candidates who are *not* their favourite. If only two candidates compete, this limitation obviously makes no difference, but with three or more candidates, it can matter a great deal. To illustrate this (see Table 3), imagine that there are three candidates – *A*, *B*, *C* – and that the electorate is divided into three groups.

Everyone in the first group, amounting to 30% of the electorate, ranks *A* over *B* and *B* over *C*, which we will write as (*A*, *B*, *C*). Among the second group, amounting to 36% of the electorate, the ranking is (*B*, *A*, *C*); among the remaining 34%, the ranking is (*C*, *A*, *B*). Consider an electoral system, such as the one governing French Presidential elections, where the voting rule dictates that if no candidate obtains an outright majority, the two candidates with the largest numbers of votes would face each other in a run-off. We will call the rule *plurality run-off*. In our example, *B* and *C*, with 36%

Table 3. Comparison of voting rules

Candidate ranking	*% of voters choosing this ranking*
(*A*, *B*, *C*)	30
(*B*, *A*, *C*)	36
(*C*, *A*, *B*)	34

Winning candidate under:

1. Plurality run-off: candidate B
2. Simple majority rule: candidate A
3. Rank-order rule: candidate A

and 34% of the top vote, respectively, would move forward into a run-off, where *B* would win easily because 66% of the electorate prefer him to *C*.

There is something obviously not right about that outcome. Candidate *A* commands an enormous majority: 64% of the electorate prefer *A* to *B*, and 66% prefer *A* to *C*. Surely, *A* should be elected. The underlying intuition here favours the *simple majority rule*, by which I mean a rule that requires voters to submit their rankings of all candidates and identifies the winner to be the one who beats each opponent in head-to-head competition based on these rankings.

The problem with the kind of reasoning I have just deployed is that it is a prisoner of numerical examples. In some other situation, involving a larger number of candidates and a wider range of voters' rankings, perhaps some other voting rule would yield a more intuitively appealing winner than simple majority rule. In view of this, it would seem best to evaluate alternative voting rules in terms of fundamental ethical principles that any voting rule should satisfy. Kenneth Arrow originated this axiomatic approach to voting theory in a 1951 monograph that stands today as one of the great masterpieces in the humanities and social sciences. In what follows, I shall consider a set of ethical principles that, although they are not exactly the ones Arrow considered, are for our purposes here the same.

The impossibility of an ethically ideal voting rule

What are those ethical principles? One would be the *consensus principle*, which states that if in everyone's judgment candidate *A* is better than candidate *B*, then *B* should not be elected. Another important principle holds that all voters should count equally, which can be translated as the 'one-person one-vote', or equal-treatment principle. Economists call it the principle of *anonymity*, because it insists that who you are shouldn't determine your influence on the election.

A third principle has been named *neutrality*. It has two components. The first requires that the voting rule should not be biased in favour of any candidate (not even the incumbent!). The second requires that the choice made by the voting rule between candidates *A* and *B* shouldn't depend on voter's views about some third candidate *C*. The first component is clearly appealing in the present context, where the alternatives being voted on are candidates. (In other contexts, such as making an amendment to the US Constitution, the condition is violated because the status quo (the Constitution) is favoured over all other alternatives.) To see the force of the second component, consider the *rank-order rule*. Under that rule, if, say, three candidates are competing, each voter assigns three points to his or her favourite, two to the next favourite, and one to the least favourite. The rule ranks candidates according to the total number of points each receives. It is easy to confirm that the rank-order rule satisfies the consensus principle and the principle of anonymity. But it runs into trouble with the neutrality principle. To see how, suppose that in the numerical example we have just studied, there are 100 voters. If the rank-order rule is applied to the election, candidate *A* would receive 230 points ($30 \times 3 + 36 \times 2 + 34 \times 2$); *B* would receive

202 points ($30 \times 2 + 36 \times 3 + 34 \times 1$); and *C* would receive 168 points ($30 \times 1 + 36 \times 1 + 34 \times 3$). It follows that under the rank-order rule the candidates would be ranked as, *A* over *B* and *B* over *C*. But suppose the 36 voters who had earlier ranked the candidates (*B*, *A*, *C*) had a second thought and ranked them instead as (*B*, *C*, *A*). Candidate *A* would now receive 194 points ($30 \times 3 + 36 \times 1 + 34 \times 2$); *B* would continue to receive 202 points ($30 \times 2 + 36 \times 3 + 34 \times 1$); and *C* would receive 204 points ($30 \times 1 + 36 \times 2 + 34 \times 3$). The candidates would now be ranked as, *C* over *B* and *B* over *A*. Notice however that the 36 voters changed their mind only over the relative merits of candidates *A* and *C*: candidate *B* remained their favourite. Despite that, the rank-order rule altered the relative placements of *B* and *C*. This shows that the rule can't be guaranteed to satisfy the second component of the neutrality principle.

In contrast, the simple majority rule satisfies the consensus principle, anonymity, and neutrality no matter what are the voters' rankings over candidates. Unfortunately, the rule falls foul of a fourth principle: *transitivity*. Transitivity requires that if a voting rule ranks candidate *A* over *B* and *B* over *C*, then *A* should be ranked over *C*. To confirm that simple majority rule is not always transitive, consider the situation we have just discussed, namely, where 30% of the electorate rank the candidates *A*, *B*, and *C* as (*A*, *B*, *C*), 36% as (*B*, *C*, *A*), and 34% as (*C*, *A*, *B*). The simple majority rule ranks *A* over *B* because 64% of the voters rank *A* over *B* and it ranks *B* over *C* because 66% rank *B* over *C*. Transitivity says that the rule should be required to rank *A* over *C*. But 70% of the voters rank *C* over *A*, which implies that the simple majority rule is obliged to rank *C* over *A*. We have a contradiction here, a possibility that was identified in the late 18th century by the Marquis de Condorcet. The example is now known in economics literature as the Condorcet paradox.

Is this pure theory or is transitivity violated by the simple majority rule in real life? Political scientists have explored this question by studying decisions reached in US Congress. To see how they have gone about their investigation, let us return to the above example, but now rename the alternatives as bills proposed in US Congress. Say *A* is the bill being proposed in Congress and *B* and *C* are amendments to the bill. Suppose that instead of members of Congress being asked to rank the three alternatives, the rule is to vote first on *A* and *B*, and then vote on the winner of that contest and *C*. Under the simple majority rule, *A* would win in the first contest (64% of the voters favour *A* over *B*); in the second round, *C* would beat *A* (70% favour *C* over *A*). Consequently *C* would be chosen. Now suppose instead that members of Congress are asked first to vote on *A* and *C* and then vote on the winner of that contest and *B*. Under the simple majority rule, *C* would win the first contest (70% favour *C* over *A*), but in the second round *B* would beat *C* (66% of the voters favour *B* over *C*, remember). The outcome depends on the order in which pairs of alternatives are presented to voters: the agenda matters. It is easy to check that the agenda would not matter in those situations where the voting rule satisfies transitivity. Political scientists studying outcomes of votes in US Congress have discovered that the agenda does seem to matter on occasion. When it does, it is a sign that transitivity is violated by the voting rule.

The simple majority rule and the rank-order rule are but two voting rules. The question arises whether there is *some* voting rule that can be relied upon to satisfy the consensus principle, anonymity, neutrality, and transitivity no matter what the voters' rankings over candidates happen to be. Arrow's 'impossibility theorem' says that if the number of alternatives exceeds two, the answer is 'no'. The theorem holds that if the alternatives number three or more, *all* voting rules must sometimes violate at least one of the four ethical principles. (If the alternatives are two, Arrow's theorem doesn't apply. For example, the simple majority rule satisfies all four ethical criteria no matter what the voters' preferences happen to be. Transitivity doesn't apply because the criterion has force only when there are three or more alternatives.)

The result is both deep and depressing. There is no way out of the dilemma but to drop one of the principles. Of the four, the neutrality principle has come up for the greatest scrutiny among economists. The principle insists that the *only* information a voting rule should be allowed to use is each voter's ranking of candidates. However, no one has provided evidence of what additional information could be made permissible at a polling station without jeopardizing the electoral process. Making comparisons of voters' ethical 'feelings'? It would no doubt violate the neutrality principle and provide a way out of Arrow's paradox, but who is to make the comparisons and why should anyone trust the person making them? It seems to me, we simply have to live with Arrow's theorem and do the best we can. Let us then say that a voting rule *works well* for a class of rankings of candidates if it satisfies the four ethical axioms when all voters' rankings belong to that class. It can be shown that whenever a voting rule works well, so does the simple majority rule. Furthermore, the simple majority rule works well in some cases in which other voting rules do not. Condorcet's paradox notwithstanding, the simple majority rule would appear to be the most robust of all voting rules. So, one compromise that suggests itself is to adopt the simple majority rule; with the proviso that, if no candidate in an election obtains a simple majority against all opponents, then among those who defeat the most opponents in head-to-head comparisons, the winner is the one with the highest rank-order score.

Just as circles can't be squared, ideal voting rules don't exist, ideal markets are a pleasant myth, and ideal governments can't be conjured up because governments are run by people. If all this feels overly depressing, let us acknowledge that the human losses we see round us aren't due to any of these analytical difficulties. Stunted and wasted lives aren't caused by the 'impossibility theorems' I have reported in this monograph. They happen because people have yet to learn how to live with one another.

Epilogue

I have used Becky's and Desta's experiences to show you how it can be that the lives of essentially very similar persons can become so different and remain so different. Desta's life is one of poverty. In her world people don't enjoy food security, don't own many assets, are stunted and wasted, don't live long, can't read or write, aren't empowered, can't insure themselves well against crop failure or household calamity, don't have control over their own lives, and live in unhealthy surroundings. Each deprivation reinforces the others, so that the productivity of labour effort, ideas, manufactured capital, and of land and natural resources are all very low and remain low. Desta's life is filled with *problems* each day.

Becky suffers from no such deprivation. She faces what her society calls *challenges*. In her world, the productivity of labour effort, ideas, manufactured capital, and of land and natural resources are all very high and continually increasing. Success in meeting each challenge reinforces the prospects of success in meeting further challenges.

We have seen, however, that despite the enormous differences between Becky's and Desta's lives, there is a unified way to view them, and that economics is an essential language for analysing them. It is no doubt tempting to pronounce that life's essentials can't be reduced to mere economics, but I hope I have convinced you that economic reasoning is essential if we are to make sense of the bewildering variety of ways people everywhere try to make something of their lives. That some succeed while others fail is to be expected. What economics shows us is that neither personal failure nor personal success is entirely a matter of personal effort and luck. Success and failure lie at the intersection of the personal and the social. Of course, to say that is easy enough, but to uncover the pathways by which the personal and the social interact is immensely hard. I have tried to show you that it can nevertheless be done, and that without an understanding of those pathways, debates over national and international policies are unfruitful.

I am resisting the temptation to produce a list of the material things Desta needs, partly because they are all too obvious, but partly also because they serve only to satisfy proximate needs. That Becky's world shouldn't create roadblocks in Desta's (through trade restrictions, domestic agricultural subsidies, and so on) is also obvious and proximate. What is neither obvious nor proximate – the elusive bird we would all wish to catch for Desta – is for communities in her world to discover how to shape new avenues to do business with one another so as to increase their inclusive wealths.

In a moving discourse on the character of poverty at the 2001 Plenary Meeting of the Pontifical Academy of Social Sciences, Vatican, Justice Nicholas McNally of Zimbabwe urged us all to see poverty as a sense of fatalism to ever-increasing economic hardships in a changing, and elsewhere an often progressive, world. At that same meeting, the political scientist Wilfrido Villacorta suggested that the term 'poor' when applied to countries is perhaps no longer useful; that countries ought perhaps now to be classified in accordance with some such term as 'progressive', so that we may ask if they have the institutions, policies, and civic attitudes in place to enable people to improve their lot. Perhaps the best Becky's world can do for Desta's is to offer financial and technical assistance so as to promote and support local enterprises – including those involving education and primary health care – that people there are all too keen to create even as they see from a distance how people elsewhere have been able to improve their conditions of living. And perhaps the best Desta's world can do for Becky's is to alert it to the enormous stresses economic growth there has put on Nature. There is, alas, no magic potion for bringing about economic progress in either world.

Further reading

Political Economy, by Edmund Phelps (Norton, 1985) and *Economics*, by Joseph Stiglitz and Carl Walsh (Norton, 2006) are fine introductory textbooks.

Chapter 1

On economic growth, see *The Mystery of Economic Growth*, by Elhanan Helpman (Belknap, 2004).

Chapter 2

On trust, see *Trust: Making and Breaking Cooperative Relations*, edited by Diego Gambetta (Blackwell, 1988) and *Social Capital: A Multifaceted Perspective*, edited by Partha Dasgupta and Ismail Serageldin (World Bank, 2000). Good introductions to the theory of games are *Fun and Games*, by Ken Binmore (Heath, 1992) and *Games, Strategies, and Managers*, by John McMillan (Oxford University Press, 1993).

Chapter 3

An Inquiry into Well-Being and Destitution, by Partha Dasgupta (Clarendon, 1993) offers a more detailed account of communities.

Chapter 4

On markets, see *Microeconomic Theory and Applications*, by Edgar Browning and Mark Zupan (Addison Wesley, 1998). On the macroeconomic consequences of market failure, see *Macroeconomics*, by N. Gregory Mankiw (Worth, 2000).

Chapter 5

On the economics of knowledge, see the essays in *The Economics of Science and Innovation*, edited by Paula Stephan and David Audretsch (Edward Elgar, 2000).

Chapter 6

On households, see *A Treatise on the Family*, by Gary Becker (Chicago University Press, 1981).

Chapter 7

On the economics of natural capital, see *Human Well-Being and the Natural Environment*, by Partha Dasgupta (Oxford University Press, 2001).

Chapter 8

On the role of the state, see *Economics of the Public Sector*, by Joseph Stiglitz (Norton, 2000). The classic on collective choice is *Social Choice and Individual Values*, by Kenneth Arrow (Wiley, 1951; 2nd edn, 1963). *Collective Choice and Social Welfare*, by Amartya Sen (North Holland, 1979) contains a wide-ranging discussion of collective choice and its place in social life. The exposition in Chapter 8 has been taken from 'The Fairest Vote of All', by Partha Dasgupta and Eric Maskin, *Scientific American* (March 2004).

I have not included any account of the history of my discipline because I am inexpert on the subject. Readers wishing to learn the history of economic thought should study *Epochs of Economic Theory*, by Amiya Dasgupta (Blackwell, 1985).

“牛津通识读本”已出书目

古典哲学的趣味
人生的意义
文学理论入门
大众经济学
历史之源
设计，无处不在
生活中的心理学
政治的历史与边界
哲学的思与惑
资本主义
美国总统制
海德格尔
我们时代的伦理学
卡夫卡是谁
考古学的过去与未来
天文学简史
社会学的意识
康德
尼采
亚里士多德的世界
西方艺术新论
全球化面面观
简明逻辑学
法哲学：价值与事实
政治哲学与幸福根基
选择理论
后殖民主义与世界格局
福柯
缤纷的语言学
达达和超现实主义
佛学概论
维特根斯坦与哲学
科学哲学
印度哲学祛魅
克尔凯郭尔
科学革命
广告
数学
叔本华
笛卡尔
基督教神学
犹太人与犹太教
现代日本
罗兰·巴特
马基雅维里
全球经济史
进化
性存在
量子理论
牛顿新传
国际移民
哈贝马斯
医学伦理
黑格尔
地球
记忆
法律
中国文学
托克维尔
休谟
分子
法国大革命
民族主义
科幻作品
罗素
美国政党与选举
美国最高法院
纪录片
大萧条与罗斯福新政
领导力
无神论
罗马共和国
美国国会
民主
英格兰文学
现代主义
网络
自闭症
德里达
浪漫主义
批判理论

德国文学
戏剧
腐败
医事法
癌症
植物
法语文学
微观经济学
湖泊
拜占庭
司法心理学
发展
农业
特洛伊战争
巴比伦尼亚
河流
战争与技术
品牌学
儿童心理学
时装
现代拉丁美洲文学
卢梭
隐私
电影音乐
抑郁症
传染病
希腊化时代
知识
环境伦理学
美国革命
元素周期表
人口学
社会心理学
动物
项目管理
美学
电影
俄罗斯文学
古典文学
大数据
洛克
幸福
免疫系统
银行学
景观设计学
神圣罗马帝国
大流行病
亚历山大大帝
气候
第二次世界大战
中世纪
工业革命
传记